INVESTIMENTOS SAFE HAVEN

Prefácio de Nassim Nicholas Taleb

INVESTIMENTOS SAFE HAVEN

Uma Opção *em* Vendavais Financeiros

Mark Spitznagel

Especialista mundial
na área de investimentos Safe Haven

ALTA BOOKS
GRUPO EDITORIAL
Rio de Janeiro, 2023

Investimentos Safe Haven

S761i   Spitznagel, Mark

        Investimentos Safe Haven: uma opção em vendavais financeiros / Mark Spitznagel ; traduzido por Cristiano Sensi. - Rio de Janeiro : Alta Books, 2023.
        240 p. ; 16cm x 23cm.

        Inclui índice.
        Tradução de: Safe Haven
        ISBN: 978-85-508-1854-2

        1. Economia. 2. Investimentos. 3. Crises financeiras. I. Sensi, Cristiano. II. Título.

                             CDD 332.024
2023-354   CDU 330.567.2

Elaborado por Odílio Hilario Moreira Junior - CRB-8/9949

Índice para catálogo sistemático:
1. Economia : Investimentos 332.024
2. Economia : Investimentos 330.567.2

Produção Editorial
Grupo Editorial Alta Books

Diretor Editorial
Anderson Vieira
anderson.vieira@altabooks.com.br

Editor
José Ruggeri
j.ruggeri@altabooks.com.br

Gerência Comercial
Claudio Lima
claudio@altabooks.com.br

Gerência Marketing
Andréa Guatiello
andrea@altabooks.com.br

Coordenação Comercial
Thiago Biaggi

Coordenação de Eventos
Viviane Paiva
comercial@altabooks.com.br

Coordenação ADM/Finc.
Solange Souza

Coordenação Logística
Waldir Rodrigues

Gestão de Pessoas
Jairo Araújo

Direitos Autorais
Raquel Porto
rights@altabooks.com.br

Assistente da Obra
Andreza Moraes

Produtores Editoriais
Illysabelle Trajano
Maria de Lourdes Borges
Paulo Gomes
Thales Silva
Thiê Alves

Equipe Comercial
Adenir Gomes
Ana Claudia Lima
Andrea Riccelli
Daiana Costa
Everson Sete
Kaique Luiz
Luana Santos
Maira Conceição
Nathasha Sales
Pablo Frazão

Equipe Editorial
Ana Clara Tambasco
Beatriz de Assis
Beatriz Frohe
Betânia Santos
Brenda Rodrigues
Caroline David
Erick Brandão

Elton Manhães
Gabriela Paiva
Gabriela Nataly
Henrique Waldez
Isabella Gibara
Karolayne Alves
Kelry Oliveira
Lorrahn Candido
Luana Maura
Marcelli Ferreira
Mariana Portugal
Marlon Souza
Matheus Mello
Milena Soares
Patricia Silvestre
Viviane Corrêa
Yasmin Sayonara

Marketing Editorial
Amanda Mucci
Ana Paula Ferreira
Beatriz Martins
Ellen Nascimento
Livia Carvalho
Guilherme Nunes
Thiago Brito

Atuaram na edição desta obra:

Tradução
Cristiano Sensi

Copidesque
Carlos Bacci

Revisão Gramatical
Lívia Rodrigues
Cátia Soderi

Diagramação
Daniel Vargas

Revisão Técnica
Douglas Nougueira

Editora afiliada à:

ALTA BOOKS
GRUPO EDITORIAL

Rua Viúva Cláudio, 291 – Bairro Industrial do Jacaré
CEP: 20.970-031 – Rio de Janeiro (RJ)
Tels.: (21) 3278-8069 / 3278-8419
www.altabooks.com.br — altabooks@altabooks.com.br
Ouvidoria: ouvidoria@altabooks.com.br

Eu estava drenado de exaustão, enterrado no granizo
Fui envenenado nos arbustos e despedaçado no caminho
Caçado como um crocodilo, moído como milho
"Entre", ela disse, "eu vou te abrigar da tempestade"

Bob Dylan

Sumário

Prefácio

Nassim Nicholas Taleb

SANTA MARINA

Em minha vila ancestral no Líbano, no topo de uma colina, há uma igreja dedicada a Santa Marina. Marina é uma santa local, apesar de algumas outras tradições, o que é típico, reclamarem a santa como sua — como ocorre na Bitínia ou em outras províncias da Anatólia, região do antigo Império Romano do Oriente, hoje parte da Turquia.

Marina cresceu em uma família rica, no século V de nossa era. Após a morte da mãe, o pai decidiu abandonar a vida civil e assumir a rotina monástica. Seu objetivo era passar o resto de sua vida em uma câmara esculpida nas rochas, no vale de Qannubin [Vale do Kadisha], na base do Monte Líbano, a cerca de 13km de minha vila. Marina insistiu em acompanhá-lo e fingiu ser um menino, Marinos.

Cerca de uma década depois, após a morte do pai, um soldado romano que visitava a região engravidou a filha do dono da hospedaria local e obrigou a garota a culpar o indefeso Marinos pelo ato. A filha do dono da hospedaria e sua família obedeceram, temendo represálias dos soldados romanos.

Marina levou a culpa, mas não precisou de um advogado eficiente para provar sua inocência. Ela se absteve de revelar seu gênero biológico, para permanecer fiel à sua identidade monástica e àquilo que via como a santidade de sua missão. Assim, Marina foi obrigada a criar a criança, e, a título de penitência por um ato que nunca cometeu, viveu fora dos muros do mosteiro como mendiga por uma década.

Marina enfrentava diariamente o desprezo de seus pares e da comunidade local. No entanto, permaneceu firme e nunca cedeu à tentação de revelar a verdade.

Depois de sua morte prematura, seu gênero foi revelado durante os rituais de purificação. A iniquidade dos acusadores foi postumamente exposta e Marina passou a ser venerada na santidade ortodoxa grega.

A história de Hagia Marina nos mostra outra variedade de heroísmo. Uma coisa é realizar atos de coragem espontâneos e grandiosos, arriscar a vida por uma grande causa, tornar-se um herói na batalha, beber cicuta para ter uma morte socrática, tornar-se um mártir enquanto se é mutilado por leões no Coliseu Romano. Mas é muito, muito mais difícil perseverar sem prometer se vingar, enquanto se vive uma rotina diária de humilhação imposta pelos que deveriam ser seus iguais. A dor aguda se vai, mas a dor constante é muito mais difícil de suportar e sobejamente mais heroica.

SPITZ

Conheço Mark Spitznagel há tempo suficiente (mais de duas décadas) para lembrar que ele já foi brevemente vegetariano, talvez depois de ler *Sidarta*, de Herman Hesse, no qual o protagonista afirma: "Sei pensar, sei esperar, sei jejuar". Minha sugestão de seguir o jejum ortodoxo grego, segundo o qual se é vegano durante dois terços do ano (e agressivamente carnívoro durante o terço restante, principalmente aos domingos e feriados), não o convenceu. Parecia ser um compromisso muito intenso.

Ele encontra maneiras de imputar, furtivamente, seus gostos musicais a seus colegas de trabalho (principalmente Mahler, com performances do maestro von Karajan) e nos primeiros anos, como em um ritual, as conversas costumavam começar e terminar com Karl Popper e assimetrias centrais no método científico (como seu conhecido exemplo do "cisne negro"). Nelas também há a insistência de que não estamos no mercado financeiro, mas participando de um empreendimento intelectual, ou seja, aplicando inferências e teoria da probabilidade ao mundo dos negócios e, sem qualquer modéstia, aprimorando esses campos de acordo com o feedback dos mercados. E também tem toda aquela terminologia alemã, como *Gedankenexperiment*. Suspeito que havia uma geografia de origem não aleatória para os autores e tópicos que invadiram o escritório: a Viena pré--guerra e sua *Weltanschauung*.

Spitz sempre foi cabeça-dura, talvez uma boa desculpa para isso seja que a característica é acompanhada de uma notável clareza mental. Tenho que revelar aqui que, enquanto sou muito mais diplomático e menos obstinado pessoalmente do que pareço ser pelas minhas publicações, ele é exatamente o contrário, embora esconda isso incrivelmente bem de pessoas de fora — entenda-se jornalistas e outros otários. Ele até conseguiu enganar o autor Malcolm Gladwell, que nos cobriu na *New Yorker*, fazendo-o pensar que ele seria a pessoa que separaria uma briga em um bar, enquanto eu seria aquele que começaria a briga.

A atmosfera no nosso escritório é divertidamente única. Visitantes, em geral, ficam confusos com a variedade de equações matemáticas no quadro, pensando que nossa principal vantagem é apenas matemática. Mas não é. Mark e eu éramos operadores de pregão antes de passarmos a assuntos quantitativos. Apesar de nosso trabalho se basear na detecção de falhas matemáticas nos modelos financeiros existentes, nossa virtude única está ligada ao fato de já termos estado na arena de operação e entendermos a importância central da calibração, do ajuste fino, da execução, do fluxo de pedidos e dos custos de transação.

Cabe notar que as pessoas que arriscam a própria pele no jogo, ou seja, pessoas bem-sucedidas que colocam seu próprio dinheiro no risco (digamos, um importador têxtil aposentado ou um ex-desenvolvedor de shopping center), compreendem isso de imediato. Por outro lado, aqueles sujeitos "nem isso nem aquilo" com MBA em finanças com prova de fim de ano arquivada pelo departamento de RH precisam de ajuda — eles não conseguem se conectar nem às intuições, nem à matemática. Na época em que conheci Mark, nós dois estávamos na interseção do mercado de bolsas com novos ramos da teoria da probabilidade (como a Teoria dos Valores Extremos), uma interseção que na época não incluía mais do que duas pessoas (e até hoje é assim).

MUTUA MULI

Agora, qual foi a ideia dominante que surgiu?

Existem atividades sem retornos e sem feedback que são ignoradas pela multidão comum.

Com o seguinte corolário associado:

Nunca subestime o efeito da ausência de feedback no comportamento inconsciente e nas escolhas das pessoas.

Mark continuou usando o exemplo de alguém que toca piano há muito tempo, mas que não melhora (ou seja, que dificilmente seria capaz de tocar a conhecida valsa Chopsticks), mas que persevera; então, de repente, um dia, a pessoa toca Chopin ou Rachmaninoff de forma impecável.

Não, isso não está relacionado com a psicologia moderna. Psicólogos discutem a noção de *recompensa adiada* e a incapacidade de adiar a própria gratificação como uma barreira. Eles sustentam que as pessoas que preferem um dólar agora a dois no futuro acabarão se saindo mal no curso da vida. Mas não é disso que trata a ideia de Spitz, pois você não sabe se haverá uma recompensa no final do caminho e, além disso, psicólogos são cientistas de capacidade duvidosa, que estão errados quase o tempo todo sobre quase todas as coisas que discutem. A ideia de que a gratificação adiada confere alguma vantagem socioeconômica para aqueles que adiam acabou sendo derrubada. O mundo real é um pouco diferente. Em um cenário de incertezas, você deve considerar agarrar o que puder agora, já que a pessoa que lhe oferece dois dólares daqui a um ano contra um dólar hoje poderá estar falida depois desse período (ou cumprindo uma sentença de prisão).

Portanto, essa ideia não tem a ver com gratificação adiada, mas com a capacidade de operar *sem* gratificação externa – ou melhor, com gratificação aleatória. Tenha a coragem de viver sem promessas.

Por isso, o segundo corolário:

Coisas que são boas, mas não parecem ser boas, devem ter alguma vantagem.

Esse último argumento permite que aquela ou aquele que é perseverante e mentalmente capacitado faça a coisa certa com uma reserva infinita de otários.

Nunca subestime a necessidade das pessoas de ficarem bem aos olhos dos outros. Cientistas e artistas, para lidar com a ausência de gratificação, tiveram que criar coisas como prêmios e publicações de prestígio — que são projetados para satisfazer as necessidades dos não heroicos de ficarem bem na ocasião. Não importa se, no fim das contas, sua ideia é comprovada; existem etapas intermediárias que podem ser vencidas. Assim, a "pesquisa" acabará virando algum tipo de não pesquisa que cosmeticamente se pareça com pesquisa. Você publica em uma revista de "prestígio" e pronto, mesmo que a ideia completa nunca se concretize no futuro. Esse jogo gera grupos e círculos de citação em áreas como finanças acadêmicas e economia (sem feedback tangível), nas quais se pode dizer besteira infinitamente e ainda receber elogios dos colegas.

Por exemplo, a Teoria Moderna do Portfólio (ou a "paridade de risco" associada a ela) à la Markowitz exige que as correlações entre ativos sejam conhecidas, e não aleatórias. Se você eliminar essas suposições, não tem mais nenhum argumento para a construção do portfólio (sem contar outras falhas muito mais graves da teoria discutida neste livro, como a ergodicidade). Para não perceber que as correlações não são fixas, que mudam aleatoriamente, a pessoa não pode saber que existem telas de computador, nem ter acesso a quaisquer dados relacionados. A única desculpa das pessoas para usar esses modelos é que outras pessoas estão usando esses modelos.

E você acaba com indivíduos que não sabem praticamente nada, mas com currículos enormes (alguns receberam Prêmios Nobel). Esses círculos de citação ou grupos de suporte cíclicos eram chamados pelos antigos de *mutua muli*: a associação de mulas que se respeitam mutuamente.

MITIGAÇÃO DE RISCO COM BOA RELAÇÃO CUSTO-BENEFÍCIO

A maioria dos retornos financeiros e dos negócios vem de eventos raros — o que acontece em tempos normais dificilmente é relevante para o total. Os modelos financeiros fazem exatamente o oposto. Um fundo de hedge chamado erroneamente de Long Term Capital Management ["Gerenciamento de Capital de Longo Prazo", em tradução livre]), que quebrou em 1998, foi um exemplo desse mal-entendido *mutua muli* embelezado. Os acadêmicos premiados com o Nobel experimentaram em um único mês a falsidade de seus modelos. Praticamente todo mundo na década de 1980, principalmente após o crash de 1987, deveria ter sabido que era charlatanismo. No entanto, a maioria, se não todos os analistas financeiros, exibe a clareza mental do esgoto de Nova York após um longo fim de semana, o que explica como o *mutua muli* pode se apossar de uma indústria inteira.

Na verdade, o mundo dos investimentos é povoado por analistas que, usando matemática evidentemente errada, conseguiram manter uma aparência boa e cosmeticamente sofisticada, mas acabaram prejudicando seus clientes em longo prazo. Por quê? Porque é simplesmente "DOP" (dinheiro de outras pessoas) que eles estão arriscando, enquanto os retornos são deles — novamente, falta de *colocar a própria pele em jogo.*

Retornos constantes (ratificação contínua) vêm junto com a ocultação de riscos de cauda. Os bancos perderam mais dinheiro em dois episódios, em 1982 e 2008, do que ganharam na história do setor bancário, mas seus gestores ainda estão ricos; eles diziam que seus modelos padronizados mostravam risco baixo, enquanto estavam sentados em barris de pólvora — portanto, precisamos destruir esses modelos como ferramentas de engodo que são.

Essa transferência de risco é visível em todas as atividades empresariais: as corporações acabam obedecendo à máxima dos analistas financeiros de evitar o seguro de cauda: aos olhos deles, uma empresa que resiste a tempestades financeiras é inferior a outra que seja frágil perante uma pequena retração econômica ou aumento nas taxas de juros, mas cujo lucro por ação seja maior do que o da primeira, em uma fração de centavo!

Assim, as ferramentas das finanças modernas ajudaram a criar uma classe de pessoas "rentistas", cujos interesses divergiam dos de seus clientes — e que acabam sendo socorridas financeiramente pelos contribuintes. Enquanto os rentistas financeiros eram, de forma clara, os inimigos da sociedade, encontramos inimigos realmente piores: os imitadores.

Isso porque, na Universa, Spitz construiu uma estrutura que protegia os portfólios dos riscos de cauda e, portanto, isolou-os da necessidade de gratificação adiada aleatória. Como apresentado (e *formulado*) em *Safe Haven* (Porto Seguro), a mitigação de riscos precisa ser "econômica" (precisa ter boa relação custo-benefício, ou seja, deve aumentar sua riqueza) e, para isso, precisa mitigar os riscos que importam, não os riscos que não importam.

Foi o nascimento do *hedging contra risco de cauda* como uma classe de ativos nos quais se pode investir. A proteção contra riscos de cauda removeu o efeito do desagradável Cisne Negro nos portfólios; a proteção de risco de cauda com boa relação custo-benefício eliminou todas as outras formas de mitigação de risco. Assim, a ideia amadureceu nas pessoas e uma nova categoria nasceu. Isso gerou uma legião de imitadores — aquelas mesmas pessoas *mutua muli* que antes haviam sido enganadas pelas modernas ferramentas financeiras encontraram uma nova coisa para vender.

A Universa provou o seguinte: não apenas não há substituto para a proteção contra risco de cauda, mas, quando se trata de hedging de risco de cauda, simplesmente — conforme a propaganda da Porsche — não há *nenhum* substituto.

Quando você passa de um princípio para sua execução, as coisas são muito mais complicadas: o resultado é simples para quem está vendo de fora; o processo é difícil de ser visto de dentro. De fato, são necessários anos de estudo e prática, sem contar as vantagens naturais e a compreensão dos retornos e mecanismos probabilísticos.

Eu disse anteriormente que a vantagem de Mark vinha da operação de balcão e uma compreensão natural (não inventada) da matemática das caudas. Não é exatamente isso. Sua vantagem vem sendo em grande parte comportamental, e minha descrição de cabeça-dura foi um eufemismo. Talvez o atributo mais subestimado para os humanos seja a disciplina obstinada, obsessiva e chata: em mais de duas décadas, nunca o vi desviar uma micropolegada de um determinado protocolo.

Esse é o monumental f★★★-se dele para a indústria de investimentos.

Parte Um

Aquilo que Vem Primeiro

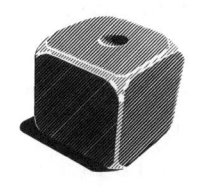

Em Guerra contra a Sorte

ESCRITO COM SANGUE

Nas palavras de Friedrich Nietzsche, filósofo alemão do século XIX, assim ditas por seu antigo profeta persa Zaratustra: "De todo o escrito, amo apenas o que uma pessoa escreveu com seu sangue".

Se assim é, Nietzsche teria adorado este livro.

Ele foi escrito com o sangue da guerra contra a sorte, travada por mais de um quarto de século na minha vida de trader. Cresceu organicamente a partir de minha prática de investimento e mitigação de riscos como gestor de fundos de hedge e profissional de *investimentos safe haven*. A mensagem deste livro é, e sempre será, vivenciada por mim e minha empresa de fundos de hedge, a Universa Investments (este é o nosso manifesto).

Falar é fácil. Ideias e comentários são apenas isso. A significância só vem do fazer, da ação dentro da arena. Não é da minha conta "saber o que outras pessoas não sabem", como faz Sherlock Holmes. É meu trabalho *fazer* o que outras pessoas não fazem e *não conseguem fazer* (e tão importante quanto isso, saber o que *eu* não sei). Fazer um investimento safe haven eficaz e demonstrar isso é muito, muito mais importante do que argumentar sobre o que tal investimento deveria ser. E a maioria daqueles que afirmam fazê-lo negligencia aquelas firmes palavras de Hemingway que recomendam "nunca confundir movimento com ação".

Este livro discorre sobre a base e a metodologia por trás de como, até o momento desta publicação, as carteiras de mitigação de risco da Universa, ao longo de mais de uma década, superaram o S&P 500 em mais de 3% em termos líquidos anuais. Indo mais diretamente ao ponto, esse desempenho é uma *consequência direta* de ter *muito menos risco*. Esse nível de desempenho superior é raro no setor de fundos de hedge e entre as estratégias de mitigação de risco em geral, que praticamente tiveram desempenho inferior ao S&P 500 nesse período e durante a maioria dos períodos passados. Os mercados vêm sendo bons para nós porque não tentamos enganá-los; não tentamos prever ou ser mais espertos que eles. Apenas alinhamos nossos investimentos, de forma focada, com nossas crenças a respeito de como funcionam.

As pessoas pensam na mitigação de risco como um ônus, uma compensação pela criação de riqueza, porque geralmente é. A Universa é, mais do que qualquer coisa, um estudo de caso da vida real e um teste fora da amostragem que prova, inequivocamente, que a redução de riscos não precisa ser vista dessa maneira. A mitigação de riscos pode e deve ser pensada como um aditivo aos portfólios ao longo do tempo — a mitigação de riscos correta. Esta é a marca que quero que a Universa deixe nos mercados.

Escrever este livro foi um trabalho de amor, embora ele tenha sofrido ao competir pela minha atenção, que é consumida pela Universa. Mas o livro proporcionou oportunidades muito importantes para a introspecção. Também me fez pensar mais profundamente sobre as perguntas que sempre me fazem sobre o que pequenos investidores "leigos" podem fazer para proteger seus portfólios.

Como este livro é, em parte, uma resposta a essas perguntas, quero garantir que as expectativas sejam adequadamente definidas desde o início. Este não é um livro sobre "como fazer", mas sim um livro sobre "por que fazer" e também "por que não fazer". Seremos claros: o que eu faço especificamente como um investidor safe haven não deve ser tentado por não profissionais (nem, talvez até especialmente, pela maioria dos profissionais). Nada do que eu poderia dizer em um livro mudará isso.

Então, eu não o levarei pela mão e o ensinarei como fazer; não revelarei muitos segredos do negócio e não tenho interesse em vender nada a você como gestor de investimentos. Este livro não trata do funcionamento de uma estratégia específica de investimento safe haven em si; nem é um levantamento enciclopédico de todos os principais investimentos safe haven. Além disso, tem poucos comentários, quase nenhum, sobre o mercado atual — isso seria totalmente desnecessário para o propósito do livro.

Dito isso, existem grandes problemáticas de investimento a serem resolvidas, e eu emprego explicitamente na Universa a solução conclusiva que será encontrada ao longo deste livro. Isso com certeza é algo bom. Afinal, se é uma ótima solução, não seria um grande sinal vermelho se eu não a colocasse em prática?

Minha intenção neste livro é apresentar os conceitos básicos por trás de minha abordagem, de maneira direta. Um oitavo do iceberg está acima da água, e é tudo o que precisamos (apesar de que, de tempos em tempos, eu tenha sido forçado a penetrar no terreno das ervas daninhas matemáticas, acredite, tentei ao máximo ficar fora dele). Ofereço uma estrutura analítica lógica e prática para desmistificar os investimentos safe haven, a fim de visualizar e pensar sobre seu valor para a mitigação de riscos sistemáticos, e o que isso significa em primeiro lugar. Ou seja, ofereço uma estrutura para testar rigorosamente hipóteses sobre investimentos safe haven, e até sua própria existência.

Se as únicas coisas que os leitores conseguirem com este livro forem uma premissa mais realista e racional de investimentos safe haven e uma base para avaliá-los e lidar com eles — e, assim, evitar suas armadilhas —, então o livro terá alcançado seu propósito. Ele certamente ajudará o leitor a pegar de volta seu investimento na compra deste livro, muitas vezes. Você ganhará e perderá dinheiro investindo, mas quando olhar para trás, o que realmente importará é ter acertado essa base. Investimentos são um campo de jogo enganoso e desigual por muitas razões, e pretendo ajudar a nivelá-lo um pouco (para mostrar a você a honradez das minhas intenções, doarei todos os meus ganhos com as vendas deste livro para caridade).

APOSTAS INVESTIGATIVAS

Este livro é o resultado de um processo de descoberta e um esforço para gerar soluções que começaram há muitos anos. Cresci como um garoto pobre nos balcões de negociação de commodities de Chicago, quando eram o centro do universo financeiro. Ainda um mero adolescente, aprendi com meu mentor, Everett Klipp ("o Babe Ruth da Chicago Board of Trade"), que repetidamente me dizia que "um pequeno loss é uma boa perda", e que mitigação de risco e sobrevivência são tudo em trading e investimentos. Suas palavras ainda hoje soam verdadeiras: cuide das perdas; os lucros então cuidarão de si mesmos. Lucros importam apenas em relação às perdas; permaneça no jogo protegendo sua base de capital, que é seu meio de jogar o jogo. Não faça previsões.

Coisas bem óbvias, exceto que as pessoas realmente não focam as perdas, especialmente o potencial para grandes perdas. Em toda minha experiência, vi que a maioria dos investidores não pensa no impacto da perda da maneira que precisaria considerar; eles simplesmente não pensam nisso.

Para mim, tudo começou nos meus vinte anos, com experimentos bem práticos de tentativa e erro quando eu era operador "local" (ou independente) na bolsa de títulos de Chicago (ganhei grande parte do dinheiro para minha na faculdade escrevendo e depois vendendo o primeiro programa de computador de gestão de portfólios no pregão). E continuou nos meus trinta e tantos anos, quando era banqueiro e operador de derivativos de fundos de hedge em Nova York, e mais um pouco nos salões sagrados do Instituto Courant de Ciências Matemáticas da Universidade de Nova York. Discuti isso em caminhadas intermináveis pelas ruas de Manhattan com Nassim Nicholas Taleb, na época em que iniciamos o primeiro programa formal de hedge de cauda, e ele mais tarde se tornaria Conselheiro Científico da Universa. Essas ideias estavam no centro de todas as conversas durante incontáveis e imprudentes passeios de skate longboard, subindo e descendo as traiçoeiras rampas e ladeiras do Central Park com Brandon Yarckin, enquanto planejávamos o lançamento da Universa, na qual ele se tornaria COO (ainda culpo Brandon por meu ombro deslocado).

Nem é preciso dizer que não tirei essas observações do zero. Devo enorme gratidão aos exploradores que sondaram as profundezas ("a tríade", como será visto mais à frente).

Esses foram anos de formação com apostas investigativas, de conjecturas e refutações ousadas e de encontrar respostas a respeito de como as coisas funcionavam por meio do sucesso e do fracasso — uma guerra sangrenta contra a sorte. A conclusão disso foi minha decisão de fundar a Universa em 2007; a ela, nós levamos nossas descobertas e soluções e as transformamos em uma abordagem de investimento formal, racional e prática que resolve os grandes problemas e *aponta um norte* para meus parceiros de investimento.

Ao abrir este livro e, espero, abrir sua mente para as ideias que ele contém, você terá a oportunidade de mudar suas percepções sobre investimentos e mitigação de riscos. Estas páginas apresentarão uma perspectiva fundamentalmente diferente e não convencional, que acredito firmemente ser a mais eficaz para a realização de investimentos bem-sucedidos. Ela se opõe diametralmente àquilo tido como o evangelho do coletivo que é a profissão de gestor de investimentos. Precisamos pensar de forma objetiva sobre a ortodoxia e o dogma sem saída das finanças modernas. Precisamos ser o bloco ainda não esculpido.

Com certeza, não tenho interesse em mudar o paradigma de investimento existente por torná-lo obsoleto. Não sou o flautista encantado e não tenho ilusões de grandeza de que a mensagem deste livro se tornará "o novo evangelho segundo Mark". Não espero nem por um momento que minha abordagem se transforme em mais uma das estratégias massificadas abraçadas pelo rebanho de consultores de investimentos. E isso é importante. Tornar-se convencional é autodestrutivo neste negócio. É o "beijo da morte". Pegamos a estrada menos usada, e isso faz toda a diferença. Muitas vezes exclamei para minha equipe na Universa, saqueando as palavras de Steve Jobs: "Somos piratas! Não a Marinha!" (Os meus são os Grandes Piratas mais inteligentes, mais espertos e mais experientes do mundo dos derivativos).

O QUE É UM INVESTIMENTO SAFE HAVEN?

Todos têm uma compreensão intuitiva sobre o que é um investimento safe haven e por que investiríamos nele. Muito provavelmente, seria algo como "um refúgio para quando as coisas derem errado" ou, mais especificamente, "um ativo que oferece segurança contra riscos". Essas definições estão certas. O termo *risco*, assim, provavelmente significaria coisas assustadoras como quedas abruptas no mercado de ações, crises financeiras e bancárias, pandemias, monstros escondidos embaixo da cama e assim por diante. O risco, então, é definido de forma circular como aquela coisa equívoca contra a qual precisamos de segurança.

Pura e simplesmente, o risco é a exposição a más contingências. A maioria dessas contingências ruins provavelmente *nunca* acontecerá, mas elas *podem* acontecer. Em investimentos, casualidades ruins têm como consequência financeira perdas econômicas em um portfólio. O risco do investimento não é apenas um valor numérico teórico e espúrio, como *volatilidade* ou *correlação* ou seja lá o que for. É o potencial de perda e o escopo dessa perda. Nada mais.

Temos à nossa frente muitas estradas divergentes, muitos caminhos potenciais com diversas curvas e viradas, mais do que podemos contar. Alguns desses caminhos em potencial serão muito agradáveis, e outros não. De todos os caminhos potenciais, não sabemos qual é o único que realmente percorreremos. Isso, sim, é risco!

Safe haven é um investimento que mitiga o risco, ou as potenciais contingências econômicas ruins em sua carteira de investimentos. Essa é uma condição necessária para o status de safe haven. Ele protege contra perdas consequentes que acontecem para todos, em todos os lugares, ao mesmo tempo, porque essas perdas estão ligadas aos ciclos macroeconômicos amplos de crescimento e contração. Em função de sua natureza onipresente e sistemática, você não consegue evitar esse risco simplesmente diversificando seus investimentos por meio de combinações de ativos que supostamente não sofrerão simultaneamente essa perda.

E lembre-se do seguinte: um investimento safe haven não é bem uma coisa ou um ativo. É um *retorno*, que pode assumir formas muito diferentes. Pode ser uma barra de metal, um critério de seleção de ações, uma criptomoeda ou até mesmo um portfólio de derivativos. **Sejam quais forem as formas que eles assumam, é sua função que faz dos investimentos safe haven o que são: eles preservam e protegem seu capital. Eles são um abrigo contra tempestades financeiras.**

Portanto, *investimentos safe haven* são *mitigação de risco*. Para mim, esses dois termos são sinônimos, e eu os usarei de forma intercambiável ao longo deste livro (o primeiro me pareceu um título mais cativante).

Além disso, mitigação de riscos *é* investimento *em si*. Trate isso como uma premissa fundamental. Até mesmo o mais renomado proponente da abordagem de investimento bottom-up [que prioriza as características particulares de uma empresa em vez do cenário setorial], Benjamin Graham, o "pai do investimento em valor (*valuation*)", declarou: "A essência da gestão de investimentos é a gestão de riscos, não a gestão de retornos. Portfólios bem gerenciados se baseiam nesse preceito." Além disso, "confrontados com o desafio de destilar o segredo para um investimento sólido em três palavras, arriscamos usar a expressão Margem de Segurança." Nunca foram escritas palavras mais verdadeiras sobre o assunto. Para Graham, a "segurança do principal" é o que separa investimento de especulação. *Isso faz do investir — investir!* (Ele aprendeu da maneira mais difícil, no crash da Bolsa de 1929, que todas as grandes ideias podem ser detonadas, simultânea e sistematicamente).

Mas esta é a parte mais óbvia. Ainda não inclui aquilo que há de tão especial a respeito daquilo que um investimento safe haven deve ser. Qualquer apostador pode conceber algo que funcione bem em uma crise financeira. Investir em um safe haven é muito mais. E é aí que esses investimentos começam a parecer realmente diferentes uns dos outros — tão diferentes que nossa classificação que colocaria todos na mesma categoria começa a perder o significado. Eles, frequentemente, são mais diferentes um do outro do que semelhantes. Nós nos deparamos com questões parecidas com aquelas com que os biólogos lidaram ao tentar definir o que é uma espécie. Precisaremos de um *conceito de safe haven* específico — como o conceito de espécie dos biólogos — para classificá-los e avaliar se são mesmo o que dizem ser. **Esta será uma importante linha de investigação neste livro: os investimentos safe haven são classificáveis? E eles podem realmente agregar valor econômico?**

O GRANDE DILEMA

Para os investidores, existe um problema monumental, *o grande dilema do risco*. Se você correr muito risco, provavelmente incorrerá em custos ao longo do tempo. E por outro lado, se não se arriscar o suficiente, com o tempo, provavelmente também lhe custará. Você está em uma armadilha: condenado se arriscar, e condenado do mesmo jeito se não o fizer. Tente não escolher a opção pior. Você pode tentar se equilibrar entre essas duas más escolhas na esperança de encontrar um meio-termo razoável, mas isso ainda o deixa com uma escolha ruim. As finanças modernas consideram muito a busca por esse meio-termo teórico feliz, o suposto "Santo Graal do investimento". Apesar da busca corajosa e do nome pomposo, os resultados mostraram que esse Santo Graal é um mito; o meio-termo razoável não é tão razoável assim, e pode até proporcionar o *pior* dos dois lados. E assim, com esse pensamento, você fica com apenas uma escolha real: fazer previsões ousadas e depois lançar os dados para apostar nelas.

Esse grande dilema é o problema mais importante dos investimentos; um dilema que precisa desesperadamente de solução. É também a razão para o que faço como gestor de fundos de hedge e a razão por trás deste livro. Graças à grande escala e ao escopo do problema, as apostas nunca foram tão altas. Em particular, o problema mais amplo é o de passivos que excedem ativos, e isso se aplica a pools de capital gigantescos e até mesmo a indivíduos com pequenas contas de investimento. Basta pensar nos fundos de pensão públicos e privados altamente subfinanciados de hoje, que devem gerar taxas de retorno específicas com metas altas ao longo de muitos anos ou então enfrentarão insolvência à medida que seus passivos forem consumindo seu capital. Eles não podem simplesmente se esconder, ficar ociosos em ativos menos arriscados em um portfólio fraco, ou tentar diversificar para reduzir riscos. E, no entanto, investir em ativos mais arriscados traz, por definição, riscos agudos de perdas irrecuperáveis. A abordagem padrão à neutralização de riscos realmente falhou com eles — assim como falhou com todos. E o problema só piorará. É uma bomba-relógio em contagem regressiva, na iminência de explodir.

As consequências de não se resolver o grande dilema do risco não aparecerão apenas como gráficos abstratos no jornal. Elas são bem reais: poupanças individuais exterminadas, governos que taxam ou inflam suas economias até a morte — a tragédia humana com consequências econômicas reais. E isso não é minha opinião. É apenas simples matemática.

Esse problema monumental é ainda mais complicado hoje pelas enormes distorções acumuladas nos mercados financeiros globais por anos de intervenções monetárias pretensiosas dos bancos centrais, o que permitiu um acúmulo descuidado de dívida e alavancagem. Embora essas distorções tenham alcançado uma proporção sem precedentes e estejam intrinsecamente relacionadas ao próprio problema do subfinanciamento, elas não vêm ao caso. Elas estão além do escopo deste livro (já escrevi bastante sobre o assunto em outros lugares) e, mais importante que isso, são completamente desnecessárias para a mensagem do livro. Não preciso convencê-lo de nenhuma premissa ideológica com um complexo de Cassandra que diga que os mercados são arriscados para que você aceite minhas conclusões sobre investimentos safe haven. Não importará para nossa metodologia. Podemos ser e continuaremos agnósticos, sem lançar os dados e, o mais importante, continuaremos *sem fazer previsões*.

Para encontrar uma solução para esse problema monumental, precisamos reduzir o custo do risco — especificamente o custo das perdas — e fazê-lo de maneira que não acabe nos custando ainda mais. Em outras palavras, **precisamos de uma cura que não seja pior que a doença. A mitigação de riscos deve** *ter boa relação custo-benefício.*

Neste livro aprenderemos que o caminho para se encontrar essa solução vem do reconhecimento de que nem todos os riscos são criados da mesma forma — porque nem todas as perdas são criadas da mesma maneira. Elas não se somam de forma limpa em um livro de contabilidade. Portanto, precisamos pensar nas perdas e nos retornos de nosso investimento de forma diferente, por uma visão diferente e com enfoque diferente.

Como em todas as coisas, "o bom Deus está nos detalhes". E no nosso caso, esses detalhes, embora não sejam tão complicados, muitas vezes soam contraintuitivos e paradoxais. Como veremos, existem dinâmicas *emergentes* em jogo que tornam a mitigação de risco com boa relação custo-benefício algo extremamente desafiador de se alcançar, talvez mais do que qualquer outra coisa na área de investimentos. Precisamos proceder com cautela.

O problema é que a maioria dos profissionais e acadêmicos (e até mesmo os doutores quantitativistas que reinam nas finanças modernas) aborda os investimentos de uma forma altamente *reducionista*. Mas, como veremos ao longo deste livro, em investimentos safe haven, o todo não é, de fato, o mesmo que a soma de suas partes — muitas vezes é bem maior.

Investimentos safe haven com boa relação de custo-benefício acabarão sendo uma variação incrível do tema do meu primeiro livro, *The Dao of Capital*. É uma ideia que talvez tenha se tornado meu lema:

investimento indireto. Ou seja, uma abordagem indireta, que parece retroceder para avançar, como nas abordagens de Sun Tzu e von Clausewitz de "perder a batalha para vencer a guerra". Aquilo que pode parecer uma má ideia em uma primeira rolada de dados, estranhamente se torna a melhor ideia depois de muitos lances.

Mas como é possível investir com sucesso sem fazer previsões? Parece bom demais para ser verdade a ideia de que investir é prever retornos seja um princípio dessa atividade em si. Como tal, a maioria das pessoas acha que é necessário olhar muito à frente em relação aos investimentos e à mitigação de riscos — com uma bola de cristal mágica; eles pensam que precisam enxergar o que vem depois da curva. Isso não é somente quase impossível, é na verdade um equívoco sobre investir. **Investir realmente não quer dizer fazer previsões grandiosas,** da mesma forma que não se consegue fazer isso, digamos, em esportes ou outros jogos como pôquer ou gamão, embora seja possível fazer essa suposição equivocada facilmente quando se olha o contexto de fora. E não tem a ver necessariamente com acertar as probabilidades. Você pode acertar as probabilidades o dia todo, mas ainda assim se dar muito mal. Tem realmente a ver com *compreender os retornos*. Jogar com uma boa defesa que leva a um bom ataque. Dessa forma, haverá mais espaço para erros, mais espaço para se estar certo, mais espaço para acertar depois de errar. Isso é mitigação de risco de custo baixo. Você sente que consegue ver depois da curva, mesmo que, na verdade, não possa.

Como um arqueiro, você não tenta prever ou identificar precisamente o ponto que sua flecha atingirá quando decolar de seu arco. Essa seria uma abordagem improdutiva — levando ao *pânico de alvo*. Uma vez lançada a flecha (e mesmo enquanto você a lança), ela estará fora de seu controle e suscetível a intermináveis perturbações. Então, em vez disso, como no livro *A Arte Cavalheiresca do Arqueiro Zen,* de Herrigel, você mira ao deliberadamente *não* mirar — você aprimora seu processo e estrutura (focando "antes da linha de disparo", em vez de no alvo, à distância) com a intenção de aperfeiçoar seu lançamento em torno de seu alvo. Existe uma antiga noção estoica de uma *dicotomia de controle* que se aplica aos investimentos, assim como à arquearia: **Precisamos** *controlar o que podemos controlar* **de uma forma que nos** *aproxime*

de nosso alvo (de ampliar nossa riqueza), e certamente não nos *distancie* dele.

Isso é uma mitigação de risco com boa relação custo-benefício. Você parece enxergar e até sente que pode ver depois da curva e que sempre pode acertar o alvo, embora, na verdade, você não possa, claro.

Veja bem, um investimento safe haven com boa relação custo-benefício não apenas reduz o risco. Na verdade, ele permite que você simultaneamente assuma *mais* riscos. Se essa reviravolta fez você parar para pensar por um momento, então, ótimo. Deveria fazer mesmo!

PRIMEIROS PRINCÍPIOS

Começaremos aqui da estaca zero, com algumas verdades básicas sobre investimentos. Como o grande filósofo grego do século IV a.C. (e o primeiro verdadeiro cientista do mundo) Aristóteles escreveu: "A direção naturalmente apropriada de nosso caminho começa com as coisas mais conhecidas e mais claras para nós." Isso foi extraído do que ele chamou de "primeiros princípios" ou "a base primeira a partir da qual uma coisa é conhecida". São aquilo que vem primeiro, nossas proposições *a priori* ou premissas universais.

Começamos com esses primeiros princípios e os usamos como blocos de construção conceituais para finalmente formar hipóteses dedutivas e testáveis. Embora esses primeiros princípios possam parecer óbvios e meio triviais no início, eles não o são. Na verdade, se tornarão realmente importantes à medida que explorarmos algumas coisas contraintuitivas sobre um assunto bastante técnico. Eles nos permitirão mudar e até explorar as heurísticas comumente aceitas, apesar de falsas, que estão no cerne das finanças modernas. Eles até nos proporcionarão uma certa autenticidade existencial, permitindo que tornemos nossos investimentos consistentes com aquilo em que acreditamos — colocar as crenças "na reta", como dizem, apesar de todas as pressões externas para que nos conformemos.

O princípio número um é que investir é um processo que acontece sequencialmente ao longo do tempo. Investir não é algo estático. Não ocorre em apenas um intervalo de tempo, nem em diversos intervalos de tempo agregados como apenas um (Albert Einstein supostamente disse que "a única razão para a existência do tempo é para que tudo não aconteça ao mesmo tempo"). O tempo é o meio ao longo do qual a vida acontece e, portanto, é o meio pelo qual o investimento é realizado. Nós nos distribuímos ao longo do tempo. Investimento e risco são uma problemática de múltiplos períodos, e os retornos são um processo iterativo e multiplicativo. Eles funcionam de forma composta: em cada período, geralmente investimos o que nos resta do período anterior. Como o crescimento geométrico da prole ao longo das gerações, *nós apostamos nosso capital.* Esse princípio determina fundamentalmente a natureza do investimento e a maneira pela qual precisamos pensar e interpretar os retornos.

Mas, por mais óbvio que seja, tente dizer isso a um gestor de fundos de hedge cuja taxa de performance se baseie em desempenho anual: *investimentos acontecem ao longo do tempo.* Ou então, passe a mensagem ao fundo de pensão que é severamente julgado por sua capacidade de cumprir uma meta anual no curto prazo, e não ao longo de um cronograma consistente com seus beneficiários. E tente dizer isso às comunidades de economia e finanças comportamentais que rotulam um dado comportamento de "irracional" se ele não parecer ótimo dentro de sua estrutura atemporal de período único. Faça isso, e espere receber olhares de estranhamento. Mas eles criticam o que não conseguem entender; eles não são Einsteins. Quanto a nós, precisamos nos perguntar todos os dias: Qual é o significado do tempo no investimento? A resposta, como você verá, muda tudo.

O princípio número dois é que há apenas um propósito ou objetivo explícito de investimento, que é maximizar nossa riqueza ao longo do tempo. Ponto. É exatamente isso que estamos tentando fazer a cada decisão adicional e incremental que tomamos como investidores. É o alvo no qual disparamos. Não estou falando da elusiva *expectativa matemática* de riqueza, nem de nossa riqueza em relação a algum referencial arbitrário (embora muitos gestores sejam incentivados a se preocupar apenas com isso). Estou falando sobre nossos recursos finais realizados *reais* — ou seja, o resultado com o qual realmente ficamos (não são a mesma coisa). Isso equivale a maximizar a taxa de crescimento ou progressão da riqueza ao longo do tempo: nossa taxa de crescimento anual composta, ou CAGR [sigla para o termo em inglês, "compound annual growth rate"]. Todo investidor é um investidor de retorno absoluto e composto. Não acredito que qualquer pessoa pensante, e certamente nenhum profissional, deva discordar desse princípio. É bom senso.

E, no entanto, alguns ainda reclamariam, dizendo que o objetivo de se fazer investimentos deveria ser promover o progresso da humanidade, aliviar seus fardos, fazer o bem aos consumidores e ao mundo — e, assim, os lucros virão. Mas estas são apenas outras formas de reafirmarmos nosso princípio. O consumidor é o rei soberano a quem o capital deve servir para ser lucrativo; é por isso que o investimento de capital e o empreendedorismo fizeram objetivamente mais bem ao mundo do que qualquer governo ou instituição de caridade jamais poderia ter feito.

Outros ainda podem protestar e dizer que o objetivo de investir deveria ser maximizar nossa riqueza, dado que um certo nível de risco teórico seja assumido (é aqui que as coisas começariam a ficar um pouco turvas, não fosse nosso próximo princípio). Como sabemos que mitigação de risco é investimento, podemos deduzir que o propósito explícito de mitigação de risco é exatamente o mesmo que o propósito explícito de se investir: maximizar a taxa pela qual aumentamos nossa riqueza ao longo do tempo; em outras palavras, *reduzir o risco mantendo uma boa relação custo-benefício*.

Isso nos leva ao princípio número três: se uma estratégia de mitigação de risco atinge seu objetivo de reduzir o risco de um portfólio mantendo uma boa relação custo-benefício, logo, fazer uso dessa estratégia aumenta a CAGR do portfólio ao longo do tempo.

Faz sentido. Se neutralizarmos o risco de forma eficaz, restringindo-o deliberadamente, o fato importante aqui não deveria ser que experimentamos menos perdas como resultado, de tal forma que, com o tempo, acabamos ganhando mais? E se não acabarmos ganhando mais, ainda ficaremos felizes por termos conseguido eliminar o risco? Qual teria sido o propósito disso? Existe alguma outra razão para se mitigar riscos?

A mitigação de risco, quando bem feita, deve proporcionar um efeito econômico tangível e positivo em relação ao seu custo. Ou seja, deve proporcionar uma boa relação custo-benefício e, portanto, uma boa proposta de valor. Assim, uma estratégia de mitigação de risco deve ser avaliada com base em seu grau de relação custo-benefício na redução do risco não apenas em sua *eficácia* na redução do risco.

É claro que podemos ter mitigado o risco de uma perda improvável e extrema que nunca aconteceu. E, no entanto, uma perda improvável pode acontecer repentinamente, e nossa redução de risco pode aumentar nossa CAGR (em relação à nossa posição se não tivéssemos usado essa mitigação). Esse é o problema da indução, na qual a chegada de apenas um cisne negro torna falsa qualquer afirmação de que todos os cisnes são brancos. Mas quando digo que a mitigação de risco de baixo custo aumenta a CAGR de um portfólio ao longo do tempo, isso também significa uma gama suficientemente ampla de resultados observáveis, o que resolve, em geral, esses problemas epistemológicos (vamos abordar isso com o que é conhecido como *bootstrap* em capítulos posteriores).

Curiosamente, esse princípio de que a mitigação de riscos, se bem feita, aumenta nossa CAGR ao longo do tempo, é, na verdade, bem controverso. De fato, a maioria dos profissionais e acadêmicos talvez chamaria isso de uma ideia maluca. Risco mais baixo tem um custo, eles acreditam; então a mitigação de riscos é incompatível com retornos mais altos.

A saber, uma das históricas casas de trading de commodities ostentava o lema alemão: *"Besser gut schlafen, als gut essen"* ("É melhor dormir bem do que comer bem"). E os acadêmicos afirmam que retornos mais baixos na verdade acompanham menor risco ou menos volatilidade *como consequência disso, ipso facto*. A história deles diz que, à medida que você protege e diversifica seu portfólio para reduzir todos os riscos correlacionados e não correlacionados, respectivamente, seus retornos se aproximarão da *taxa sem risco* mais baixa. Ou, indo na outra direção, os acadêmicos argumentam que, para induzir um investidor a manter um ativo relativamente volátil na carteira, seu preço cai até que seu retorno esperado se torne alto o suficiente para justificar o risco adicional. No mundo deles, parece razoável, e é uma historinha confortável, contada, mas não provada: você precisa correr mais riscos para conseguir retornos mais altos; dormir bem tem um custo. Sem coragem, sem glória.

Para piorar as coisas, os acadêmicos reforçaram essa ideia ao postular que investir e mitigar o risco é reduzir ou calibrar a volatilidade de um portfólio em relação ao seu retorno médio — o *retorno ajustado ao risco* ou o temido *índice de Sharpe* — involuntariamente às custas da taxa de crescimento da riqueza. Assim, eles reivindicam uma vitória intelectualmente desonesta com base em seu próprio placar teórico. Isso é uma solução em busca de um problema, e é uma má ideia (é inclusive uma razão forte para nosso grande dilema). Eu realmente não acredito que a maioria dos investidores venha a ter essa má ideia. Em vez disso, parafraseando Carl Jung, a ideia os tem.

Precisamos medir nosso sucesso como investidores pelo placar prático que conta, e não pelos teóricos que não contam. *E há apenas um placar que conta, apenas um alvo.*

Mas muitas vezes somos atraídos para longe desses objetivos práticos por fórmulas matemáticas sem fundamento. As finanças quantitativas modernas sofrem de uma certa inveja da ciência ou da física. Afinal, de acordo com o físico americano Richard Feynman: "Física é como sexo: é claro que pode dar em alguns resultados práticos, mas não é por isso que fazemos."

Bem, os resultados práticos são precisamente o motivo pelo qual fazemos o que fazemos em investimentos e mitigação de riscos: maximizar a taxa de crescimento da riqueza diminuindo o risco. E as melhores práticas do método científico podem realmente nos ajudar nisso.

MODUS TOLLENS

Aristóteles é geralmente considerado o primeiro e principal desenvolvedor da ideia de raciocínio *dedutivo*, ou *silogismo*. A dedução é uma lógica "de cima para baixo", pela qual regras ou premissas gerais são aplicadas a casos ou conclusões específicas. Isso contrasta com a indução, que é uma lógica "de baixo para cima" e segue na direção oposta, em que casos específicos ou premissas particulares são aplicados para se chegar a uma regra ou conclusão geral. **Examinar a geometria de um dado para estimar a frequência com que algum dos lados ficará para cima ao longo de repetidos lances é um raciocínio dedutivo. Raciocinar na outra direção, rolando repetidamente um dado e usando esses resultados para estimar sua geometria, é um raciocínio indutivo** (vamos lançar os dados em ambas as direções neste livro.)

Um silogismo aplica raciocínio dedutivo para tirar uma conclusão válida a partir de premissas assumidas. Um exemplo é o silogismo chamado *modus tollens,* ou "negação do consequente". É o principal método lógico para evitar erros da razão na ciência – que Feynman descreveu como "o que fazemos para não mentir para nós mesmos". É um filtro de m★★★★ ideal (portanto, não se surpreenda se você não o encontrou no contexto dos investimentos).

Um *modus tollens* assume a forma de "Se H, então O. Não O; logo, não H", (com H para hipótese e O para observável). Há duas premissas — uma hipótese explicativa, composta por um antecedente e um consequente, pareadas com um observável; reunidos, eles produzem uma conclusão, que vem logicamente das premissas. A lógica, então, prossegue; se uma afirmação é verdadeira, então sua contrapositiva também o é.

Pense neste exemplo de *modus tollens* envolvendo minha cadela Nana:

- *Se Nana é boa em pegar marmotas, então eu não terei problemas com marmotas.*

- *Eu tenho um problema de marmotas.*

- *Portanto, Nana não é boa em pegar marmotas.*

Podemos ver que um *modus tollens* cumpre o papel específico de *tornar falsa* ou eliminar uma hipótese. Mas nem isso, nem qualquer outra coisa, pode ser usado para *verificar* se uma hipótese é *verdadeira*. Quando emparelhamos nossa hipótese proposta com uma premissa menor que é um fato observável, temos um teste bem construído dessa hipótese. *Modus tollens*, então, é o princípio lógico das ciências empíricas e o próprio método científico em si; ele nos permite esclarecer nossas ideias e distanciá-las de mera *metafísica*. O rigor científico exige que sejamos capazes de formular, testar experimentalmente e, por fim, tornar falsas, dessa maneira, teorias ou conjecturas. Quando, como detetives, desqualificamos teorias falsas sempre que possível, então passo a passo nos aproximamos da verdade. É tudo muito Sherlockiano: "Quando você elimina o impossível, o que resta, por mais improvável que seja, deve ser a verdade."

Com algo mais significativo, Karl Popper, o filósofo da ciência austríaco do século XX, construiu todo seu princípio da falseabilidade em torno disso — como a demarcação fundamental entre ciência e pseudociência. "Fatos universais nunca são deriváveis de fatos singulares, mas podem ser contraditos por fatos singulares", como escreveu Popper em *A Lógica da Pesquisa Científica*. "Consequentemente, é possível, por meio de inferências puramente dedutivas (com a ajuda do *modus tollens* da lógica clássica), argumentar da verdade de afirmações singulares à falsidade de afirmações universais. Esse argumento para a falsidade das afirmações universais é o único tipo de inferência estritamente dedutiva que procede, por assim dizer, na 'direção indutiva', ou seja, das afirmações singulares às universais".

Até agora, discutimos a mitigação de risco com boa relação custo-benefício como se fosse algo digno de nossa atenção, algo que *existe*.

Até mesmo vocalizar a frase pressupõe que ela exista (e é por isso que ninguém realmente pronuncia o termo "custo-benefício" no contexto de mitigação de riscos em investimentos. Você já notou isso?). Tomar essa conclusão como certa é implorar para que façamos a pergunta.

Pode até parecer que fizemos isso em nosso princípio número três. No entanto, o princípio apenas expôs o que a mitigação de risco deveria ser, não necessariamente o que ela sempre é. A mitigação de risco econômica ainda pode ser apenas teórica, e não realmente possível.

Então, em vez disso, precisamos tratar esse princípio como uma premissa condicional. É uma hipótese explicativa, e isso sugere convenientemente nosso próprio silogismo *modus tollens* para investimentos safe haven, que repetidamente testaremos e investigaremos:

- *Se uma estratégia reduz o risco de um portfólio com boa relação custo-benefício, usar essa estratégia aumenta a CAGR do portfólio ao longo do tempo.*

- *Usar essa estratégia não aumenta a CAGR do portfólio ao longo do tempo.*

- *Portanto, ela não mitiga o risco do portfólio com uma boa relação custo-benefício.*

O que temos aqui é uma conjectura natural e testável sobre investimentos safe haven. E é importante entender o que esse teste de hipóteses pode e não pode fazer. Ele só pode refutar ou falsear a hipótese. Se uma estratégia de investimento safe haven *não* aumenta a CAGR de um portfólio ao longo do tempo, então a hipótese nula — que a estratégia mitiga de forma econômica o risco do portfólio — não se sustenta. Se ela discordar do experimento, está errada: não é uma estratégia de investimento safe haven com boa relação custo-benefício. O que não podemos fazer, no entanto, é provar que algo *é* uma estratégia de investimento safe haven com boa relação custo-benefício. O método científico é assim.

Para ilustrar por que você não pode provar as coisas de trás para frente, é importante notar que eu não poderia ter apresentado esse silogismo como o inverso de nossas premissas: *se uma estratégia não mitigar o risco de um portfólio de forma econômica, então usar essa estratégia reduzirá a CAGR do portfólio ao longo do tempo.* Isso seria dedutivamente inválido; toma de maneira errada uma condição suficiente por uma condição necessária. **Observar que o uso da estratégia aumenta a CAGR do portfólio ao longo do tempo, na verdade, não prova nada sobre mitigação de risco com boa relação custo-benefício. Existem outras maneiras pelas quais a estratégia poderia ter aumentado a CAGR do portfólio; a estratégia não precisa nem mesmo ter neutralizado o risco, e pode até ter adicionado risco. Precisaríamos nos aprofundar na fonte desse desempenho superior** (como disse Hemingway, "Ser contra o mal não faz de você alguém bom"). Isso é equivalente à falácia da *afirmação do consequente*: Se "O é verdadeiro", podemos então concluir que "H é verdadeiro"? Pensar que podemos é um erro muitas vezes cometido, até mesmo nas ciências físicas: "Se minha teoria estiver correta, observaremos esses dados. Observamos esses dados; portanto, minha teoria está correta."

No meu exemplo anterior com Nana, e se eu *não* tiver marmotas me causando um problema? Posso afirmar com orgulho que minha Nana é boa em pegar marmotas? Afinal, pode haver uma infinidade de outras razões possíveis para que não haja marmotas me causando problemas. Talvez elas tenham se assustado com nossa raposa residente. Ou talvez meu filho tenha brincado em nosso bosque com seu arco e flecha e sua fantasia de caçador.

Da mesma forma, nós confundiríamos suficiência com necessidade, com a falácia da *negação do antecedente*. Nesse caso, poderíamos concluir que tenho marmotas me causando problemas como consequência lógica de saber que Nana não é boa em caçar marmotas.

Todo conhecimento é uma hipótese; é tudo conjectural e provisório, e só pode ser falseado, nunca confirmado.

Agora, uma parte crítica desse método científico é a maneira como escolhemos a própria hipótese que estamos testando. Precisamos especificamente evitar hipóteses *ad hoc* que simplesmente se encaixam em nossas observações. Aquelas que estão sempre lá, prontas para serem usadas. Precisamos de explicações lógicas que sejam independentes e que tenham sido formadas antes dessas observações.

Conhecimento científico não é apenas saber *que* algo é de tal modo; tão importante quanto isso é saber *por que* algo é assim.

O pensamento dedutivo por trás da minha hipótese "Nana é boa em pegar marmotas" foi muito importante porque ficará por aqui como uma espécie de hipótese de trabalho nossa até que eu consiga falseá-la. Eu tinha uma razão dedutiva significativa para pensar que sua habilidade, se existir, realmente resultaria no desaparecimento das marmotas? Habilidosa ou não, ela prefere passar os dias de verão dormindo dentro de casa? (Ela é uma Bernese da Montanha, que prefere neve e ar condicionado.) O que acontece com mais frequência, ela persegue ou é perseguida pelas marmotas?

DADOS DEDUTIVOS

Precisamos de uma estrutura dedutiva sólida para entender por que e como a mitigação de risco pode levar a taxas de crescimento composto mais altas. É mesmo possível? Como podemos esperar que a mitigação de riscos seja econômica? Qual é o mecanismo por trás disso? E como podemos reconhecer essa habilidade se ou quando a virmos?

Existe um sem-número de forças circulando nos mercados e nos investimentos; quaisquer tentativas de explicar a mitigação de risco com base nesses dados em turbilhão provavelmente nos trarão problemas. Portanto, precisaremos descobrir, dedutivamente, o mecanismo que dá origem à nossa hipótese. Não será suficiente apenas mostrar que uma estratégia gera riqueza e, *puf!* Essa é uma mitigação de risco com boa relação custo-benefício. Precisamos entender as forças em ação para que isso aconteça.

A melhor ferramenta dedutiva à nossa disposição será a mesma ferramenta dedutiva usada da pré-história até hoje para descobrir e compreender a ciência geral da probabilidade e a ideia formal de risco.

Escavações arqueológicas descobriram coleções de tálus, ossos do tornozelo de cabras e ovelhas, que datam de 5.000 a. C. Esses ossos de quatro lados são as peças de jogo mais antigas de todas. Nossos "ossos" de seis lados mais familiares começaram a aparecer por volta de 3.000 a. C. Visivelmente, os dados foram incorporados na história da civilização como geradores do destino, depois dos acasos e até mesmo de habilidades (nos primeiros precursores do gamão moderno). Eles foram onipresentes em toda a profundidade e amplitude dessa história e fazem parte de nosso inconsciente coletivo.

Mas levou séculos, e a necessidade de se entender melhor as apostas em jogos, para que os dados se tornassem as ferramentas pedagógicas intuitivas de inferência dedutiva que colocariam em movimento uma teoria da probabilidade. Já no século IV a.C., Aristóteles casualmente apontou que, embora seja fácil conseguir algumas jogadas de sorte com um dado, com 10 mil tentativas repetidas, que se dane a intervenção divina, a sorte do dado se iguala: "O provável é aquilo que acontece na maioria das vezes." Imagine, isso era uma coisa revolucionária! Mas os antigos gregos e romanos nunca realmente entenderam — eles nem se preocupavam que as faces de seus dados fossem simétricas. Se tudo era destino de qualquer maneira, que diferença fazia? A famosa frase de Júlio César "os dados foram lançados" não foi uma afirmação sobre probabilidade (com toda a sabedoria que atribuímos aos antigos, se você tivesse a capacidade de voltar no tempo, faturaria alto se apostasse contra eles).

Foi só muito mais tarde, no século XVII, que Galileu e depois Blaise Pascal e Pierre de Fermat se tornaram conselheiros mercenários de jogos de azar de vários nobres. Por exemplo, o Chevalier de Méré precisava de conselhos a respeito de sua custosa observação de que apostar com probabilidades "meio a meio" no aparecimento de um 6 em 4 lances de um único dado era algo lucrativo em longo prazo, enquanto apostar com as mesmas probabilidades em um 6 duplo em 24 roladas de dois dados não era (em 1952, o famoso apostador de Nova York "Fat the Butch" redescobriu esse mesmo fato dedutivo em seu próprio e custoso teste de hipóteses).

Nesse ponto, a probabilidade era em grande parte raciocínio dedutivo, começando-se com as propriedades conhecidas do gerador (um dado) e depois raciocinando-se com expectativas sobre seus resultados particulares. A repetibilidade era implicitamente uma condição necessária para a inferência probabilística. Essa era a perspectiva *frequentista*, na qual o próprio significado de probabilidade era a frequência de ocorrências ao longo de muitas tentativas. É a lógica do jogador com superioridade, a lógica do cassino. A probabilidade estava realmente amadurecendo como um truque para permitir que os matemáticos eliminassem jogadores degenerados. Esses foram os quants (adeptos das finanças quantitativas) originais — ter o próprio dinheiro em jogo acaba por estimular a inovação (caramba, foi preciso ter uma posição de opções para eu realmente começar a pensar na matemática).

Claro, nós sempre entendemos de risco e mitigação como nossa segunda natureza; afinal de contas, foi assim que chegamos até aqui. Mas, juntamente com os avanços em nossa compreensão da probabilidade, cresceram gradualmente a formalização e a sofisticação da mitigação de risco. E podemos pensar no crescimento dessa formalidade primeira e principalmente como o crescimento das inovações em seguros, o que por si só facilitaria uma explosão na tomada de riscos e outras inovações. Os seguros são uma ideia antiga e parte fundamental do próprio progresso de nossa civilização. Começaram como solidariedade, à medida que os riscos eram compartilhados — divididos entre pequenas aldeias, por exemplo, como compromissos de se assegurarem mutuamente e compartilharem os custos de reposição das casas dentro da comunidade. **Essa agregação de riscos individuais criou uma perspectiva frequentista onde antes não havia nada, expandindo eficazmente o tamanho da amostra individual de 1 para o tamanho total da comunidade.**

Avancemos rapidamente para o século XX, quando explodiria uma escaramuça nerd lendária a respeito dessa perspectiva. Os recém-fundados *Bayesianos* e a *teoria da propensão* de Popper — pelos quais *probabilidade* significava "graus de crença" ou "tendências", respectivamente — ficaram cara a cara com os simplórios frequentistas. E realmente não importa quem estava certo. Tudo o que importa é qual perspectiva está sendo usada. Seja como for, quando o tamanho da amostra é pequeno e, pior ainda, único e irrepetível, não importam suas probabilidades subjetivas, existe tanto ruído em sua amostra que você dificilmente consegue descobrir alguma coisa. Seu N é igual a 1. Você é um apostador, na esperança de ter boa sorte ou um bom destino. Mas se seu sucesso ou fracasso depende de muitos resultados, ao longo de muitas jogadas de dados, então você naturalmente se preocupa com as propriedades dessas diversas jogadas de dados. Seu N é amplo. Você é a casa explorando a "vantagem da casa" através da repetição, para anular a aleatoriedade. E "a casa" (um cassino, por exemplo) não aposta. Você está, como o teórico do pôquer David Sklansky escreveu, "em guerra contra a sorte".

A maioria das pessoas diria (ou pelo menos suas ações implicam nisso) que eles são a "casa" em seus investimentos. E 93% das pessoas também dizem que são motoristas acima da média. Mas não são, em ambos os casos.

"Em guerra contra a sorte", usar nossas "habilidades para minimizar a sorte tanto quanto possível" é algo que realmente se aplica à mitigação de riscos. É exatamente assim que essa guerra é travada nos investimentos. No meu caso, é nada menos do que tudo o que faço como investidor. Portanto, é conveniente que comecemos a entender a mitigação de riscos dedutivamente, despindo-a até o esqueleto, literalmente.

Esta é uma das coisas mais valiosas que aprendi com Nassim Taleb, apesar de suas advertências válidas contra a *falácia lúdica* (onde "o estreito mundo dos jogos e dos dados" tem tão pouco em comum com o risco indomável do mundo real): brincar e meditar em simulações simplificadas de Monte Carlo, ou "histórias alternativas", é a melhor maneira de compreender as coisas.

Afinal, de acordo com Popper, a ciência é "a arte da simplificação excessiva sistemática".

À parte o rigor epistemológico, a maior vantagem que tenho ao construir minha hipótese de investimento safe haven dedutivamente e usando jogos de dados é a transparência. Você verá algumas coisas sobre investimentos safe haven que parecerão desafiar o senso comum. Some isso ao fato de que existem assustadoramente muitas maneiras pelas quais a indústria de investimentos regularmente confunde as pessoas com teorias complicadas e não falseáveis (e, portanto, pseudocientíficas) e dados de mercado escolhidos a dedo, e você poderá compreender minha preocupação em manter um ceticismo saudável. "Confie, mas confira": Quando algo não cheira bem, volte ao início, às nossas ilustrações simples e transparentes de dados dedutivos. Lance os seus, jogue em casa. Não há lugar para se esconder nisso.

Como Feynman sabidamente disse:

> *Em geral, procuramos uma nova lei pelo seguinte processo. Primeiro, nós tentamos adivinhar. Depois, computamos as consequências da suposição para ver no que isso implicaria, se estiver certo. E então comparamos os resultados da computação diretamente com observações para ver se funciona. Se discordar do experimento, está errado. Nessa simples declaração está a chave para a ciência. Não faz a menor diferença quão bonito é seu palpite; não faz a menor diferença quão inteligente você, que fez o palpite, é ou qual é seu nome — se não concordar com o experimento, está errado. Isso é tudo.*

Esta será minha estrutura analítica para este livro.

Na Parte Um, começamos com "aquilo que vem primeiro" (o *a priori*), com a construção e exame intuitivos desses mecanismos fundamentais de safe haven, com a ajuda de nossos dados dedutivos. "Primeiro, nós tentamos adivinhar." Então, na Parte Dois, com "aquilo que vem depois" (o *a posteriori*), começamos a formular hipóteses testáveis de investimentos safe haven com base nesses mecanismos — hipóteses sobre como podemos esperar que eles funcionem. Conduziremos testes ou experimentos clínicos com investimentos safe haven idealizados (simplificações) para "computar as consequências do palpite". Depois, podemos comparar esses resultados "diretamente com as observações para ver se funcionam", executando esses mesmos experimentos em diversos investimentos safe haven do mundo real. Nosso objetivo é tentar tornar falsa, de maneira significativa e rigorosa, a hipótese de que investimentos safe haven como um grupo — e vários deles em particular — podem aumentar a riqueza diminuindo o risco. Essa não é uma conclusão precipitada; afinal, é considerada uma ideia meio maluca.

Por meio desta metodologia, espero que você entenda o que funciona em termos de mitigação de riscos, o que não funciona e por quê. E esse entendimento o protegerá mais do que qualquer safe haven jamais poderá proteger. Ele o guiará em direção ao nosso objetivo como investidores. **Se você parar para pensar, a mitigação de risco com boa relação custo-benefício — ou o aumento das taxas de crescimento compostas e, portanto, da riqueza, por meio de um risco menor — realmente é nosso objetivo abrangente como investidores. É a verdadeira essência da gestão de investimentos. Por si só, é o metapropósito ou significado específico que buscamos quando empregamos capital — aquilo que nós buscamos incansavelmente, nosso tesouro enterrado.**

Sim, existe realmente um tesouro enterrado para os investidores, que resolve nosso problema monumental ao mostrar que o grande dilema do risco — a ostensiva troca entre retornos mais altos e riscos mais baixos — é, na verdade, uma falsa escolha. Mas esse tesouro não foi bem escondido por piratas do folclore, mas, sim, encoberto pelo aparato falho das finanças modernas, oculto por trás de seu véu de rigor. Como resultado, acaba por parecer um mito, um objetivo idealizado e ilusório. Mas isso acontece apenas porque os investidores estão procurando de forma muito estreita e nos lugares errados. Precisamos de uma abordagem mais holística, e também precisamos de um mapa do tesouro para saber onde cavar.

No entanto, só o fato desse tesouro enterrado existir não significa que o encontraremos. O maior valor — mais do que o do tesouro em si — estará no que ganharemos na busca.

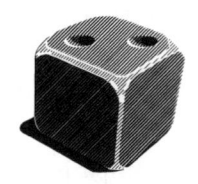

Advertência da Natureza

A FAMÍLIA SUÍÇA BERNOULLI

A cidade de Basileia está situada no norte da Suíça, às margens do Reno, onde o rio forma uma encruzilhada com a França e a Alemanha, enquanto corre por desfiladeiros íngremes em direção ao Mar do Norte. No século XVII, essa posição geográfica a tornou o coração comercial da Europa Central. A Basileia era uma das Cidades Livres, tendo conquistado sua reconhecida independência do Sacro Império Romano em 1648. Da mesma forma, tornou-se uma capital bancária e cultural, um lugar para livres-pensadores, e chegou a ser considerada um *porto seguro* — "safe haven", em inglês — contra a turbulência política da Europa.

A família suíça Bernoulli estava entre as mais proeminentes da Basileia. Apesar de o negócio dela ser principalmente o comércio de especiarias, essa família foi o berço de dois irmãos matemáticos, Jacob e Johann, que iniciaram uma dinastia. Com o tempo, os irmãos desenvolveram uma conhecida relação matemática competitiva e beligerante, o que certamente foi um benefício às carreiras de ambos, a não ser quanto à sanidade.

Entre os problemas que eles abordaram juntos estava o *problema da Braquistócrona*, em que uma bolinha de gude é lançada em uma rampa, e cujo objetivo é encontrar a forma ideal da rampa para que a bolinha desça o mais rápido possível. Johann demonstrou que uma rampa curva muito específica ganharia — um desenho contraintuitivo, pois essa rota, em formato curvo, exigia que a bola de gude percorresse uma distância maior do que a rampa reta. Assim, os irmãos Bernoulli elaboraram o infinitesimal "cálculo variacional" — que viria a iludir operadores de opções ingênuos por toda a eternidade.

Mas foi Jacob, então professor de matemática na Universidade da Basileia, que realmente mudou tudo. Seu livro *Ars Conjectandi* — que, felizmente para o ultracompetitivo Johann, foi publicado postumamente em 1713 — incluiu uma descoberta que permanece significativa até hoje: a "lei dos grandes números", ou o que ele chamou de *Teorema de Ouro*. Simplificando, à medida que se acumula mais e mais dados em uma amostra aleatória, deve-se esperar que a média dessa amostra convirja para a média real do gerador ou da população. Quanto mais você lança um dado *quadrado* (ou justo) de seis lados, por exemplo, mais a porcentagem de lançamentos em que você obtém qualquer número específico convergirá para 1/6, ou 16,66%. Mas, aqui, Bernoulli inverteu o raciocínio: começou com as propriedades dos resultados após muitas tentativas e raciocinou indutivamente de volta ao gerador. Isso foi como a explosão de uma bomba, que criou uma inferência estatística formal e gerou o florescimento da ciência atuarial. Jacob tirou a probabilidade de um contexto essencial de argumentação prática entre apostadores degenerados e levou-a para um campo de rigor matemático.

Mesmo assim, Jacob Bernoulli forneceu mais substância matemática para a lógica do jogador, ostensivamente iniciada por Aristóteles, Galileu, Pascal e Fermat, segundo a qual o significado de probabilidade e expectativa se reduzia à frequência de ocorrências em muitos experimentos repetíveis — não a eventos únicos.

Após a morte de Jacob, Johann precisava de um novo alvo para suas brigas matemáticas, e o encontrou em seu filho, Daniel, outro talentoso Bernoulli matemático. Depois de um início lento na Itália, onde ganhou destaque por uma análise faro, um então popular jogo de cassino italiano, Daniel teve uma passagem como professor de matemática pela Academia de Ciências de São Petersburgo, na Rússia, de 1725 a 1733. Ao voltar para casa, na Basileia, ele assumiu a cadeira de anatomia e botânica da Universidade da Basileia.

Em 1735, Daniel e seu pai dividiram o Grande Prêmio da Academia de Paris por seu trabalho com órbitas planetárias. Isso foi demais para o mal-humorado ancião Bernoulli. Johann expulsou Daniel de casa por causa do prêmio que ele achava que deveria ser só seu (apesar de que talvez fosse hora do Daniel, com 35 anos, se mudar mesmo). Eles nunca mais se falaram, e Daniel ganharia esse prêmio muitas outras vezes, principalmente por avanços no conhecimento náutico, como a estabilidade dos cascos dos navios em mares tempestuosos.

E, em 1738, Daniel publicou o livro *Hydrodynamica*, que havia concluído em 1733. Nesse livro, ele estabeleceu o *princípio de Bernoulli*, expondo as propriedades inovadoras dos fluxos de fluidos, por meio das quais conseguimos entender, hoje, a sustentação das asas das aeronaves. Isso incomodou Johann tanto que ele retrocedeu a data de seu livro posterior, e curiosamente semelhante *Hydraulica*, para 1732 (a versão de Daniel foi legitimamente considerada a autêntica, e ele acabaria sendo nomeado para a cadeira de física na Universidade da Basileia).

O PARADOXO DE SÃO PETERSBURGO

Naquele mesmo ano de 1738, Daniel apresentou outro "princípio de Bernoulli", como acabaria sendo chamado — muito menos conhecido, mas ao menos tão importante quanto o original. O princípio estava contido em seu recém-publicado *Specimen theoriae novae de mensura sortis* (*Exposição de uma Nova Teoria sobre a Medição do Risco*) no *Jornal da Academia Imperial de Ciências* de São Petersburgo. Nele, Daniel oferecia uma solução para um problema desconcertante proposto por seu primo, Nicolas Bernoulli (filho de outro irmão de Jacob e Johann — esses Bernoullis surgiam como coelhos), também na Universidade da Basileia, e batizado com o nome da cidade onde Daniel trabalhou e o publicou: *o paradoxo de São Petersburgo*. Foi mais um caso de um simples jogo de dados que mudou nossa forma de pensar. A solução de Daniel foi monumental na compreensão do risco e em sua percepção e efeito. Mas, na época e desde então, foi pouco compreendida e apreciada; como resultado, acabaria se tornando inadvertidamente uma grande distração para os economistas dos séculos seguintes.

Para nossos propósitos, porém, a solução de Daniel Bernoulli para o paradoxo de São Petersburgo é fundamental ao tratarmos de investimentos safe haven.

O paradoxo de São Petersburgo original envolvia um jogo simples com um único dado (o jogo de Nicolas foi mais tarde descrito de forma equivalente por outros, incluindo Daniel, como um jogo de moedas, mas me aterei ao dado original de Nicolas). Nicolas imaginou uma aposta baseada em lançar um dado repetidamente até que aparecesse um número específico escolhido, digamos o número um, ponto em que o jogo terminaria. Se isso acontecesse na primeira jogada, o apostador receberia $1 (originalmente um ducado), $2 se acontecesse na segunda jogada, $4 na terceira, $8 na quarta; a recompensa continuaria a dobrar a cada jogada subsequente até que o número um aparecesse pela primeira vez.

Agora, esse jogo poderia claramente durar muito tempo. Você pode imaginar um cenário em que poderia continuar lançando o dado eternamente sem que o número um aparecesse, com a recompensa dobrando a cada jogada. E para uma série muito rara de lances, essa duplicação ininterrupta é suficiente para criar um retorno médio esperado — ou montante de recursos final esperado — que seja igual a *infinito* (mais precisamente, o termo é *indefinido*.) Então, a grande pergunta de Nicolas era: quanto você apostaria para jogar este jogo? **Não surpreendentemente, a maioria das pessoas, com razão, não pagaria nada próximo do valor dessa recompensa infinita esperada, e até mesmo não pagaria muito para poder jogar este jogo. E aí está o paradoxo.**

Claramente, isso ocorria porque você provavelmente não receberia uma recompensa infinita por sua aposta — na verdade, nunca — mesmo depois de repetir a aposta várias vezes. Tudo o que os jogadores achavam que sabiam sobre preços de apostas, de Aristóteles e Galileu a Bernoulli, foi por água abaixo em um instante quando o valor esperado de uma aposta não era confiável após repetidas roladas do dado. Os frequentistas [adeptos do Teste de Hipótese Frequentista, uma ferramenta estatística] tinham encontrado um par à altura. Ou assim parecia.

Essa louca expectativa infinita, no entanto, não é o ponto importante em tudo isso, e até obscurece a verdadeira questão. Na maioria das discussões sobre o paradoxo de São Petersburgo, a conclusão é: fique longe de apostas de valor esperado infinito e tudo correrá bem. Mas não caminhemos tão rápido assim. Não precisamos da infinitude para chegar ao paradoxo. Qualquer distribuição de retornos *positivamente assimétrica* o suficiente — aquelas com alguns resultados de retornos muito altos — servirá. Então simplificarei o jogo drasticamente trocando o jogo de dados de Nicolas por uma versão em curtíssima metragem; se fizermos essa simplificação, não perderemos nada em relação ao sentido (e isso é o que chamo de um bom negócio).

Nossa nova e aprimorada aposta de Petersburgo exigirá apenas uma rolada de um dado. Os ganhos correspondentes a qualquer lado do dado que sair são definidos de acordo com o valor e a frequência aproximados dos ganhos da aposta original de Nicolas. A seguir, um diagrama que descreve nosso novo perfil de retorno simplificado, com cada resultado do dado mostrado acima de seus ganhos correspondentes:

Perfil de Retorno da Aposta de Petersburgo (Simplificado)

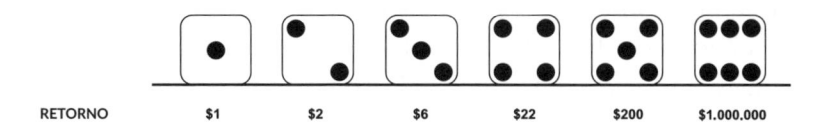

RETORNO	$1	$2	$6	$22	$200	$1.000.000

Agora temos um bom jogo equivalente que vai direto ao ponto para vermos como Daniel Bernoulli abordou esse paradoxo (de agora em diante, nos referiremos a essa aposta simplificada como a aposta de Petersburgo — e se depois você quiser aplicar, por conta própria, tudo que aprender com ela ao caso anterior que tende ao infinito, receberá crédito extra).

A média aritmética ou valor esperado dessa aposta é apenas a média aritmética de todos os resultados possíveis:

$$(\$1 + \$2 + \$6 + \$22 + \$200 + \$1.000.000) / 6 = \$166.705$$

O resultado — $166.705 — não chega nem perto de *infinito*, mas ainda é um valor alto em relação ao que a maioria das pessoas certamente pagaria para jogar (eu poderia ter definido o valor correspondente a um resultado com o número seis para algo muito mais alto que $1 milhão, mas não foi necessário). Como você pode ver, em cinco dos seis resultados, você se arrependeria de ter pagado qualquer coisa perto de $166.705 para apostar nesse jogo.

A primeira coisa que Bernoulli mostrou — seu primeiro princípio — foi que o valor justo de uma aposta era "dependente das circunstâncias particulares da pessoa que fazia a estimativa" e, portanto, precisava ser expresso como uma porcentagem da riqueza total do jogador. Isso significa que alguma fração dos seus recursos que esteja disposto a perder — em outras palavras, quanto a perda lhe pesaria — definiria quanto você arriscaria em uma aposta. Uma determinada perda "é mais significativa para um pobre do que para um rico", o que faz sentido. Uma quantia que levasse à falência o primeiro representaria um mero erro de arredondamento para o segundo. Os dois indivíduos estariam enfrentando duas proposições claramente muito diferentes.

Por exemplo, vamos supor que você tenha um montante de recursos inicial de, digamos, $100.000 e decida apostar metade disso, $50.000, em uma jogada do dado (e, a propósito, vamos supor também que você tem um certo vício com jogo). Veja como seria o resultado de cada possibilidade do dado agora:

Valores Finais da Aposta de Petersburgo

RECURSOS INICIAIS	$100.000	$100.000	$100.000	$100.000	$100.000	$100.000
APOSTA	-$50.000	-$50.000	-$50.000	-$50.000	-$50.000	-$50.000
RETORNO	+$1	+$2	+$6	+$22	+$200	+$1.000.000
RECURSOS FINAIS	$50.001	$50.002	$50.006	$50.022	$50.200	$1.050.000

Nada de muito novo aqui. Seu valor médio ou esperado de recursos finais ainda é de $216.705 (que é exatamente a mesma média de ganhos de $166.705 de antes, mais seus recursos iniciais de $100.000, menos sua aposta de $50.000). Veja que $216.705 é mais do que sua riqueza inicial de $100.000, mas ainda é improvável que você pague $50.000 para jogar, já que pode perder quase 50% de seus recursos em cinco das seis jogadas. Mas não há nada de sistemático nessa decisão. Se você não colocaria $50.000 em jogo, então quanto apostaria?

EMOLUMENTUM MEDIUM

O conceito central de Bernoulli em seu artigo de 1738 foi uma curiosa avaliação matemática que ele chamou de *emolumentum medium*. Quando seu artigo foi finalmente traduzido para o inglês do latim original (o que incrivelmente não aconteceu até 1954), *emolumentum* era traduzido como "utilidade" ou "moral", então *emolumentum medium* foi traduzido para "utilidade média" e até mesmo "expectativa moral" (traduzido do inglês "moral expectation", termo emprestado do matemático suíço Gabriel Cramer).

Uma tradução mais precisa de *emolumentum*, no entanto, é "vantagem", "benefício" ou mesmo "lucro", e de *medium*, "mediano", "média" ou mais literalmente "no meio" (se isso implicava que o *emolumentum medium* de Bernoulli se referia a algo mais parecido com o valor médio da faixa de lucros potenciais da aposta de Petersburgo, então, como veremos mais adiante, Bernoulli estava definitivamente perto de algo importante).

No fim, a abordagem de Bernoulli começou a se infiltrar na profissão de Economia, embora tenha sido inicialmente negligenciada pelos economistas por mais de um século, especificamente na forma de "utilidade marginal decrescente". A utilidade marginal decrescente significa simplesmente que, quanto mais você tem de algo, menos a unidade adicional seguinte desse algo significará para você. E o inverso também seria válido: quanto menos você tem dessa tal coisa, a unidade perdida seguinte pesaria mais. Isso se aplica a comida, casas, sapatos, telefones, Ferraris, cabras (bem, talvez não a cabras), o que for. E poderíamos generalizar substituindo esse "algo" por "riqueza" ou "recursos". A melhor descrição, em minha opinião, foi escrita pelo meu parceiro indireto de investimento Ian Fleming, no livro *Moonraker*:

> *Antes de dormir, como frequentemente havia refletido em outros momentos de triunfo na mesa de carteado, ele refletiu que, de alguma estranha forma, para o vencedor o ganho é sempre menor do que é a perda para o perdedor.*

Em certo sentido, Bernoulli havia antecipado a aversão ao risco em si, embora o que as pessoas não percebam é que sua descoberta realmente torna a aversão ao risco um tipo de tautologia. "Melhor um pássaro na mão do que dois voando." Mas quando seu pássaro cresce de forma composta (ou se reproduz), se perder um pássaro enquanto tenta pegar dois, então você acabou de perder mais de dois pássaros.

Embora os participantes não se referissem a Bernoulli, a ideia da utilidade marginal decrescente foi um princípio fundamental na *Revolução Marginalista*. Foi o cruzamento da economia clássica para a teoria moderna do valor subjetivo no início da década de 1870, teoria, de modo convencional, creditada conjunta e independentemente a Carl Menger na Áustria, Léon Walras na Suíça e William Stanley Jevons na Inglaterra. Entre outras inovações, esses três economistas resolveram o chamado *paradoxo da água e do diamante*: Por que os diamantes valem mais no mercado do que a água, apesar de a última ser essencial à vida? O valor de algo é relativo a quanto que já temos daquilo. De um modo geral, as pessoas têm acesso a mais unidades de água do que precisam para satisfazer seus variados usos; assim, "na margem", a água tem um valor de mercado bem baixo. Mas se você estivesse no deserto, morrendo de sede, certamente daria um diamante por um copo de água. Por mais simples que pareça, sem essa ideia de diminuir a utilidade marginal de determinados bens à medida que os estoques desses bens aumentam, os economistas não poderiam explicar facilmente os preços de mercado.

Os pioneiros da Revolução Marginalista não incorporaram realmente a estrutura de Bernoulli porque desenvolveram sua nova abordagem à utilidade e valor no contexto da certeza, não do acaso. Contudo, no momento em que von Neumann e Morgenstern publicaram seu famoso trabalho sobre a teoria dos jogos em 1944, a modelagem do comportamento em um contexto de *incerteza* estava no centro das atenções. Como Bernoulli, von Neumann e Morgenstern assumiram que os agentes racionais lidavam com a incerteza maximizando a expectativa de alguma função objetiva. Até hoje, os economistas chamam essa função objetiva de função de Bernoulli ou função de utilidade de von Neumann-Morgenstern, em homenagem aos desenvolvedores da abordagem.

Bernoulli receberia muitas críticas póstumas injustas ao longo dos anos, de indivíduos que presumiam que ele defendia que todos operam sob uma função de utilidade específica. A função objetiva de Bernoulli foi até citada ao longo dos anos como justificativa para o imposto de renda progressivo — então ele tem essa mancha contra si, merecida ou não. Ele foi até alfinetado por pessoas como os eminentes economistas austríacos Ludwig von Mises e Murray Rothbard, que despejaram sua ira na aplicação específica que Bernoulli fez, usando uma forma funcional; em minha opinião, entretanto, eles perderam de vista seu argumento mais amplo — um propósito mais amplo que está inteiramente em sincronia com a escola austríaca.

A inovação de Bernoulli foi uma simples expansão de sua percepção de bom senso, de que lucros e perdas devem ser dimensionados de acordo com a riqueza total de alguém, de tal forma que "qualquer aumento de recursos, não importa quão insignificante, sempre resultará em um aumento no *emolumentum* que é inversamente proporcional à quantidade de bens já possuídos" (pense desta forma: se Tio Patinhas ganhasse $1.000.000, ele provavelmente não perceberia. Mas se o cara na esquina ganhasse $1.000.000, ou mesmo $100.000, isso poderia mudar a vida dele. O valor do que cada um deles ganha é relativo àquilo que já possuem).

Bernoulli então traduziu esse conceito em uma fórmula direta e funcional. Quando essa relação é integrada em incrementos infinitesimais, ou colocada no caso contínuo, ela nos leva diretamente ao logaritmo (natural):

$$mudança\ no\ emolumentum = b \times \frac{mudança\ nos\ recursos}{recursos}, \quad assim$$

$$emolumentum = b \times log\ (recursos) + a$$

Resumindo, o *emolumentum* é o **logaritmo dos recursos iniciais** (tecnicamente, é *diretamente proporcional* ao logaritmo dos recursos, mas os valores de *a* e *b* não são importantes para nós aqui).

Agora, Bernoulli definiu seu *emolumentum medium* usando a seguinte "regra fundamental":

> *Se o* emolumentum *de cada expectativa de lucro possível for multiplicado pelo número de maneiras pelas quais ele pode ocorrer, e então dividirmos a soma desses produtos pelo número total de casos possíveis, um* emolumentum médio *será obtido, e o lucro correspondente a esse* emolumentum *será igual ao valor do risco em causa.*

Em termos matemáticos, *o emolumentum medium* (EM) de Bernoulli é a média dos logaritmos de todos os potenciais resultados totais de recursos finais. No caso do nosso exemplo da aposta de Petersburgo (onde apostamos metade de nossos recursos iniciais de $100.000):

$$EM = \frac{\begin{array}{c}log\,50.001 + log\,50.002 + log\,50.006 + \\ log\,50.022 + log\,50.200 + log\,1.050.000\end{array}}{6}$$

E "o lucro que corresponde a esse *emolumentum*" é o "valor" de Bernoulli em questão — o *valor esperado de Bernoulli* (*VEB*) da aposta (para aqueles ligados na matemática, isso requer a função exponencial ou inversa para o logaritmo, a fim de que se passe do mapeamento logarítmico para as unidades do lucro):

$$VEB = e^{EM}$$

$$= e^{\frac{\log 50.001 + \log 50.002 + \log 50.006 + \log 50.022 + \log 50.200 + \log 1.050.000}{6}}$$

$$= \$83.114$$

Então aí está. Pegue o exponencial da média dos logs de seus diferentes resultados potenciais de recursos finais e terá o valor esperado de Bernoulli para seus recursos depois de entrar nessa aposta. É bastante para processar, mas na verdade é bem simples.

Vamos simplificar ainda mais: não coloque $50.000 na aposta de Petersburgo quando seus recursos totais somam $100.000, porque o valor esperado de Bernoulli para se apostar essa quantidade — com base no log médio dos resultados potenciais de riqueza final depois da jogada — é menor do que seus recursos atuais (seu montante atual de $100.000 é maior que o VEB de $83.114). Em outras palavras, dada a escolha entre ter $100.000 com certeza, ou enfrentar a aposta de Petersburgo, que está avaliada em $83.114, você obviamente preferiria os $100.000. Assim, para alguém começando com $100.000, apostar $50.000 no jogo de dados é algo que pode torná-lo mais pobre.

A MÉDIA GEOMÉTRICA

Superficialmente — foi assim, como você pode ver, que os acadêmicos lidaram com isso ao longo dos anos, uma vez que Bernoulli parecia ter dado uma explicação psicológica para a percepção de risco que cria todos os tipos de oportunidades para tortura matemática com teorias e dados (neste caso específico, os economistas consideraram que Bernoulli assumiu que os indivíduos têm uma *função da riqueza de utilidade* logarítmica). Mas o que Bernoulli realmente tinha em mente era algo totalmente diferente.

Seu uso da função logarítmica não era apenas presunção de falatório psicológico usado para criar a impressão de rigor da matemática esotérica. Pelo contrário, está realmente bem baseado na realidade física do mundo real. Vejamos o que quero dizer com isso.

Essa função logarítmica remonta aos babilônios de cerca de 4 mil anos atrás e, mais formalmente, a um relojoeiro suíço (Bürgi) e um matemático escocês (Napier) do século XVII. Eles encontraram um mapeamento simplificador entre multiplicação (para números positivos) e adição — que é naturalmente muito mais fácil: some (ou subtraia) o logaritmo de dois números e você obtém o logaritmo de seu produto (ou razão); de forma semelhante, divida o logaritmo de um número por *n* e você obtém o logaritmo da n-ésima raiz desse número (o logaritmo ainda é usado para esse fim até hoje, como nas réguas de cálculo que reduzem rapidamente os problemas de multiplicação a problemas de adição dos geeks mais velhos).

Veja, esse mapeamento da multiplicação para a adição convenientemente nos permite reafirmar a fórmula do valor esperado de Bernoulli como algo muito mais compreensível e significativo, a média geométrica:

$$VEB = e^{\frac{\log 50.001 + \log 50.002 + \log 50.006 + \log 50.022 + \log 50.200 + \log 1.050.000}{6}}$$

$$= (\$50.001 \times \$50.002 \times \$50.006 \times \$50.022 \times \$50.200 \times \$1.050.000)^{1/6}$$

Como você pode ver, a média geométrica é multiplicativa. Ao contrário da média aritmética, na qual somamos todos os pontos de dados, para obter a média geométrica multiplicamos todos eles. Em seguida, precisamos reduzi-los de volta a seu peso. No caso da média aritmética, isso é feito dividindo sua soma pelo número de pontos de dados (digamos que haja *n* deles). No caso da média geométrica, isso é feito com a *raiz* de seu produto (especificamente, a *n*-ésima raiz, ou elevando o produto a 1/*n*-ésima potência). A média geométrica definitivamente assume o papel de coadjuvante da média aritmética, uma vez que é a segunda que normalmente recebe toda a atenção; é o que pensamos sempre que usamos o termo *média(o)* sozinho. Quando se trata de investimentos, porém, ela não deve mais ficar em segundo plano.

Não se preocupe com a matemática aqui. A grande ideia é que o valor esperado de uma aposta de Bernoulli é simplesmente o equivalente matemático da média geométrica de todos os resultados potenciais de recursos finais, apresentada como uma função objetiva sucinta na forma do logaritmo.

Bernoulli não foi explícito sobre como tudo isso funciona, mas mesmo assim ele se apoiou nisso. Era seu propósito. Como Bernoulli disse, seu *emolumentum* "sugere" a regra de tomar a média geométrica da riqueza final, sem nunca chamá-la pelo nome ou usar um argumento econômico mais amplo para justificar o uso. Ele até escreveu, ao comentar a utilização da média geométrica para avaliar apostas arriscadas: "eu elaboraria isso como uma teoria completa como tem sido feito com a análise tradicional, mas, apesar de sua utilidade e originalidade, obrigações previamente assumidas não me permitem encampar essa tarefa".

Em última análise, Bernoulli apostou no uso da média geométrica (em vez do valor esperado ou da média aritmética) dos resultados de recursos finais como o princípio "essencial para a medição do valor de proposições arriscadas". Ele foi o primeiro, e o resto foi história. Veremos nos próximos capítulos que isso literalmente muda tudo, especialmente nossa compreensão da mitigação de riscos.

Mas, por enquanto, voltemos à nossa pergunta anterior. Qual é o máximo que você estaria disposto a pagar para entrar na aposta de Petersburgo? Mantendo nossos supostos recursos iniciais em $100.000, podemos tentar mais alguns exemplos.

Vamos tentar apostar tudo, todos os $100.000 — aposte tudo que tem (já determinamos que você é viciado em jogos). Veja como fica a gama de resultados potenciais de recursos finais e sua média geométrica:

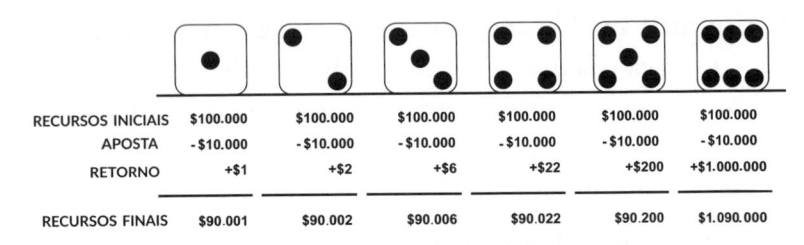

RECURSOS INICIAIS	$100.000	$100.000	$100.000	$100.000	$100.000	$100.000
APOSTA	-$100.000	-$100.000	-$100.000	-$100.000	-$100.000	-$100.000
RETORNO	+$1	+$2	+$6	+$22	+$200	+$1.000.000
RECURSOS FINAIS	$1	$2	$6	$22	$200	$1.000.000

MÉDIA ARITMÉTICA: $166.705
MÉDIA GEOMÉTRICA: $61

Apenas $61. Nada bom. O que você acha de apostar 10% de seus recursos, $10.000? É assim que o resultado fica:

RECURSOS INICIAIS	$100.000	$100.000	$100.000	$100.000	$100.000	$100.000
APOSTA	-$10.000	-$10.000	-$10.000	-$10.000	-$10.000	-$10.000
RETORNO	+$1	+$2	+$6	+$22	+$200	+$1.000.000
RECURSOS FINAIS	$90.001	$90.002	$90.006	$90.022	$90.200	$1.090.000

MÉDIA ARITMÉTICA: $256.705
MÉDIA GEOMÉTRICA: $136.448

Agora seu valor geométrico esperado é de $136.445. É, finalmente, mais alto do que seus $100.000 iniciais, então isso é bom. Podemos continuar tentando outros valores diferentes de aposta (expressos como uma fração do total de seus recursos iniciais de $100.000), colocar os resultados em um gráfico e ver o intervalo da média geométrica dos recursos totais finais para cada um. O ponto em que os recursos finais esperados cruzam $100.000 é o valor justo dessa aposta para você, expresso como uma fração de $100.000.

No caso de um montante inicial de $100.000, o valor justo de nossa aposta de Petersburgo, com base no ponto que iguala a média geométrica de todos os resultados, é de 37,7% dessa riqueza inicial, $37.708. Esse é o valor que faz a aposta valer a pena para você.

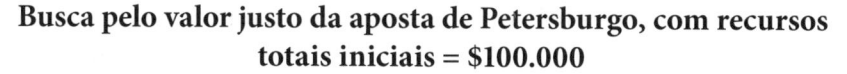

Busca pelo valor justo da aposta de Petersburgo, com recursos totais iniciais = $100.000

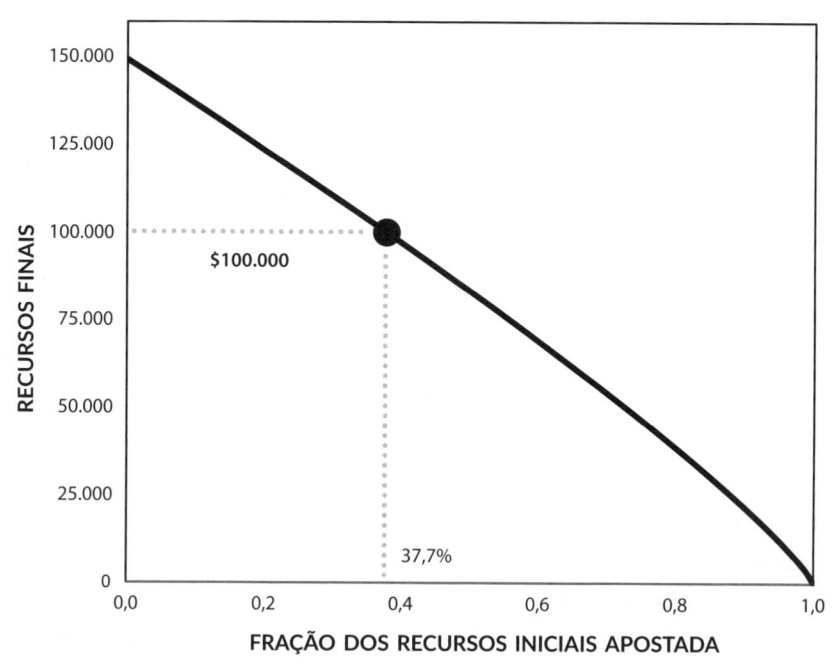

O OUTRO PARADOXO DE SÃO PETERSBURGO

A solução de Bernoulli para o paradoxo de Petersburgo foi um assunto menor escondido no final de seu artigo. Seu foco principal era sua metodologia. E havia ainda outro paradoxo de São Petersburgo, muito menos conhecido, que Bernoulli abordou brevemente naquele artigo; era um estudo de caso muito mais prático, e também mais dramático e intrigante.

O problema envolvia um comerciante de São Petersburgo que compra commodities em Amsterdã e deseja enviá-las para São Petersburgo para vendê-las com um bom lucro. Mas ele enfrenta um risco financeiro substancial ao transportá-las por cerca de 1.100 milhas náuticas no Mar Báltico até São Petersburgo. Parece uma viagem tranquila. Mas estavam na era dourada da pirataria; o temido dinamarquês "Jack do

Báltico" saqueava navios de carga que iam e vinham de São Petersburgo com seu navio pirata de nome sinistro, o *Morte Súbita* (ele seguia aquele raro clichê de pirata que afogava todas as suas vítimas, fazendo-as andar na prancha antes de afundar os navios capturados). Dados esses riscos, como nosso mercador pode mitigá-los *mantendo uma boa relação custo-benefício?*

Digamos que o valor líquido das commodities que o comerciante de Petersburgo pretende vender (líquido dos custos de transporte etc.) seja de 10.000 rublos; além disso, ele tem economias no valor de 3.000 rublos (é um negócio alavancado ou financiado). Assim, seus recursos totais final, ao fazer sua venda em São Petersburgo, são de 13.000 rublos. Normalmente, para cada 100 navios que navegam de Amsterdã a São Petersburgo, 5 acabam capturados por piratas ou destroçados pelo mar — ou seja, uma probabilidade para o comerciante de 5% de perda total da remessa de 10.000 rublos. Talvez alguma forma de mitigação de risco possa ajudar, como um seguro. Digamos que o melhor preço que o comerciante possa encontrar para segurar toda sua preciosa carga de 10.000 rublos é de 800 rublos — o que ele considera "absurdamente alto! *Ochen' dorogo!"* — e não acha nada bom em termos de custo-benefício. Pareceria que ele está certo: com base no histórico, o valor atuarial esperado desse tipo de contrato é de $(-800 \times 95/100) + (9.200 \times 5/100) = -300$. Isso realmente iria corroer o retorno esperado de cada carga de 10.000 rublos. Sem mitigar seus riscos, essa remessa talvez seria mais arriscada do que ele poderia bancar. Mas o setor de seguros mais parece um jogo de perdedores, que apenas lucra com os medos de seus clientes; como indica o cálculo, o prêmio cobrado é superior ao valor atuarialmente "justo". O mercador de Petersburgo está justamente no dilema do risco.

Assim, ele considera estratégias alternativas de mitigação de risco, como a diversificação. Na verdade, Bernoulli argumentou sobre a questão como uma derivação lógica de sua metodologia (por causa disso, alguns o chamam de criador do conceito formal de diversificação, uma reivindicação legítima. A Universidade da Basileia bate a Universidade de Chicago em mais de 200 anos — minhas desculpas aos

Maroons do time de futebol americano). Como Bernoulli sabiamente aconselhou: "Isso é a regra de que é aconselhável dividir commodities expostas a algum perigo em vários carregamentos menores, em vez de arriscar carregá-las todas juntas."

Mais fácil falar do que fazer, pensa nosso comerciante. Ele consegue um bom negócio com o transportador que usa há anos. Se ele começasse a dividir as commodities e tentasse enviar cargas menores com outros transportadores, poderia acabar tendo custos de envio muito mais altos. Além do mais, o Báltico não é o Atlântico; há menos navios e menos rotas para diversificar. E é muita ingenuidade pensar que o velho Jack do Báltico deixaria um punhado de navios passarem ilesos, mesmo com intervalos de dias, e escolheria apenas um para capturar; qualquer valor de diversificação provavelmente seria exagerado (e esse é um notável paralelo com as deficiências da diversificação do mercado financeiro de hoje, que discutiremos mais tarde). Que custo alto para diversificação contra piratas e complicações climáticas!

Nosso mercador acaba ficando com um único navio, velejando à mercê do Capitão Jack e do Mar Báltico. Quando esse navio deixa o porto, o que se segue é apenas um resultado de tudo o que pode acontecer. Em outras palavras, ele consegue provar apenas um resultado do enorme espaço amostral de possibilidades (seu N é igual a 1). É claro que ele espera continuar apostando nessas viagens ao longo de seus negócios, diversificando, assim, ao longo do tempo; mas uma perda de 10.000 rublos realmente complicará as coisas. A única outra maneira de se reduzir o risco é simplesmente aceitar menos — com um navio menor e uma carga menor e menos valiosa, ou então abrir mão de parte de seus ganhos e arrumar mais sócios. Às vezes, isso pode ser uma boa estratégia. Ele poderia até decidir não navegar, mantendo o navio no porto, por assim dizer. Mas deve haver uma maneira melhor, ele pensa. Ele não quer fugir do problema. A única maneira de continuar sendo um comerciante de sucesso é se expor aos riscos do alto mar e dos piratas à espreita. Ele até tem seu lema emoldurado na parede de seu escritório em São Petersburgo: "*Um navio, no porto, está seguro...*"

(O resto da frase está implícito, e foi escrito muito mais tarde por John Augustus Shedd: "… mas não é para isso que navios são feitos.").

Ele precisa lançar os dados sobre seu destino financeiro. Passa cada vez mais dias e noites sem dormir planejando sua rota pelo Báltico, lendo relatórios sobre o paradeiro e os padrões de navegação do *Morte Súbita* e resmas de boletins e previsões meteorológicas. Ele os vê como seu mapa do tesouro, para afastar sua preciosa carga da destruição de piratas ameaçadores e tempestades financeiras e chegar a um porto seguro na costa distante do outro lado do mar. Mas, é claro, no final, tudo isso seria tão útil quanto erguer o dedo para checar a direção do vento.

Se ao menos nosso comerciante tivesse lido Daniel Bernoulli em vez de todos aqueles espúrios relatórios sobre piratas e condições meteorológicas!

Veja bem, a perspectiva de Bernoulli teria fornecido a ele a intuição para resolver seu problema contraintuitivo: começamos com as economias de 3.000 rublos do comerciante mais os 10.000 rublos que ele receberia vendendo suas commodities em São Petersburgo. Esse é o ponto A no gráfico adiante. Em seguida, subtraímos o prêmio de seguro de 800 rublos, movendo do ponto A para o ponto B, para ver o *custo logarítmico* — a linha vertical de B a C (você tem uma visão ampliada disso no gráfico à direita). Esse é o custo de segurar — e, assim, mitigar — uma perda potencial do ponto A ao ponto D, representando a perda total de 10.000 rublos da carga no mar. E o custo logarítmico de se fazer isso é representado pela linha vertical de D a E (quando o pobre navio mercante capturado afunda nas profundezas do mar).

Mergulho nas Profundezas: Mapeando o Negócio do Mercador de Petersburgo

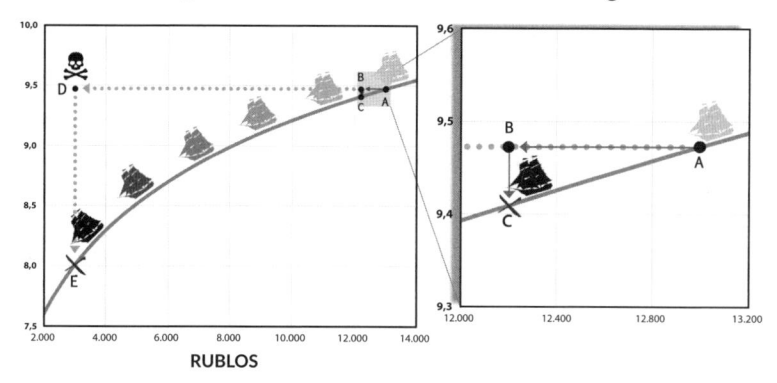

A soma de 100 perdas horizontais de A a B (o custo de seguros para 100 remessas) excede a soma de 5 perdas horizontais de A a D (as 5 vezes esperadas em que haverá um sinistro sobre essas 100 remessas seguradas). A diferença na média é a perda esperada de –300 para o comerciante pela compra de seguro (e o lucro atuarial esperado para o subscritor). No entanto, a soma de 100 perdas verticais de B a C *não excede* a soma de 5 perdas verticais de D a E. Nem perto. E isso mostra o impacto que possuir um seguro a esse preço para remover essas perdas de 10.000 rublos teria na média geométrica de todos os resultados possíveis para o comerciante.

Isso é o que eu sempre chamarei de *negócio do comerciante de Petersburgo* **(embora permaneça um mistério para nosso pobre mercador): uma estratégia de mitigação de risco que elimina o risco certo em uma carteira — e, portanto, impede que ele afunde na curva logarítmica — e a um preço certo pode tanto perder dinheiro em si (–300 rublos em média por viagem, neste caso) quanto aumentar a taxa de crescimento composto da carteira em seus recursos finais.**

Isso é o que é tão decisivo sobre o negócio do comerciante de Petersburgo: o custo aritmético de sua mitigação de risco é mais do que compensado por seu *efeito geométrico* **— de modo**

que seu *efeito de portfólio líquido* se torna positivo. Deixe isso cozinhar um pouco em sua cabeça.

Sem o atalho logarítmico para a média geométrica, esse efeito de portfólio líquido seria muito difícil de visualizar, e muito menos de acreditar. Tão difícil, de fato, que nosso comerciante de Petersburgo está muito ocupado planejando seu caminho traiçoeiro para dar qualquer atenção a isso.

Observe no mapa logarítmico que, se você sofrer alguma vez uma perda de 100% em determinado período, levando-o até zero no eixo x e ao fim da curva, então é fim de jogo. Você perde todos os seus recursos e nenhum lucro futuro poderá compensar isso. Em uma sequência de *retornos totais* multiplicados todos de forma composta, apenas um único "0" torna tudo zero — e é por isso que, à medida que x se aproxima de "0", o logaritmo de x se aproxima do *infinito negativo*. Dizendo de uma forma mais simples: aposte tudo, perca tudo — não há volta.

Em contraste, se calcularmos a média *aritmética*, adicionar um retorno total de 0 não é catastrófico; apenas puxa a média para baixo.

As perdas aritméticas (representadas pelas linhas horizontais) são apenas uma ilusão, existindo apenas em um mundo atemporal. Isso ocorre porque essas perdas incrementais horizontais não são todas iguais quando combinadas; não são simplesmente somadas no livro de contabilidade do nosso comerciante — e é por isso que ele é tão cego quanto à contabilidade correta.

As perdas verticais relativas são o que essencialmente se soma aos recursos finais do comerciante. Concentrando-se apenas nos lucros e perdas horizontais e somando-os (ou calculando sua média), nosso comerciante conclui que aquela mitigação de risco é um custo líquido. Nosso mercador acredita que estaria pagando mais do que o seguro "vale atuarialmente".

O que ele não vê é que, ao somar (ou calcular a média) de seus lucros e perdas verticais, ele descobre a imagem real do que está acontecendo com seus recursos e a razão pela qual comprar um seguro (aparentemente) "superfaturado" vale a pena.

A fim de olhar para isso em termos da média geométrica dos resultados potenciais, assim como Bernoulli fez, podemos olhar para o caso em que o comerciante se abstém de fazer um seguro e comparar isso com seu caso segurado, no qual ele tem garantidos recursos de 3.000 rublos mais os 10.000 rublos (seja da venda de suas commodities ou do corretor) menos o prêmio de seguro de 800 rublos, que é 3.000 + 9.200 = 12.200 rublos. Por outro lado, sem seguro, seu retorno médio geométrico seria de 3.000 rublos mais 10.000 rublos em receitas em 95 viagens, e em 5 viagens ele teria apenas seus 3.000 rublos originais (10.000 rublos em commodities perdidos para o capitão Jack). Obtemos assim um valor esperado geométrico de Bernoulli, como na aposta de Petersburgo, de:

$$VEB = ((3.000 + 10.000)^{95} \times (3.000)^5)^{1/100} = 12.081 \text{ rublos}$$

Estranhamente, o contrato de seguro não é um jogo de soma zero. O comerciante tem ganho de valor esperado geométrico (de 12.081 rublos a 12.200 rublos, ou +119 rublos por remessa) e o segurador tem ganho de valor esperado aritmético atuarial (de 300 rublos por remessa). Assim, a garantia do contrato de seguro representa um ganho (medido em suas próprias formas) tanto para o comerciante quanto para a seguradora — é um acordo "ganha ganha", mutuamente vantajoso.

Sem que o comerciante soubesse, prêmio do seguro era tanto escandalosamente alto quanto escandalosamente baixo — *Ochen' dorogo i ochen' deshevo!* —, ao mesmo tempo. É aí que reside este segundo paradoxo de São Petersburgo.

Agora pense no que a média geométrica significa aqui do ponto de vista econômico. Pense nos lucros do comerciante em cada remessa em termos de retorno total de qualquer investimento de capital necessário para financiar o transporte. A taxa de retorno total é simplesmente os recursos finais divididos pelos recursos iniciais, ou um mais o retorno sobre os recursos iniciais, que produziram os recursos finais.

Digamos que o investimento necessário para que ele obtivesse 10.000 rublos em receitas de sua venda de commodities fosse de 8.000 rublos. Isso significa que ele começou com 3.000 + 8.000 = 11.000 rublos; se for bem-sucedido, ele acaba com 3.000 + 10.000 = 13.000 rublos, ou um retorno total de 13/11 = 1,18 (um lucro de 18%). Mas caso sua remessa seja perdida, ele acaba com apenas 3.000 rublos, um retorno total de 3.000/11.000 = 0,27 (uma perda de 73%!).

É claro que nosso comerciante não sossegaria depois de descarregar suas commodities em São Petersburgo. Esse é seu negócio, e ele planeja continuar fazendo isso enquanto puder, apostando seu capital, carregamento após carregamento. Seu objetivo é aumentar seu capital adicionando (ou subtraindo) cada um de seus ganhos (ou perdas) anteriores ao capital necessário para cada remessa seguinte e, assim, aumentar seu capital geometricamente. As palavras *composto* e *geométrico* se referem a uma mudança ou crescimento no tamanho de algo que é proporcional à coisa em si — como na riqueza dele. O crescimento composto ou geométrico é, portanto, crescimento multiplicativo, representado por uma progressão geométrica de retornos em que cada resultado subsequente é determinado pelo resultado anterior multiplicado pelo próximo retorno total (e essa é a maravilha de trabalhar com taxas de retorno total). Cada saída se torna a nova entrada multiplicativa — é uma *função recursiva*.

Se ele sofresse esse retorno total de 0,27, ou perda de 73%, ele precisaria obter um lucro de 270% a partir daí apenas para igualar o nível inicial. É um custo extremamente insidioso para seus recursos (então é melhor que suas previsões sobre piratas e eventos meteorológicos estejam certas!). Fica cada vez pior quanto mais graves as perdas, como mostrado neste gráfico:

Um Custo Insidioso sobre a Riqueza: Quanto Maior a Perda, Maior o Lucro Necessário para se Voltar ao Montante Inicial

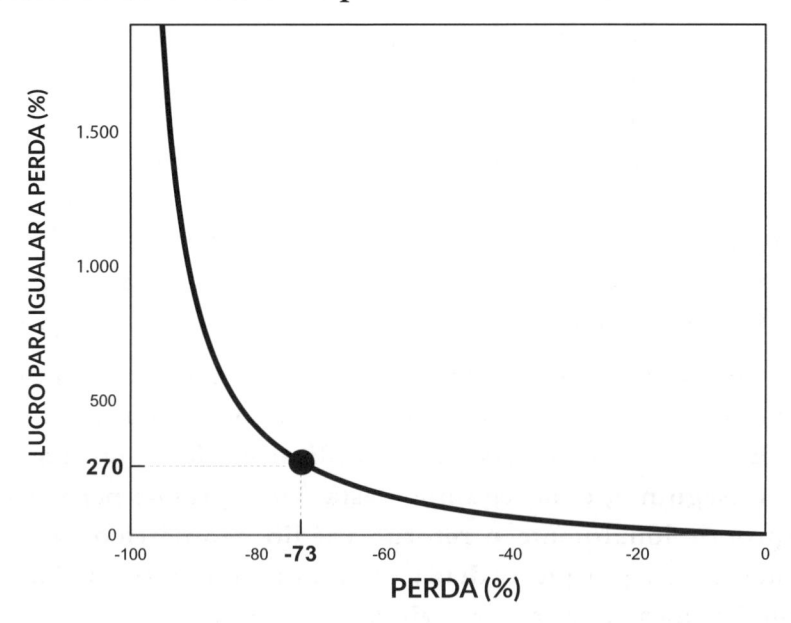

E esta é apenas outra maneira de pensar sobre o significado desse mapa logarítmico (vire essa curva horizontalmente e ela se tornará semelhante a uma curva logarítmica).

Digamos que, para as próximas 100 remessas do comerciante, 5 delas sejam perdas totais (exatamente como o esperado). Nesse caso, seu retorno total médio geométrico — ou a mais familiar *taxa de crescimento composta* — por remessa sobre essas 100 remessas seria:

$$((1,18)^{95} \times (0,27)^{5})^{1/100} = 1,098$$

E seu capital inicial de 11.000 rublos vezes 1,098 é igual a 12.081 rublos, seu montante de recursos geométrico esperado após apenas uma remessa (Esses cálculos de retorno total pressupõem que nosso comerciante reinvista a mesma fração de sua riqueza total em cada remessa, e não se preocupe com isso.)

Ele pode *esperar* apostar seus recursos à taxa de 9,8% por remessa sem seguro — com muito risco. Com seguro, ele *apostará*

seus valores à taxa de 12.200/11.000 = 1,11, ou 11% por remessa — e alcançará essa taxa de retorno mais alta *sem risco*.

Esta é uma noção bizarra que mesmo a maioria daqueles no setor de seguros provavelmente não aprecia muito (a indústria moderna de investimentos certamente não.) Deveria deixar você meio que impressionado. Nesse exemplo, vimos que é possível investir em um ativo (uma apólice de seguro) que, por si só, gera uma perda esperada e, ao fazê-lo, removemos todo o risco do portfólio ao mesmo tempo que aumentamos sua taxa de retorno esperada. O contraste entre nosso exemplo e as regras gerais dos acadêmicos de finanças não poderia ser mais gritante.

É aqui que a média geométrica tem significado econômico real: não é apenas a aposta nessa carga que impulsiona o valor. É o impacto iterativo e multiplicativo desse resultado na aposta seguinte, e na seguinte a esta! Uma grande perda reduz desproporcionalmente o retorno médio geométrico de nosso comerciante, porque o deixa com um montante ou base de capital muito menor para reinvestir e lucrar em sua remessa seguinte. A perda logarítmica mostra o verdadeiro (e maior) valor agregado para ele quando ele faz um seguro contra ela.

Mas, infelizmente, o comerciante de Petersburgo nunca saberá, porque ele nunca vê as coisas dessa maneira.

A implicação sutil, então, é que se você apostará uma vez, faria mais sentido fazer a mesma aposta repetidamente, de forma composta, muitas vezes — e mesmo por uma eternidade — quer você realmente faça ou não. Uma aposta ou um milhão de apostas, o retorno médio geométrico é o que importa.

CONCAVIDADE DA CURVA

Agora, claramente, Bernoulli poderia ter dito apenas "média geométrica" e ter terminado com isso (e evitado que gerações de economistas mergulhassem na espiral sem fim da teoria da utilidade). Sua função objetiva logarítmica é apenas um pequeno truque nerd. E daí? Não precisamos de atalhos matemáticos e réguas de cálculo; basta digitar os números e seguir em frente.

Ao usar a função logarítmica dessa forma, Bernoulli nos deu uma maneira de pensar sobre o problema à qual talvez não tivéssemos chegado de forma natural. Como vimos no mapa logarítmico do negócio do mercador de Petersburgo — traduzindo retornos aritméticos em geométricos —, a função logarítmica nos permite processar melhor *mentalmente* o acúmulo recursivo e contínuo de retornos geométricos. Isso torna a matemática dos compostos intuitiva. E nos permite visualizar e pensar sobre os retornos brutos corretamente — da maneira com que eles realmente impactam nossa riqueza ao longo do tempo. Sem tal mapeamento, não tenho certeza se poderíamos fazer isso.

É assim que Bernoulli pretendia que essa função fosse usada. Não estamos visualizando os retornos, ou lucros e perdas simplesmente como os experimentamos, um de cada vez, como eventos distintos e separados — "exclusivamente em seus próprios termos" — em sua forma bruta, linear e aritmética. Para compreender o que está acontecendo, precisamos experimentar nossos retornos através das lentes da função logarítmica. Em outras palavras, geometricamente.

Mas aí está a questão. A matemática da média aritmética é intuitiva; a matemática dos compostos não é. **Nós experimentamos lucros e perdas e todos os livros contábeis aritmeticamente; experimentamos a vida aritmeticamente — uma coisa após a outra. É o pensamento linear versus o pensamento geométrico. Uma grande diferença, essencial para nossa compreensão do risco e do impacto desastroso das perdas na riqueza. Mas é altamente contraintuitivo.** Aqui você enfrenta uma verdade inconveniente, desconfortável, mas crucial:

> *Seus retornos brutos e lineares são uma mentira;*
> *seus verdadeiros retornos são curvos.*

A proposta de Bernoulli de mapear retornos através da função logarítmica era, portanto, normativa, não positiva. Ao basear as decisões na média geométrica de riqueza ou retornos esperados, não na média aritmética, Bernoulli estava nos mostrando como *deveríamos enxergar* o risco — não como necessariamente *vemos* o risco. E é precisamente aqui que os economistas entenderam tudo errado.

De fato, em 1979, os economistas comportamentais Daniel Kahneman e Amos Tversky desenvolveram uma teoria de tomada de decisão em contextos de incerteza conhecida como teoria da perspectiva. Essa teoria implicava que as pessoas têm utilidade marginal decrescente com ganhos crescentes, como a função logarítmica — *e também com perdas crescentes*. Esta última afirmação contradiz completamente a utilidade marginal *crescente* da função logarítmica com perdas crescentes. **Se for verdade, a teoria da perspectiva pode explicar por que, ao menos ao investir, as pessoas geralmente não fazem o que Bernoulli prescreve — já que não têm a ferramenta da sua função objetiva prescrita — e por que as pessoas parecem ignorar teimosamente os riscos que importam** (Não é necessária uma grande teoria da conspiração, é apenas o fato de sermos humanos.)

Como investidores, o que estamos realmente fazendo é tentar realizar uma otimização matemática dessa função objetiva logarítmica para que possamos maximizar nosso retorno geométrico. Essa otimização matemática é uma função de perda ou custo que mapeia retornos brutos sobre seu custo para a taxa de crescimento composto do portfólio. O objetivo, portanto, é maximizar essa função de perda ou minimizar seu custo.

A matemática dos compostos é traduzida nessa função objetiva. Ela se torna uma maneira de avaliar o risco baseada em como descrevemos matematicamente a consequência desse risco e a perda. **Isso nos mostra o que importa para o crescimento composto. É um reforçador de risco e nos deixa focados em quais riscos importam e quais não.**

Não importa se interpretamos a ideia fundamental de Bernoulli como um *critério de maximização da utilidade logarítmica* (como os economistas e até mesmo a maioria daqueles nas finanças matemáticas a descreveriam), *um critério de maximização da média geométrica* ou, simplesmente, como uma maneira de proteger os recursos dado que lucros e perdas se acumulam ao longo do tempo. Se você não tirar mais nada dessa parte da discussão, se a matemática fez seus olhos vidrarem, lembre-se disso: **ao formular a função logarítmica como nossa função objetiva — como a maneira mais efetiva de avaliar apostas arriscadas —, Bernoulli inadvertidamente revelou a média geométrica como o critério ótimo para avaliar essas apostas arriscadas. Os retornos aritméticos são falsas esperanças; a verdade está nos retornos geométricos.**

Este critério é o *outro* princípio de Bernoulli. O primeiro princípio de Bernoulli, se não for violado, evita que os aviões caiam; e este, se não for violado, também evita que os portfólios despenquem (e esta foi uma conexão muito agradável para mim em meus anos como piloto ativo).

AS QUEDAS LOGARÍTMICAS DO RENO

O fascínio acadêmico de Bernoulli pelo comportamento de fluidos turbulentos torna fácil imaginar suas viagens "bate e volta" da Basileia no Alto Reno até as Cataratas do Reno em Schaffhausen, a cachoeira mais poderosa de toda a Europa. Também é fácil de visualizar em seus penhascos o que Bernoulli chamou de *concavidade da curva*: águas enganosamente plácidas que se tornam cada vez mais íngremes e turbulentas à medida que você mergulha nas profundezas do precipício e do qual pode nunca mais voltar. O perigo é quase imperceptível, até que seja tarde demais. Quanto mais você desce, quanto mais mergulha, mais difícil será subir de volta. (Você acabará se afogando nos insidiosos custos com taxas compostas negativas sobre seus recursos.) Espero que essa imagem assustadora fique gravada em sua mente para ajudá-lo a acessar facilmente o significado da função logarítmica para investimentos.

Cachoeira Abaixo, Aí Vamos Nós: A Curva Logarítmica e As Cataratas Logarítmicas do Reno

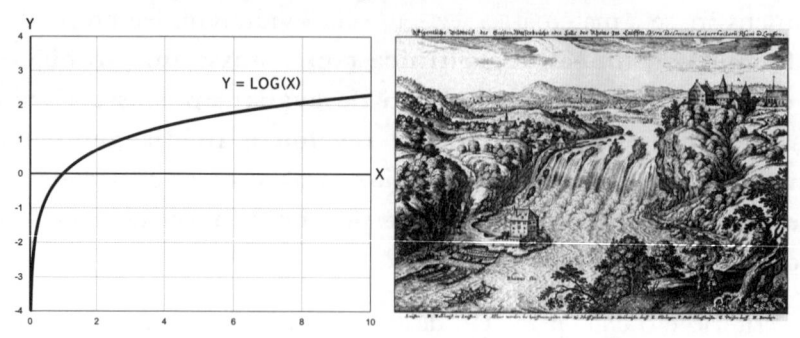

Bernoulli descreveu essa concavidade logarítmica da curva como "uma advertência da natureza para evitarmos completamente os dados". Como continuaremos vendo, mesmo jogos de dados "absolutamente justos" (e, muitas vezes, de investimento) podem ser extremamente injustos. Melhor evitá-los.

Como o logaritmo é uma função côncava que se curva para baixo, ele penaliza cada vez mais os retornos brutos negativos, quanto mais negativos eles forem. Quanto mais acentuadas as perdas, maiores serão os danos desproporcionais que elas infligem — muito maiores do que lucros do mesmo tamanho poderão superar. Quanto mais negativas são essas perdas, mais elas diminuem desproporcional e crescentemente o retorno médio geométrico (como vimos quando o navio do comerciante de Petersburgo mergulhou na curva da queda).

Conhecemos essa concavidade da curva a fundo — bem lá no fundo. Ela permeia nosso conhecimento coletivo sobre investimentos, talvez de forma mais prática hoje a partir da advertência de Graham sobre "a segurança do principal". E então veio seu melhor aluno, Warren Buffett, cuja ênfase obstinada no crescimento composto de capital exigia sua regra fundamental: "**Não perca dinheiro".** E agora nós realmente sabemos o porquê disso.

O corolário é claro: **o lucro é finito. O risco é infinito. Você precisa evitar mergulhar nas cataratas logarítmicas de Bernoulli! Esse é, de longe, o conceito mais importante em investimentos safe haven — ou melhor, em *todos* os investimentos.**

No final, o tempo resolve o paradoxo de Petersburgo. Se pegar o exponencial do retorno médio logarítmico de sua próxima aposta, obterá o retorno geométrico que pode esperar fazendo a mesma aposta para sempre. Você não precisa fazer o mecanismo funcionar ao longo do tempo para descobrir isso. Então, é melhor cuidar do exponencial do retorno médio do logarítmico de sua próxima aposta.

Então, veja você, o logaritmo não é apenas uma ideia intelectual ou teoria psicológica ou modelo quantitativo esotérico; e não requer suposições ou previsões sobre distribuições de retorno, ou qualquer outra coisa. É um fato físico de como compostos e investimentos funcionam, precisamente, no mundo real. Como vimos, é por isso que um custo aritmético pode ser mais do que compensado por um efeito geométrico no negócio do mercador de Petersburgo. Isso se tornará cada vez mais claro em capítulos posteriores; então, por enquanto, continue deixando isso cozinhar na sua mente.

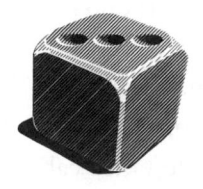

O Eterno Retorno

UM IMPERATIVO EXISTENCIAL

Em 1879, com apenas 35 anos, Friedrich Nietzsche assumiu a cadeira de filologia clássica na Universidade da Basileia, Suíça, a mesma instituição que recebeu os briguentos Bernoullis nos séculos anteriores (um lugar histórico, um marco zero). Nietzsche manteve essa posição venerável por 10 anos, um fato inédito na época para alguém tão jovem.

Mas ele preferia muito mais a vida no campo à vida na cidade, e escapava da Basileia para o interior da Suíça sempre que podia. As florestas à margem do Alto Reno estavam entre seus destinos favoritos, como o entorno das logarítmicas Cataratas do Reno de Daniel Bernoulli, cujo ruído inspirou Nietzsche enquanto a água mergulhava "de cabeça em direção ao infinito". A área supostamente teria sempre uma conexão especial com seus escritos.

Infelizmente, sua saúde entrou em declínio cada vez mais acentuado. Como resultado, ele subitamente decidiu abandonar a Basileia e se retirar para a vida de escritor errante em tempo integral. Depois de várias tentativas mal feitas e fracassadas de se casar, e após ter revogado sua cidadania prussiana, ele se tornou um filósofo errante, recluso e apátrida, e assim foi pelas duas décadas que lhe restaram de sua curta vida (e a insanidade causada pela sífilis ainda consumiu tragicamente sua última década). Ele passava o inverno em Nice, Gênova e Turim, e o verão em Sils-Maria, perto de Saint Moritz, no Vale da Engadina, na Suíça. Vivia seus dias de verão caminhando entre cabras e ovelhas da montanha nos bosques do alto da Engadina (em coerência com sua crença de que "só as ideias conquistadas em caminhadas têm algum valor"). Sua caminhada mais notável foi à beira de um lago em Silvaplana (uma caminhada que eu recomendo, que é melhor ainda no inverno, quando é possível fazer a descida sinuosa de tobogã). Foi lá nessa costa, em 1881, em uma formação rochosa piramidal, ao deixar uma pedrinha cair e fazer ondulações com um pedregulho sobre um penhasco fractal, que Nietzsche teve uma inspiração. Nascia sua autoproclamada doutrina fundamental, o "eterno retorno" ou "eterno retorno do mesmo".

Nietzsche, no fim, expandiu o eterno retorno para um livro de parábolas quase bíblicas, sua *magnum opus* de 1885, *Also sprach Zarathustra* (*Assim Falou Zaratustra*). Primeiro, porém, ele o apresentaria com um teste de reação pública. No final de seu livro de 1882, *Die fröhliche Wissenschaft*, ou *A Gaia Ciência* (não confundir com a verdadeira "ciência sombria" da economia), sob o título "O Maior dos Pesos", Nietzsche propôs um experimento mental:

> *E se um dia, ou uma noite, um demônio lhe aparecesse furtivamente em sua mais desolada solidão e dissesse: "Esta vida, como você a está vivendo e já viveu, você terá de viver mais uma vez e por incontáveis vezes; e nada haverá de novo nela, mas cada dor e cada prazer e cada suspiro e pensamento, e tudo o que é inefavelmente grande e pequeno em sua vida, terão de lhe suceder novamente, tudo na mesma sequência e ordem — e assim também essa aranha e esse luar entre as árvores, e também esse instante e eu mesmo. A perene ampulheta do existir será sempre virada novamente — e você com ela, partícula de poeira!"*

*Você não se prostraria e rangeria os dentes e amaldiçoaria o demô-
nio que assim falou? Ou você já experimentou um instante imenso,
no qual lhe responderia: 'Você é um deus e jamais ouvi coisa tão
divina!' Se esse pensamento tomasse conta de você, tal como você
é, ele o transformaria e o esmagaria talvez; a questão em tudo e em
cada coisa, 'Você quer isso mais uma vez e por incontáveis vezes?'
pesaria sobre seus atos como o maior dos pesos! Ou quanto você
teria de estar bem consigo mesmo e com a vida, para não desejar
nada além dessa última, eterna confirmação e chancela?*

Devo admitir que, na primeira vez que me deparei com esse texto,
fiquei abalado. Comecei a ver as coisas de uma forma diferente. Cada
momento passou a desacelerar e de alguma forma se tornava perfeito,
mesmo quando não era. Tinha que ser. Nietzsche chamou isso de sua
"fórmula mais elevada de afirmação" — a afirmação da vida. E nele
também encontrei algo que se aplicava especificamente aos investimentos e que eu não havia conseguido apontar ou articular anteriormente.

Há muitas narrativas turvas e superficiais na indústria de investimentos. Muito movimento, mas pouca ação. Existem previsões grandiosas de quando se deve correr riscos e quando é bom recuar, mas que
ignoram os resultados dessas previsões. Pessoas sábias falam em evitar
o risco por meio da diversificação, algo chamado de "a única coisa
de graça em finanças", usando termos de engenharia financeira que
poucos se preocupam em entender e distribuindo os investimentos (e
o risco) pelos ativos na esperança de capturar um desempenho mediano medíocre, porém mais seguro. Não importa o que lhe custou, suas
intenções eram boas, e pelo menos você evitou o desastre; seus *retornos
ajustados ao risco* foram altos — apesar de você estar mais pobre.

A abordagem convencional de mitigação de risco no setor de investimentos é enganosa e derrotista, com pouca consistência e significado, e muitas névoas e distorções. **Ela desconsidera o significado
econômico em favor do significado *quantitativo* e aceita os maus
resultados em nome da segurança contra os maus resultados.
O destino adora ironia.**

É um teatro financeiro niilista.

Investir não pode ser apenas fazer apostas ousadas com nossas expectativas inteligentes e depois minimizar seus resultados, como se renunciássemos a qualquer apego aos frutos de nossas ações. "Eu estava certo, mas não tive sorte." Sabemos que não podemos julgar nossas decisões apenas por seus resultados, pois boas decisões podem facilmente ter resultados ruins. Mas só temos um resultado. Se o demônio de Nietzsche estiver correto, e contando que teremos que viver com nossos resultados *"mais uma vez e inúmeras vezes mais"*, você realmente quer continuar ignorando os mesmos resultados ruins repetidamente por toda a eternidade? Você precisa de uma perspectiva melhor para se tornar um investidor melhor e, quer aceitemos a perspectiva de Nietzsche como verdadeira ou não, estou convencido de que ela é a certa.

A "sabedoria alegre" de Nietzsche existe há muito tempo. Esse conceito de um tempo que se repete ciclicamente vem de longe. É como diz o anão da floresta empoleirado na pedra piramidal a Zaratustra: "Tudo o que é reto mente, toda verdade é torta, o próprio tempo é um círculo." Consistente ao longo da história humana, essa crença está presente nas antigas tradições maia, asteca, egípcia, judaica e grega (dentro da última, especificamente as dos pitagóricos e dos estoicos). No ocidente, o Cristianismo pôs fim a grande parte dessa crença; mas, no oriente, ela é central em tradições como o Hinduísmo indiano e o Budismo (Nietzsche chegou a chamar o eterno retorno de uma "forma europeia de budismo").

Quando Nietzsche escreve que "a tarefa é viver de tal maneira que você deve *desejar* viver a vida novamente", soa como se o ensinamento fosse sobre o desejo; mas então ele continua e diz, "você fará isso [viver novamente] *de qualquer maneira!*" Nietzsche estava aparentemente compelido pelo eterno retorno como um fato cosmológico, e até elaborou provas físicas em suas notas não publicadas explorando o eterno retorno como realidade material. E essa noção foi retomada oito anos depois pelo grande matemático polímata francês Henri Poincaré, em seu "teorema da recorrência", que afirmou que certos sistemas mecânicos inevitavelmente, e eternamente, retornarão a um determinado estado.

Foi uma versão mais rigorosa da própria tentativa de Nietzsche, na qual ele observou: "No grande jogo de dados da existência, [o mundo] deve passar por um número calculável de combinações. No tempo infinito, todas as combinações possíveis, em algum momento, aconteceriam; mais que isso, aconteceriam um número infinito de vezes." Como isso implica que não estamos repetindo apenas *um* caminho, mas *todos os caminhos*, a prova de Nietzsche aqui perde um pouco de força, mas ele merece reconhecimento pelo esforço.

No entanto, as provas da tradição e da ciência ainda eram apenas dispositivos mentais para Nietzsche convencer ou enganar a mente para fazê-la acreditar no eterno retorno e internalizá-lo — a fim de "desejá-lo". É como ele escreveu em uma carta: "Se é verdade, ou melhor, caso se acredite ser verdade, então tudo muda e gira, e todos os valores anteriores se desvalorizam." O ato de *acreditar* era muito mais importante do que a validade da crença. Nietzsche pretendia que o eterno retorno fosse como um *imperativo existencial* normativo. Como o *emolumentum medium* de Bernoulli, era prescritivo, uma métrica de avaliação interna e um guia ou perspectiva prática para nossas ações; não era uma afirmação positivista. Em seu cerne, é até mesmo uma hipótese psicológica: **"Você deseja isso mais uma vez e inúmeras vezes mais?" Você amaldiçoaria o demônio ou o beijaria?**

Essa questão está no próprio âmago dos investimentos bem-sucedidos em geral e dos investimentos safe haven em particular. A capacidade de responder "sim" à perspectiva de experimentar o mesmo retorno de investimento como um *eterno retorno* é uma força muito poderosa, que foca a mente. **Ela deveria mudar a maneira como você investe, alterando sua métrica de avaliação interna: ou seja, o valor de acertar *esse* caminho eclipsa o valor de acertar o caminho *esperado*.**

É um pouco perturbador pensar nisso: você acaba tendo que suportar o peso de apenas um caminho, *o caminho real*. E compreender de verdade esse fato inconfundível é o que torna o experimento mental do eterno retorno tão poderoso. Quer você cumpra ou não *esse* caminho repetidamente para sempre, se simplesmente acreditar que irá fazê-lo o predispõe a acertar *esse* caminho, então ele cumpriu seu propósito. Você só precisa agir como se desejasse isso. Se levada a sério, a ideia de Nietzsche pode ter um impacto monumental, *o maior dos pesos* — desconstruindo e transformando seu temperamento e disposição. Indiscutivelmente, esses dois sentimentos são as coisas mais importantes para agir certo como investidor.

Temos apenas uma vida, mas nosso destino é uma série de resultados. O único resultado vivido é naturalmente não determinista (apesar de que nossos ancestrais teriam discordado). Contra esse entendimento, o demônio de Nietzsche lança um desafio psicológico: preocupe-se mais em acertar do que em jogar casualmente com essa série do destino. No experimento mental de Nietzsche, o tamanho da amostra é igual a 1, o N de Nietzsche = 1. Seu demônio apenas nos desperta para esse fato.

Graças à expansão composta multiplicativa — como vimos no jogo de Petersburgo — não temos verdadeiramente uma série de momentos que apenas se agregam. Não temos um conjunto de lances para jogar, embora pareça que sim. Podemos selecionar apenas um resultado da infinidade do espaço amostral. Portanto, não podemos permitir muitos erros de amostragem nesse leque de resultados possíveis e não podemos nos fixar em qual pode ser o valor esperado. No mundo real, as coisas nem sequer têm um valor esperado definido e coerente. Mas isso não vem ao caso. Quando $N = 1$, o maquinário da teoria da probabilidade falha.

Isso não é tão óbvio de entender, e é ainda mais difícil agir em coerência com essa realidade. O que Nietzsche certamente estava tentando fazer era lançar uma luz brilhante sobre a importância *deste caminho* — esse em que você está — e ignorar todos os outros. Admita: você viverá este caminho específico *por toda eternidade*. Então, que todos os outros caminhos alternativos vão para o inferno; que suas "chutimativas" de probabilidade, expectativa e risco vão para o inferno também. Nunca mais diga: "Oh, no fim não tive sorte, mas minha expectativa estava certa!" Não podemos nos dar ao luxo de estarmos certos somente na expectativa ou na teoria; temos que estar certos. Só temos uma chance, e *é isso*.

Isso certamente não significa que expectativas não importam. O eterno retorno é uma faca de dois gumes. Concentrar-se nesse caminho implica em não sucumbir a nenhum caminho potencial — não importa quão improvável — que lhe proporcione uma expectativa horrível, da mesma forma que significa não alimentar uma grande expectativa que você raramente ou nunca viverá. E sim, existem tentativas repetíveis de investimento; às vezes, nesse nosso caminho único, podemos dar muitas mordidas na mesma maçã. Mas não é automático. E é muito mais provável que você esteja colocando em prática muito menos iniciativas ou tentativas do que pensa. Muito provavelmente, não passa de uma.

Foi ótimo para Babe Ruth [um astro do beisebol] mirar nas estrelas: essa estratégia resultou em um recorde de rebatidas em sua carreira que durou 30 anos (quando Mickey Mantle o superou). Mas e se ele tivesse apenas uma tentativa no bastão em toda a carreira? Como seria?

Ao dar todo o peso a *esse* caminho, precisaríamos essencialmente ter acertado praticamente todos os caminhos possíveis. Precisamos ter muito vigor para percorrer o caminho — ter "coberto todas as bases". Isso significa otimizar o risco investindo de uma maneira que, aconteça o que acontecer, possamos declarar, como exorta Nietzsche: "Assim eu quis!" Quando se trata da função de mitigação de risco em uma carteira de investimentos, que melhor declaração poderia haver?

ENTRANDO NO MULTIVERSO

Pense na linha de abertura daquele poema de Robert Frost "The Road Not Taken" (um poema de que meu pai sempre me lembra, ainda):

> *Duas estradas divergiram em uma floresta amarela,*
> *E sentido por não poder seguir pelas duas*
> *E ser um só viajante, por muito tempo fiquei parado*

Temos certeza de que não podemos viajar por ambos os caminhos? Se pudéssemos, seria o *oposto* do eterno retorno. O que significaria agir como se pudéssemos fazer isso?

Considere um ajuste em nosso último experimento mental. Digamos que, no dia ou na noite seguinte, para seu desgosto, outro demônio o persiga novamente, em sua solidão mais solitária. Dessa vez, ele lhe diz que, em vez de reviver essa vida mais uma vez, e muitas outras vezes, você viverá um número incontável de vidas paralelas alternativas — todas ao mesmo tempo e de uma vez só. "Não acredite naquele outro demônio da noite anterior", ele rosna. "Em vez de viver apenas uma vida repetidamente e infinitamente, você na verdade viverá vidas infinitas, cada uma gerando ramificações, lado a lado."

Você é seu próprio gato de Schrödinger, o experimento mental inventado em 1935 pelo físico austríaco Erwin Schrödinger, no qual os eventos se ramificam de tal forma que um gato preso dentro de uma caixa e envenenado aleatoriamente existe vivo e morto, simultaneamente. Mais precisamente, o gato de Schrödinger está em um estado de mecânica *quântica*, e a contabilidade pode ficar um pouco complicada quando você tenta calcular todos os possíveis estados mortos e vivos desse pobre e maltratado (felizmente, hipotético) gato. Porém, matematicamente, é perfeitamente válido.

De acordo com esse novo demônio — o chamaremos de demônio de Schrödinger — você também experimentará alegria e dor, vida e (Deus nos livre) morte, tudo simultaneamente. Você estará vivendo no que veio a ser conhecido pelos físicos como o *multiverso*. Como o eterno retorno, é outro conceito hipotético de realidade e tempo, onde infinitos universos múltiplos coexistem. Nessa versão, começando bem agora, um novo universo é gerado com tudo o que acontece com você — "tudo indescritivelmente pequeno ou grande", seja sua sorte quando muda aleatoriamente de direção, uma mudança em sua próxima decisão ou qualquer outra coisa. Cada nova bifurcação em cada novo caminho é percorrida por outra cópia sua — seu doppelgänger. Em vez do círculo de Nietzsche, o tempo agora é uma árvore com infinitos galhos emaranhados. O multiverso é todo o espaço amostral de todas as ramificações e todas as maneiras pelas quais as coisas poderiam ter acontecido.

Essa noção do multiverso é apoiada pela ciência e é até testável indireta e experimentalmente, de uma forma que, por ironia, é muito semelhante à própria prova do eterno retorno, "o grande jogo de dados da existência" de Nietzsche. Aqui, a mecânica quântica imagina um dado lançado caindo com todos os seis lados para cima simultaneamente. É como no folclore nórdico, no qual um dado rolado, milagrosamente se estilhaça em seis pedaços, de modo que todos os lados aparecem como resultado na mesma jogada. Enquanto vemos apenas um lado para cima na perspectiva estreita de nosso próprio universo, existem cinco outros universos ramificados, cada um com seu próprio resultado alternativo. Cada lance quântico dos dados se torna um novo ponto de ramificação, criando uma proliferação infinita de ramificações em divisão constante de universos paralelos e alternativos que se tornam o multiverso infinito. E é isso que o demônio de Schrödinger afirma que você experimentará.

Parece loucura? Bem, considere o seguinte: dessa perspectiva, você realmente saberá como é *ser* o cassino, como é poder executar repetidas e simultâneas tentativas das jogadas de dados da sua vida, repetidamente, pela eternidade. Não há mais sorte ou azar, não há mais erros de amostragem, apenas uma expectativa realizada pelo multiverso. Pode tomar decisões acertadas com base nesse valor esperado, pois você experimenta todos os caminhos possíveis.

Essas duas perspectivas de nossos dois demônios contrários fazem um paralelo às perspectivas opostas da própria probabilidade — a única tentativa subjetiva vis-à-vis às muitas tentativas frequentistas. Em qual demônio você acredita e como sua escolha afeta sua abordagem à vida e aos seus investimentos? Sua escolha é um fator decisivo para a forma como você investiria e, mais importante que isso, para seus prováveis resultados? Precisamos entender ambas as perspectivas como testes hipotéticos para moldar a maneira como vivemos, da mesma forma com que Nietzsche pretendia que seu eterno retorno fosse usado.

JOGANDO DADOS COM O DEMÔNIO DE SCHRÖDINGER ($N = \infty$)

Após seus dois encontros demoníacos, você se vê sentado em uma mesa onde há uma grande pilha de dinheiro — o saldo de economias de sua vida inteira. O demônio de Schrödinger se senta à sua frente e oferece uma aposta por sua pilha de dinheiro:

Você jogará um dado justo de seis lados (que ele traz consigo) uma vez e, se sair o 1, você paga ao demônio de Schrödinger 50% do que você tem na mesa; se sair o 6, ele lhe paga 50% do que você tem na mesa. E, se sair um 2, um 3, um 4 ou um 5, ele lhe paga 5% do que você tem na mesa. Aí vai um diagrama do perfil de retorno para essa aposta:

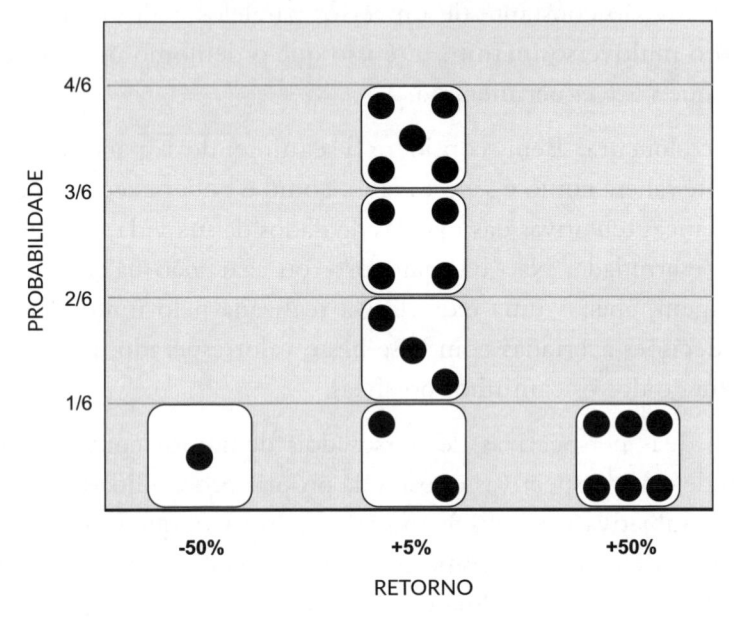

Perfil de Retorno dos Dados Demoníacos e Distribuição de Probabilidades

MÉDIA ARITMÉTICA: +3,3%

Essa é um tipo de versão abrandada do nosso jogo de dados simplificado de São Petersburgo do capítulo anterior, só que agora estamos apostando *toda* nossa riqueza (e nós não perdemos tudo com uma jogada ruim, apenas 50% disso). Aqui, os dados são empilhados uns sobre os outros para indicar que mais de uma face do dado corresponde a um retorno específico. Com os dados empilhados dessa maneira, essa representação do perfil de retorno agora também exibe uma boa *distribuição de probabilidade discreta* de cada lance do jogo. Cada face do dado representa uma probabilidade igual de 1/6, portanto, quando as empilhamos acima de seu resultado de retorno correspondente, sua altura representa nitidamente a probabilidade desse retorno discreto. Por exemplo, sua vitória de 5% ocorre com 4 dos 6 resultados de dados, de modo que a torre de dados indica uma probabilidade de 4/6 desse resultado.

E então, o que acha dessa aposta? Ela é legal e simétrica, com uma vantagem óbvia para você com esses 5% extras que pode obter 2/3 das vezes. Mas calcularemos sua vantagem exata, ou seu valor esperado ao rolar o dado.

Primeiro, você naturalmente vai querer garantir que o dado seja quadrado — afinal, ele é um demônio. Graças ao Teorema de Ouro de Jacob Bernoulli, sabemos que, se o dado for justo, quanto mais o lança, mais cada lado deve sair 1/6 das vezes no total. Você verifica isso rolando o dado 10 mil vezes — tudo bem, o demônio esperará — e descobre que você chega a 0,01% de 10.000/6 resultados com cada um dos 6 números aparecendo. Tudo bem até aí.

Em seguida, você pode calcular a média aritmética no espaço amostral de seus seis igualmente prováveis resultados de taxa de retorno, para chegar à sua taxa de retorno matemática esperada para esta aposta:

$$(-0,5 + 0,05 + 0,05 + 0,05 + 0,05 + 0,5) / 6 = 0,033$$

Você espera conseguir 3,3% com uma jogada rápida do dado. É um retorno esperado muito bom para seu dinheiro. Uma vantagem matemática como essa (completamente não correlacionada com o mercado) faria de você a inveja de toda a comunidade dos mestres do universo dos fundos de hedge. Além do mais, você está jogando contra o demônio de Schrödinger, e as regras da casa dele se aplicam: você experimentará todos os seis lados do dado quântico, simultaneamente, em todo o multiverso. Você tem literalmente esse retorno de 3,3% *garantido* em cada rolada, uma simples média aritmética.

Isso é fundamental, então deixe-me enfatizar como funciona: em cada jogada, o jogo do demônio de Schrödinger analisa o resultado em todos os seis universos possíveis e, em seguida, obtém a média aritmética de todos esses seis resultados para o resultado amalgamado; você experimentou simultaneamente todas as jogadas boas e ruins (como o dado quebrado mostrando todos os seis lados na mesma jogada, e o gato de Schrödinger vivo e morto ao mesmo tempo). É por isso que eu digo que você tem literalmente garantia de 3,3% de retorno em cada jogada, porque cópias infinitas de você experimentam todos os resultados possíveis em cada jogada, e o demônio de Schrödinger lhe paga de acordo com a média simples desses resultados. Seu $N = \infty$.

Com tal configuração, por que não deixar o esquema funcionando? Repita este jogo lucrativo várias vezes com aquele pobre demônio. E, para sua sorte, o demônio de Schrödinger não é tão bom em matemática simples, então ele aceita essa aposta. Você concorda em jogar o jogo 300 vezes, fazendo ajustes após cada jogada e continuando na próxima. Você pretende aumentar seu capital por meio do crescimento multiplicativo composto — alguns dizem que Einstein chamou isso de "a oitava maravilha do mundo" e até mesmo "a força mais poderosa do universo" (embora haja uma ausência de evidências que sustentem essas atribuições, não há evidências da ausência delas).

Para simplificar, vamos supor que você comece com um montante total de 1 unidade de alguma coisa (podem ser unidades de dólares, francos, ducados ou qualquer outra coisa, e centenas, milhares ou milhões). Seu montante de recursos após o primeiro lance seria 1,033, com seu retorno garantido de 3,3%; esse 1,033 é seu retorno total (como em $1 + 0,033 = 1,033$). Como fizemos com o comerciante de Petersburgo, podemos calcular a recursiva da progressão geométrica do que acontece com sua pilha inicial de dinheiro após cada lançamento do dado, multiplicando sequencialmente cada taxa de retorno total pela próxima, uma de cada vez. (Como sabemos da teoria básica da probabilidade, o valor esperado do produto de variáveis independentes aleatórias é simplesmente o produto de seus valores esperados.)

Então, seus recursos finais após 300 jogadas contra o demônio de Schrödinger seriam:

$$1{,}033 \times 1{,}033 \times 1{,}033 \times \ldots = 1{,}033^{300} = 18.713$$

Olhe para isso. Aumentar 300 vezes de forma composta seu retorno aritmético esperado de 3,3% deixa você com quase 19 mil vezes seus recursos iniciais, em média (se você começou com $1 mil, isso significa que a expectativa matemática de seus recursos totais ao final desse jogo 300 vezes é de quase $19 milhões). Esse número astronômico é precisamente o que você espera receber — e nesse caso, de fato, o que *receberá* — cumprindo todos os caminhos possíveis do dado quântico — todos os seis lados estilhaçados aparecendo — ao longo de toda a amplitude do multiverso. É, me parece que o Einstein era um gênio.

JOGANDO DADOS COM O DEMÔNIO DE NIETZSCHE (*N* = 1)

Nietzsche gostava da analogia dos dados, o que não surpreende, pois ele reverenciava o que chamou de ideal *dionisíaco* do jogo. Ele via a vida como um jogo de dados, "o grande jogo de dados da existência". Em seus textos, ele descreveu Zaratustra jogando "dados com os deuses em sua mesa divina", e dados rolando, depois sendo jogados novamente, retornando eternamente. Assim, eles representavam o que Nietzsche considerou ser sua maior percepção.

Então, é coerente que o demônio de Nietzsche apareça novamente e queira jogar. Ele toma a cadeira do demônio de Schrödinger do outro lado da mesa e propõe o mesmo jogo de dados, apostando por aquela sua pilha de dinheiro. Agora, no entanto, aplicam-se as regras da casa do demônio de Nietzsche. Em vez de vivenciar todos os seis lados do dado a cada jogada no multiverso, você experimenta apenas um lado a cada jogada, em todas as 300, e apenas um caminho (e, não se esqueça, você reviverá exatamente o mesmo caminho de 300 jogadas por toda a eternidade).

Agora você realmente tem que parar para pensar. O jogo era muito mais simples no multiverso. Aqui, você volta a viver no mundo confuso de apenas um universo, no qual com uma jogada do dado você nem sempre terá a média de 3,3%. Na verdade, neste caso, você *nunca* terá, pois esse resultado é pura teoria. *Ou* você ganha 50%, ou ganha 5% ou perde 50%, nada intermediário entre esses números. Não é tão ruim quanto a aposta de Petersburgo, mas ainda envolve muito erro de amostragem, o que significa risco. Em 1/6 das vezes, seu patrimônio pode ser cortado pela metade, e esse tipo de risco provavelmente é inaceitável para você. Mas você pensa no velho Jacob Bernoulli novamente, e lhe ocorre que, quando se joga os dados repetidamente em lances independentes, é possível anular a aleatoriedade e realizar a margem positiva esperada. Assim como o Teorema de Ouro garante que o dado é quadrado, ele também pode garantir que, com um número suficiente de roladas, você pode esperar que cada lado do dado saia cerca de 1/6 das vezes. Ufa! Por um instante, pensamentos assustadores se apossaram de você (como se jogar dados com demônios não fosse algo suficientemente assustador). E, assim, sua confiança no fato de que seu retorno médio em todos esses lances convergirá para 3,3% é restaurada. Novamente, você se sente como se estivesse vivendo placidamente no multiverso.

É um pensamento reconfortante, porém, ao examinar com mais cuidado, algo parece errado. Por exemplo, digamos que os resultados de suas primeiras seis jogadas sejam os seguintes:

Seu montante de recursos (ou retorno total) após o primeiro lançamento nessa sequência seria 1,05. Depois da segunda jogada, seria $1 \times 1,05 \times 1,5 = 1,575$; após o sexto lance, totalizaria:

$$1 \times 1,05 \times 1,5 \times 0,5 \times 1,05 \times 1,05 \times 1,05 = 0,912$$

E isso depois de cada lado do dado aparecer aleatoriamente exatamente uma vez. Isso deveria ser mais ou menos semelhante à sua média, certo? E ainda assim você está perdendo? Para as 300 roladas completas, você, é claro, continuaria esses passos multiplicativos até sua riqueza final (isso é conhecido por *passeio aleatório geométrico*).

Algo a ser observado neste exemplo de multiplicação composta: como cada retorno subsequente é multiplicado pelo seguinte, e graças à propriedade comutativa da multiplicação, não importa quando essa perda de 50% aconteça. Seja no terceiro ou no último lançamento dos dados, o efeito em seus recursos finais é o mesmo.

Claramente, com o demônio de Nietzsche, as coisas agora mudaram: *desta vez* você seleciona aleatoriamente apenas *um* caminho, e não *todos* os caminhos de 300 lances paralelos potenciais do multiverso. Agora parece que o tamanho de sua amostra realmente despencou de infinito para 1 ($N = 1$); e isso é assustador.

Aqui vão cada um desses lances jogados 10 mil vezes em separado, mostrados como uma nuvem de caminhos divergentes individuais separados. Pense nessa nuvem como uma representação do espaço amostral de resultados em todo o multiverso. A distribuição de frequência desses resultados de montante de recursos final aparece à direita, correspondendo aos valores finais de cada respectivo caminho.

Você recebe o que você recebe, não o que você espera receber

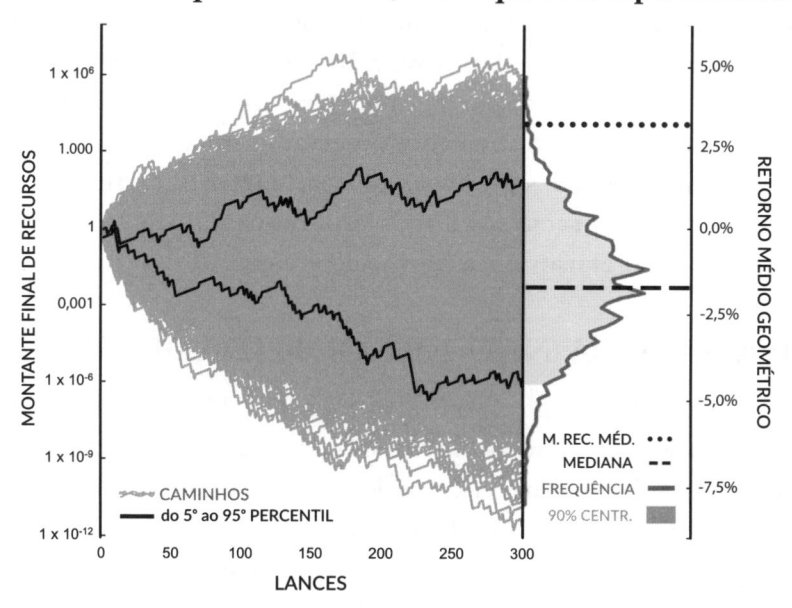

Você percorrerá apenas um desses caminhos. É melhor escolher um que seja bom!

Observe que o eixo y está redimensionado em escala logarítmica para que possamos enxergar melhor os dados compactados. Como podemos ver, esse belo resultado com valor esperado do montante de recursos final de quase 19 mil vezes aquilo com que você começou — o resultado que lhe foi garantido pelo demônio de Schrödinger — é, na verdade, um evento incrivelmente raro quando joga contra o demônio de Nietzsche. Não está nem dentro do *intervalo de confiança* sombreado de 90% dos resultados possíveis, que abrange os valores do 5º ao 95º percentil. Na verdade, **sua probabilidade de terminar com 19 mil vezes os recursos que tinha inicialmente ou mais é de apenas 0,5%.**

O que houve, então? Os culpados são o tempo e o crescimento composto multiplicativo. Você acaba ficando com uma distribuição de resultados potenciais de recursos finais em muitas jogadas diferentes de 300 lances, o que é altamente distorcido positivamente — ou seja, há desproporcionalmente muitos resultados com valores muito baixos e poucos resultados com valores muito elevados. Estes últimos são tão altos que realmente elevam a média total de distribuição. (A escala logarítmica no gráfico torna essa distorção positiva mais difícil de se enxergar, e a distribuição acaba ficando com uma forma simétrica de sino, mas a distorção está lá, se você observar os valores do eixo *y*.) **Em suma: quando você só consegue realizar um caminho, esse montante para os recursos finais esperados é um evento muito raro, de fato, e claramente não muito esperado.**

A JOGADA DA NÃO ERGODICIDADE

Deixando de lado nossos demônios, este é um problema do mundo real. Quando você joga o dado 300 vezes, teria razão em esperar ver cada um de seus seis lados aparecer cerca de 50 vezes. O problema é que essa expectativa não se traduz tão obviamente em sua expectativa teórica de terminar com 19 mil vezes seus recursos iniciais. Segue a progressão geométrica daqueles 50 lances esperados que terminam com cada lado do dado para cima:

$$0,5^{50} \times 1,05^{50} \times 1,05^{50} \times 1,05^{50} \times 1,05^{50} \times 1,5^{50} = 0,010$$

Parece que essa lógica implica que você ficará com um montante final de recursos de essencialmente zero. Isso mesmo. Com a expectativa de resultados iguais para cada lado do dado, de sua riqueza composta — sua pilha de dinheiro, toda sua poupança — 99% iria para o demônio de Nietzsche. O que aconteceu com aqueles 300 lances esperados que lhe renderam 19 mil vezes seus recursos iniciais no multiverso? **Com o demônio de Nietzsche (que irritantemente espelha o que acontece no mundo real), é provável que você não terá um destino eternamente recorrente lá muito bom.** A multiplicativa composta está mais para uma das *forças mais destrutivas do universo*. (Aquele Einstein — tão superestimado! E o Teorema de Ouro — não tão dourado!)

Relembrando o capítulo anterior, a média geométrica dos 300 retornos nesta progressão geométrica é apenas a 300ª raiz de seu produto, ou $0,010^{1/300} = 0,985$, ou uma taxa de crescimento composto de -1,5%.

E sabemos que esse retorno total médio geométrico de 0,985 por lance é o mesmo que o valor esperado Bernoulliano da aposta, ou a média geométrica em seis retornos possíveis de apenas um lance:

$$VEB = e^{\frac{\log(0,5)+\log(1,05)+\log(1,05)+\log(1,05)+\log(1,05)+\log(1,5)}{6}}$$
$$= 0,985, \text{ ou uma taxa de crescimento composto de -1,5\%}$$

Isso é mais uma evidência de que o retorno médio geométrico esperado de uma única jogada lhe dá o mesmo retorno médio geométrico esperado quando você a avalia como uma aposta de composição eterna — independentemente do que de fato planeja fazer. Este é o atalho legal e intuitivo proporcionado pela função objetiva logarítmica de Bernoulli.

Existe, porém, uma maneira ainda mais direta e intuitiva de pensar essa questão, porque há uma terceira maneira equivalente de calcular esses -1,5% de taxa de crescimento composto esperado por lance. Como se vê (com uma convergência estatística bastante robusta), o montante final que corresponde a -1,5% progredidos de forma composta 300 vezes (ou $0,985^{300} = 0,01$) também é o resultado médio dos recursos finais. Isso é o que você obtém na mosca, ou o valor *bem no meio* ao jogar o jogo, em todo o multiverso de todos os resultados finais de recursos possíveis (ou o literal "lucro no meio" de Bernoulli). Faz sentido, se pensar nas 50 jogadas esperadas para cada lado do dado; esse é o resultado médio do lance (pelo qual, dado um lado do dado, metade dos resultados possíveis dos lances termina em lados de valor maior que esse e metade, em lados de valores menores), então, a lógica diz que isso também deve produzir seu resultado de recursos finais mediano (e metade dos resultados de recursos finais é maior e metade é menor que esse valor).

Você não precisa virar um nerd com todo esse colorido matemático. Mas precisa se lembrar desta conclusão (que está resumida no gráfico a seguir): **A maneira mais intuitiva de pensarmos no significado do retorno médio geométrico esperado e, de forma equivalente, sobre o resultado de recursos finais médio geométrico em crescimento multiplicativo (como em nosso jogo de dados) é simplesmente como o resultado médio esperado da riqueza final.**

E em nosso jogo de dados, a probabilidade de excedermos a mediana (que, por definição, equivale a 50%) é muito maior do que a chance de excedermos a média aritmética. Assim, você pode ver por que o retorno médio geométrico, e não o retorno médio aritmético, está mais próximo daquilo que deveria esperar de uma amostra aleatória de todos os resultados finais possíveis.

A Mediana dos recursos finais, logaritmo de recursos finais esperado e a taxa de crescimento mediana e esperada correspondem todos à mesma coisa.

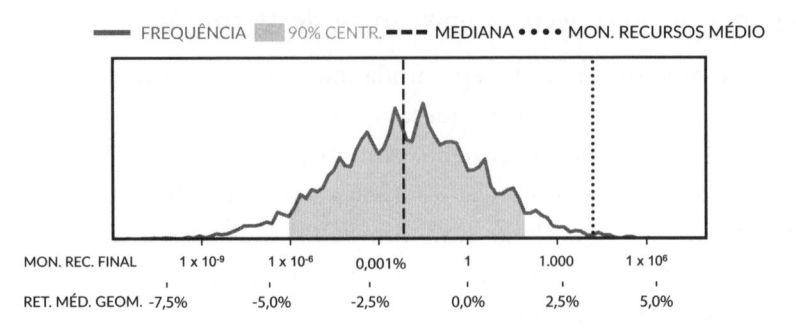

O que é melhor: maximizar a expectativa de recursos totais que você na verdade nunca espera realizar, ou maximizar a expectativa de sua *taxa de crescimento de recursos* correspondente à mediana do montante final de recursos que realmente gera?

Ao jogar dados contra o demônio de Schrödinger, quando N = ∞ no multiverso, nós nos preocupamos com a média no multiverso. Ao jogar nossa única partida de dados contra o demônio de Nietzsche, no entanto, quando N = 1, nós nos importamos apenas com um caminho. Indo mais ao ponto, nós, na verdade, nos preocupamos com o único caminho que provavelmente tomaremos. Para não dependermos da sorte, precisamos nos preocupar com caminhos em percentis mais baixos, por exemplo, a mediana.

Ao jogar contra o demônio de Nietzsche, você pode pensar que algum tipo de confusão esteja acontecendo. Talvez como na enganosa variância no pôquer ou no gamão (como sinto falta do Mayfair Club na década de 1990...), sua vantagem era uma ilusão: está lá apenas para manter o peixe jogando ("peixe" é como é chamado o jogador fraco ou inexperiente no pôquer). Mas, não, a vantagem ainda está lá, só que ela é feita para ser extremamente rara. Você pode pensar nisso como um tipo enganoso de taxa ou imposto cobrado sobre seu montante mediano (ou média geométrica) de recursos por esse demônio da vida real. É um tributo cobrado pela dinâmica multiplicativa composta, o que chamei de *imposto da volatilidade* — e é um *imposto sobre a riqueza extremamente insidioso*. É o custo geométrico para seus recursos totais quando eles descem pelas cataratas logarítmicas de Bernoulli. Quanto mais longe você for, mais difícil será de escalar o caminho de volta. Mas para quem vive apenas no espaço aritmético, é uma taxação totalmente escondida.

Na teoria da probabilidade, um processo aleatório é chamado de *ergódico* quando sua média aritmética pelo espaço amostral de todos os resultados possíveis durante dado período de tempo (conhecido como *média de conjunto*) é a mesma que seu resultado médio geométrico nesse mesmo período (conhecido como *média de tempo*).

Mas não pensaremos demais nisso, simplificaremos: a não ergodicidade efetivamente significa apenas que seu resultado

médio é muito maior do que seu resultado mediano; então, sua distribuição é muito positivamente assimétrica. Concentrar-se nessa média significa que você está se concentrando em algo que, diferentemente da mediana, espera exceder menos (e às vezes muito, muito menos) que metade do tempo. É isso.

O multiverso, então, é ergódico, pois você realmente experimenta o retorno médio aritmético evoluir de forma composta ao longo do tempo (e o resultado médio é, assim, o mesmo que a mediana). Contudo, nenhum de nós vive nesse multiverso ergódico. Somente com o demônio de Schrödinger podemos experimentar o retorno médio em muitos jogos de 300 roladas. Infelizmente, não somos um cassino. Diferentemente, somos mais como um bilhete de loteria, único (embora, neste caso, um bilhete com uma vantagem muito positiva), pois estamos em apenas um universo, experimentando apenas um jogo de 300 lances.

O eterno retorno é claramente não-ergódico. Mesmo quando temos muitas etapas de progressão composta, ou 300 jogadas do dado, em função da não ergodicidade nosso N ainda é igual a 1. É disso que acabamos sentindo *o maior peso*.

Para resumir aqui brevemente, as perspectivas dos dois demônios são mutuamente exclusivas e coletivamente exaustivas; temos que aceitar ou uma, ou outra. Nossa expectativa formada a partir do retorno do multiverso não nos dirá muito sobre o que esperar do eterno retorno. E, claro, este último representa melhor nossa realidade. A perspectiva frequentista do multiverso é uma ilusão e, portanto, será falha para nós de maneira abjeta; ele nos enganará a ponto de nos levar a fazer a coisa errada.

Como diz a música de Bob Dylan: "Amanhã nunca é o que deveria ser. Graças à não ergodicidade." Ou algo mais ou menos assim.

TRUQUE MÁGICO OU TRUQUE MATEMÁTICO?

A grande vantagem do cálculo do retorno médio geométrico é que ele evita o problema da não ergodicidade; ele mapeia e acompanha de forma real a evolução de sua base de capital ao longo do tempo, algo que se perde com a média aritmética. O retorno geométrico na verdade *é* sua base de capital — ele traduz retornos diretamente em recursos. Com o retorno aritmético você também precisa saber como é o caminho para fazer essa tradução; ele é *dependente do caminho*. A base de capital é a aposta — a coisa em si *sobre a qual* os retornos são construídos, então o foco das finanças modernas nos retornos, ignorando o que eles significam para essa base de capital, simplesmente fica sem sentido. Trata-se de algo míope e ingênuo, como se o tempo fosse irrelevante e "tudo acontecesse ao mesmo tempo".

É como um agricultor que foca no rendimento das colheitas enquanto ignora a degradação do solo. Opa, a maioria também faz isso, apoiando-se na agricultura industrial moderna de monoculturas, fertilizantes químicos e pesticidas — exceto, é claro, para aqueles que praticam agricultura regenerativa (como pastagem rotativa).

Mas quando você muda seu foco para essa base de capital e a média geométrica dos retornos, coisas mágicas podem começar a acontecer.

Então, você pode fazer a mesma coisa com seus jogos de dados demoníacos, algo um pouco mais *regenerativo* (como aqueles fazendeiros perspicazes preservando o solo)? Digamos que, em vez de sempre apostar tudo em cada jogada, você aposte apenas 40% do total de dinheiro em cada lance. Você mantém os 60% restantes à margem, sem ganhar nada com eles, e isso significa que está cortando em 60% seu retorno médio esperado anterior de 3,3% a cada lance. Logo adiante está um diagrama desse novo perfil de retorno de *risco mitigado*. Esse diagrama de "Perfil de Xs e Os" será crucial ao longo deste livro. Retornaremos a ele eternamente ao examinarmos diferentes estudos de caso. Portanto, é muito importante entendê-lo. Ele mostra o delineamento básico entre as partes variáveis de uma estratégia de mitigação de risco e como elas interagem. E, melhor de tudo, mostra o efeito do portfólio líquido agregando e enquadrando essas partes de forma correta e coerente em um todo, tudo na mesma página, como um *placar de mitigação de risco*. Ele literalmente mostra o "mapa" da mitigação de risco.

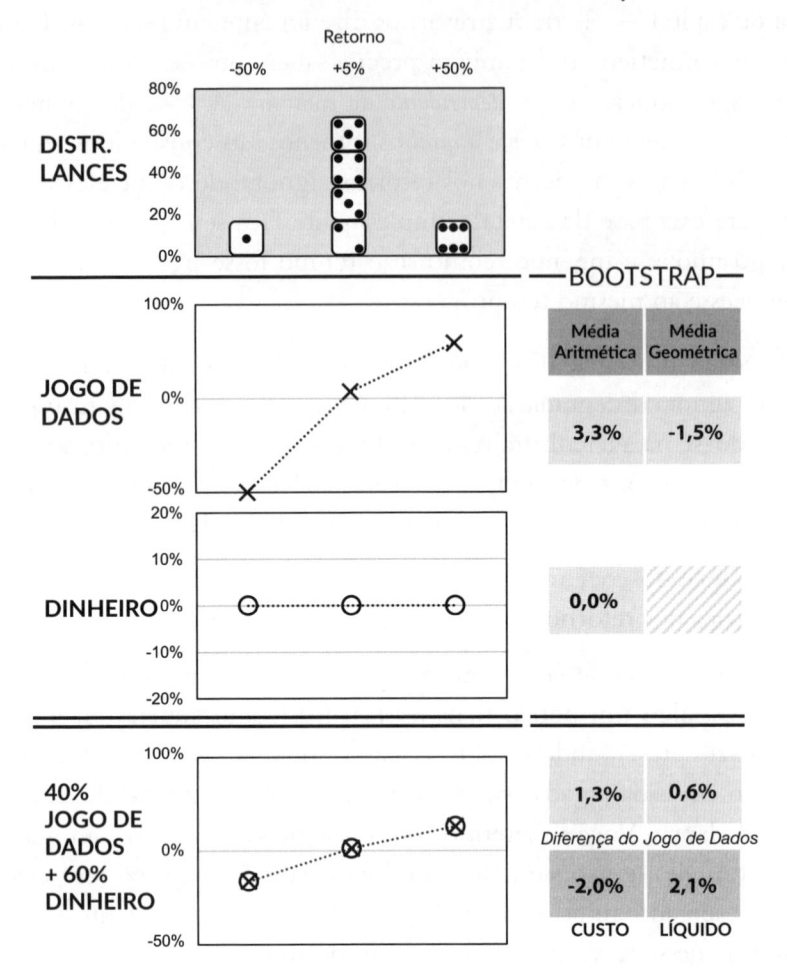

Perfil de Xs e Os: o Critério de Kelly

Observe o que está acontecendo nele. Estamos combinando o principal perfil de retorno do jogo de dados (os Xs) com o perfil de retorno em dinheiro (os Os) e obtendo um perfil de retorno combinado (os ⊗s). Se apenas aplicarmos o *VEB* de Bernoulli — ou o exponencial do retorno logarítmico médio — a esse perfil combinado, você obterá o retorno médio geométrico igual à taxa de crescimento mediano geométrico se progredir essa aposta de forma composta 300 vezes e repetir esse caminho 10 mil vezes. Se você simplesmente apostar menos de sua pilha de dinheiro a cada jogada, seu retorno médio aritmético *cai*, previsivelmente, de +3,3% para +1,3%; pense nisso como seu custo aritmético. Antes de ficar desapontado, porém, pense no que acabamos de discutir (essa coisa da não ergodicidade). A média aritmética não é o foco de nossa atenção; é o retorno médio geométrico que reflete o que acontece com a progressão composta.

Seu retorno médio geométrico *salta*, surpreendentemente, de −1,5% a +0,6%; esse é o efeito (de portfólio) líquido desta estratégia combinada. Isso é mais do que um pouco desconcertante, uma estranheza matemática. Pela nossa experiência anterior, a impressão era de que jogar esse jogo de dados era uma má ideia, ao menos pelas regras do demônio de Nietzsche. Mas, agora, parece que estamos dizendo que é um ótimo jogo, desde que você arrisque apenas uma parte de seus recursos a cada jogada. O que acontece?

Ao jogar contra o demônio de Schrödinger na terra da fantasia do multiverso, usando nossa estratégia sugerida de apostas com mitigação de risco, seu montante de recursos finais após 300 jogadas cai para 53 vezes o montante de recursos inicial, em vez de 19 mil vezes; você experimenta apenas esse custo aritmético. Todavia, ao jogar contra o demônio de Nietzsche, seu total final de recursos mediano (ou média geométrica) esperado salta de aproximadamente zero para cerca de 7 vezes seus recursos iniciais; você experimenta apenas esse efeito (de portfólio) líquido. Cada demônio claramente tem um placar diferente, e o do demônio de Nietzsche é o que importa no mundo real.

Nossa estratégia de apostas sugerida é um exemplo do que é conhecido como *critério de Kelly*, que data de 1956, e recebeu o nome de John Kelly, pesquisador do Bell Labs. Kelly apresentou esse critério como uma extensão do conceito de entropia da informação de seu colega Claude Shannon (ou o grau de informação ou "surpresa" em uma mensagem transmitida com interferência e ruído). A fórmula simples de Kelly mensurava as apostas de jogo com base em um critério: maximizar a média geométrica esperada dos recursos finais (mesmo às custas da média aritmética). Você pode pensar nela como uma formalização daquilo que Daniel Bernoulli demonstrou pela primeira vez em 1738.

E foi formalmente aplicada ao mundo dos investimentos pela primeira vez por Henry Latané em 1959, embora ele tenha sido abjetamente desprezado (dos dois, apenas Latané leu e foi muito influenciado por Bernoulli e seu artigo, que, na época, havia sido recentemente traduzido). Meus exemplos de jogos de dados neste capítulo pegam carona no importante trabalho de Latané em específico; Latané foi um pioneiro desbravador e merece muito mais crédito do que jamais teve no mundo dos investimentos.

Desde então, outros pegaram o bastão de Bernoulli, Kelly e Latané. Em 1936, foi a vez de John Burr Williams (talvez o primeiro a enfatizar a maximização da média geométrica desde Bernoulli) e, em 1960, de Leo Breiman (que mostrou que uma estratégia de maximização da média geométrica minimizava o tempo para se atingir uma meta de nível de riqueza e, juntamente, maximizava o nível de riqueza alcançado após um determinado período de tempo — e quem não iria querer isso?). Ironicamente, até mesmo Harry Markowitz, o arquiteto original da teoria moderna do portfólio em 1952, tornou-se um defensor do critério da média geométrica em 1959 (e mais ainda em 1976); mas era tarde demais; sua estrutura de teoria moderna do portfólio já havia se estabelecido, e o resto é história.

Talvez o mais notável tenha sido o trabalho magistral de Ed Thorp, que tanto escreve sobre o assunto quanto o coloca em prática, desde a década de 1960. Muito mais recentemente, Ole Peters escreveu artigos detalhados e inteligentes sobre as implicações da não ergodicidade para a teoria econômica. E, é claro, Nassim Taleb pegou o bastão em seu livro de 2018, *Skin in the Game*, tratando da não ergodicidade da média do conjunto de um período versus a média temporal de vários períodos (como Nassim escreveu, "há mais de duas décadas, profissionais como Mark Spitznagel e eu construímos toda nossa carreira nos negócios em torno [...] do efeito da diferença entre conjunto e tempo". Isso meio que resume tudo). Para uma leitura boa, mas não tão técnica sobre o assunto, veja o livro de 2005, *Fortune's Formula*, de William Poundstone; naquele ano, eu já estava há muito tempo envolvido em tudo isso, e ainda assim o livro abriu meus olhos para as implicações dessa simples distinção.

Os três de nossa tríade, Bernoulli, Kelly e Latané, tiveram sua própria versão, assim como aqueles que a levaram adiante. Mas cada um aponta para o mesmo critério de maximização da mediana geométrica do negócio do nosso comerciante de Petersburgo.

A fórmula exata de Kelly aqui nem é importante; de qualquer maneira, ela não será facilmente traduzida nas distribuições dos mercados financeiros do mundo real, cheias de nuances. A porcentagem de aposta ótima, segundo Kelly, de cerca de 40% neste jogo de dados, pode ser conceitualmente encontrada aqui movendo-se os pesos no diagrama anterior e recalculando o retorno médio geométrico ou a mediana de recursos finais para cada peso (lembre-se de que isso é muito semelhante à pesquisa iterativa que fizemos para encontrar o valor justo da aposta de Petersburgo). O peso com a maior mediana de recursos final é o tamanho ótimo da aposta segundo o critério de Kelly. Manteremos isso tudo de forma simples. Aqui está o gráfico dessa relação:

Encontrando o Valor Ótimo de Aposta (pelo Critério de Kelly)

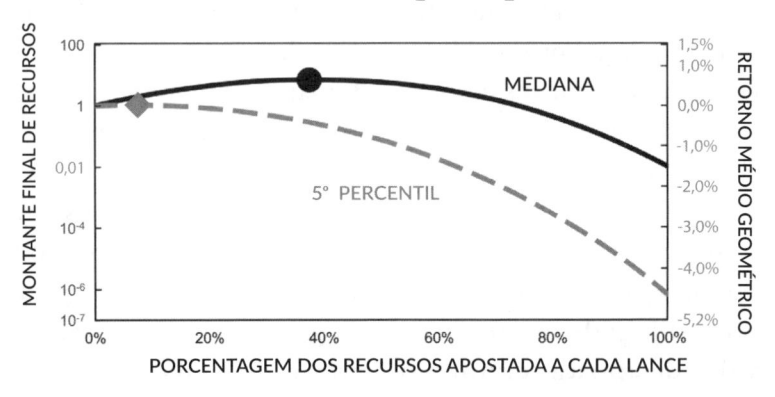

Parece que o critério de Kelly poderia ser chamado de forma mais descritiva de critério Cachinhos Dourados; deve estar *bem certo*. Deixar de lado uma parte grande do seu dinheiro é uma má ideia porque você não está apostando o suficiente; é muito conservador. Não reservar dinheiro suficiente também é uma má ideia porque você está apostando demais; é muito agressivo. Em algum lugar no meio — neste caso, pouco menos de 40% — está o ponto justo e correto. (Não pense que isso contradiz o contexto infeliz de nosso grande dilema do risco; como você verá em capítulos posteriores, não contradiz.)

Isso também mostra por que você não pode simplesmente apostar 1/300 de sua riqueza a cada lance e, assim, receber a média aritmética de 300 apostas pequenas, caso tenha ficado tentado a fazê-lo. Bem, você poderia, mas seria uma perda de tempo. Somente um cassino pode fazer isso distribuindo suas apostas em cada período (diversificando seu risco ao estilo de Daniel Bernoulli), não apenas dividindo-as ao longo do tempo, porque há muitos e muitos lançamentos de dados independentes e simultâneos disponíveis a cada período. Mas você não tem uma sala cheia de demônios nietzschianos com quem jogar partidas simultâneas e independentes (você não é um cassino).

Pode-se dizer que há uma certa arbitrariedade em selecionar o 5º percentil para se maximizar. Pode parecer bastante chauvinista em relação a outros percentis. A outra curva mais baixa no gráfico mostra o que acontece com o resultado de recursos finais no 5º percentil (o limite inferior sombreado do intervalo de confiança de 90%, no meio, nos gráficos anteriores), que significa o nível de recursos totais que você espera atingir ou exceder em 95% das vezes. Essa curva atinge um pico de pouco menos de 10% do tamanho da aposta, uma porcentagem muito menor de recursos por rolagem do que os quase 40% do pico da curva mediana, que depois cai vertiginosamente, enquanto a curva da mediana de recursos final tem mais espaço para subir com apostas maiores. A ponderação do critério de Kelly maximiza o resultado mediano, mas não os resultados realmente ruins. **Você pode ver por que os jogadores profissionais geralmente empregam um tamanho de aposta segundo o critério de Kelly "fracionário", que efetivamente maximiza resultados de percentil arbitrariamente mais baixos, como essa curva do 5º percentil (que é maximizada em cerca de 1/4 do critério de Kelly), às custas do resultado mediano.**

Esse resultado do 5º percentil é conhecido no setor de investimentos como *valor em risco*, ou VaR de 5%. Em nosso caso, no qual o espaço amostral de resultados está bem definido, esse VaR de 5% é uma excelente forma de definir o grau de risco do jogo. Afinal, definimos risco como a exposição a más contingências, ou os piores caminhos potenciais. Então pense nesses piores caminhos como a margem de segurança de Graham; quanto maior o resultado do 5º percentil, maior a margem de segurança e mais segura a aposta.

No mundo real, é claro, esses maus resultados não são tão bem definidos. Há algo de espúrio na medição do VaR de uma carteira e uma falta de robustez extremamente ingênua em sua estimativa, a ponto de seu uso poder fazer muito mais mal do que bem quando investidores se apoiam nele. Esse será um ponto muito importante para nós em capítulos posteriores. Mas para nossos jogos de dados, o VaR de 5% é um representante ideal para risco.

Como podemos ver, além do tamanho ideal de aposta do critério de Kelly, fica bem mais arriscado, e muito de uma coisa boa não é uma coisa tão boa. Você pode exagerar a mão, e acabar chegando muito perto da borda das Cataratas de Bernoulli. **No entanto, curiosamente, as ferramentas das finanças modernas insistiriam que alavancagem é algo basicamente sempre bom quando os retornos aritméticos esperados são positivos assim. Afinal de contas, a alavancagem simplesmente aumenta a média aritmética, ou retorno esperado, e não afeta a relação entre o retorno médio e o desvio padrão desses retornos.** (Um gráfico dos índices de Sharpe sobrepostos no gráfico anterior seria simplesmente uma linha horizontal — mais dinheiro grátis para todos à medida que a alavancagem aumenta e, enquanto isso, o montante final de recursos despenca.) E menos risco sempre significaria apenas menos retorno. Que desastre que essas ferramentas pseudocientíficas superficiais são! A alavancagem pode realmente matar a galinha dos ovos de ouro. (Basta perguntar aos investidores do fundo de hedge Long Term Capital Management.)

Agora pense nisso por um segundo. Se guardar 60% de sua pilha de dinheiro aumenta seus recursos no último ponto de 0 a 7 vezes seus recursos iniciais ao curso de 300 jogadas, então, isoladamente, você poderia argumentar que a taxa de retorno desse dinheiro deve ter progredido de forma composta em 0,8% fixo a cada lance — como uma anuidade fixa. Mas, na verdade, nosso dinheiro deixado de lado não rendeu nenhum juro no jogo.

Como Kelly tira um coelho de retorno geométrico mais alto de um chapéu de retorno aritmético mais baixo? É um truque de mágica, ou é apenas a matemática simples e comum de compostos? A resposta é que isso altera a dinâmica não linear e multiplicativa do jogo — em outras palavras, reduzindo a dor das más contingências (a dor da concavidade da curva) de tal forma que aumenta a contingência mediana. Sob a dinâmica multiplicativa, é muito difícil de se recuperar de grandes perdas.

E outra boa medida da melhoria com a mudança para a ponderação ideal de Kelly de um tamanho de aposta maior é a melhoria no resultado do 5º percentil que vimos no gráfico anterior. Aqui podemos ver isso ainda mais claramente em uma nova distribuição de risco mitigado, usando nossa nova estratégia de apostas segundo o critério de Kelly:

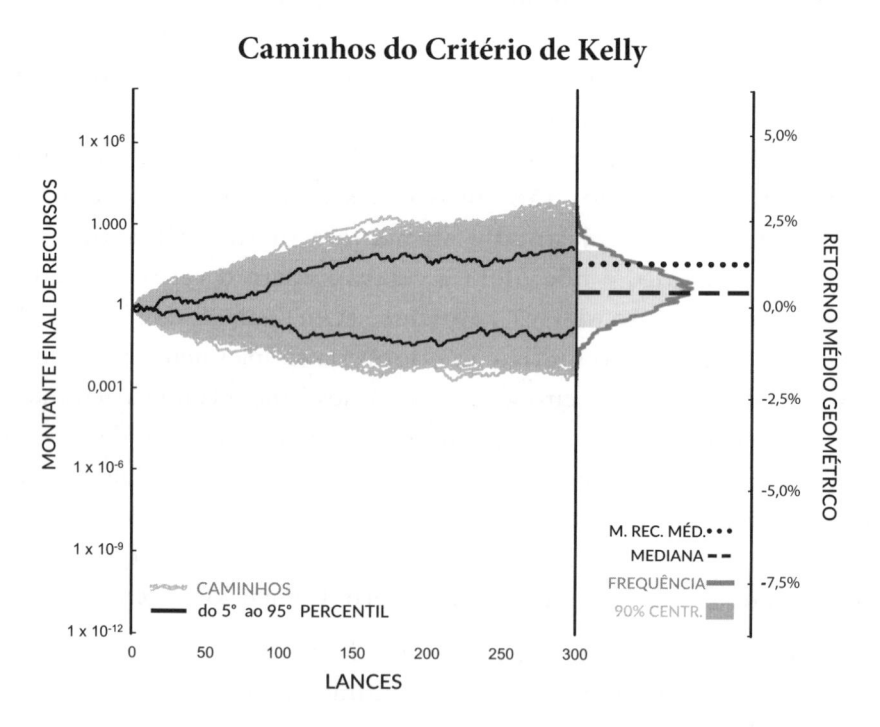

Caminhos do Critério de Kelly

E aqui segue uma visão melhor das duas distribuições de frequência, as apostas com tudo que você tem ao lado das apostas de apenas 40%, segundo o valor ótimo pelo critério de Kelly, lado a lado:

Custo Aritmético versus Efeito de Portfólio Líquido: Apostas com Tudo versus Apostas Segundo Critério de Kelly

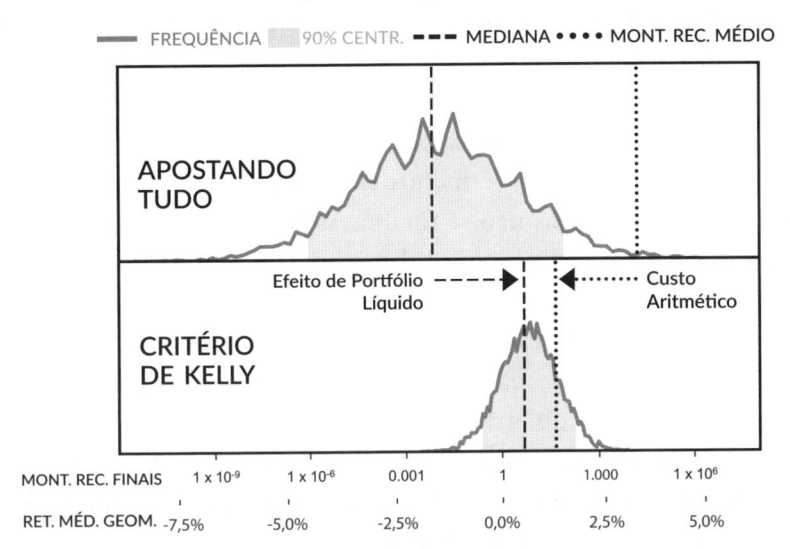

O interessante é que o retorno médio aritmético é reduzido (visível na seta que aponta para a esquerda), e com tudo o mais mantido igual, isso também reduziria o retorno médio geométrico. Mas a média geométrica ou retorno mediano, na verdade, aumenta, no que chamaremos de efeito de portfólio líquido (visível na seta apontando para a direita). **Há realmente duas forças contrárias atuando em nossa distribuição de resultados: uma visível, que o reduz — o custo aritmético — e uma oculta que o eleva — o efeito geométrico. Quando o último é maior do que o primeiro, como aqui, o resultado é um efeito de portfólio líquido positivo e uma mitigação de risco *com boa relação custo-benefício*. A tensão entre essas duas forças muitas vezes ocultas está no cerne do investimento safe haven.**

O ganho na mediana dos recursos totais da estratégia de apostas — segundo Kelly, é claro — é o que está sendo maximizado, afinal. Mas você pode ver que isso aumenta toda a distribuição. O resultado no 5º percentil (na extremidade inferior da faixa central com 90% dos resultados), por exemplo, subiu de essencialmente zero para cerca de 0,3.

Pense nisso, novamente, como um arqueiro atirando flechas em um alvo. O critério de Kelly busca aproximar sua flecha mediana da mosca (como um maior montante de recursos totais) ou torná-lo mais *exato*. E, no processo, ele comprime o *agrupamento de disparos*, o que significa que a faixa de alcance é mais estreita ou mais *precisa*. Menos flechas são perdidas em relação ao que acontecia antes — é menos entropia, precisar menos da sorte. Mas as flechas dispersas não se foram. As flechas fora da mira não são o que o critério de Kelly otimiza. Imagine Guilherme Tell — arqueiro e herói folclórico suíço do século XIV — quando é forçado a alvejar uma maçã colocada na cabeça de seu filho. Ele pode errar, mas apenas em uma direção, e a flecha perdida importa ao menos tanto quanto sua flecha mediana. Ele objetiva minimizar sua exposição à má sorte. O disparo de Guilherme Tell requer *precisão e exatidão* — mire perto, erre pouco. (Compare isso com a maximização de uma razão de Sharpe, que aumenta a precisão *às custas* da exatidão.)

Essas flechas perdidas restantes são uma crítica justa à estratégia agressiva de apostas pelo critério de Kelly, pois ainda existe uma abundância de risco. Aquele resultado de 0,3 no 5º percentil significa uma perda de 70% — então muitas coisas ruins ainda podem acontecer entre os 5º e 50º percentis de nosso novo agrupamento de disparos. Por causa disso, alguns até o chamaram cinicamente de *critério Kamikaze*. O economista Paul Samuelson foi particularmente provocativo em relação ao critério de Kelly e escreveu uma crítica jocosa usando apenas palavras de uma sílaba — tudo que ele achava que seus detratores poderiam entender. Uma passagem característica de seu artigo diz: "Não devemos tornar o log médio dos recursos grande... Quando você perde — e perderá — com *N* grande, você pode perder e muito. C.Q.D."

O que é importante reconhecer aqui, e que pode não ser óbvio, é que o sistema de Kelly de manter 60% (nesse caso) do seu montante total de recursos em reserva é o equivalente a alocar 60% deles em um safe haven. A cada lance, esse dinheiro fica lá sem juros (e supostamente sem perder valor real com a inflação); ele permanece disponível para uso, se você desejar, na próxima jogada. **Tudo o que a estratégia faz é manter seu valor para amortecer uma perda no jogo. É o que chamaremos de investimento safe haven de "reserva de valor".**

APOSTAS PARALELAS

Voltemos brevemente ao comerciante de Petersburgo de Bernoulli, do capítulo anterior. Podemos entender melhor sua situação no contexto de nossos jogos de dados demoníacos. Faremos algumas substituições: o jogador deste jogo pelo infeliz comerciante, o lançamento de dados no lugar de piratas e eventos climáticos aleatórios, a recompensa de resultados econômicos no lugar do navio cheio de carga atravessando o Mar Báltico e o demônio de Schrödinger por um corretor de seguros. Você pode começar a ver as implicações (probabilidades e retornos são um pouco diferentes desta vez, mas o argumento é exatamente o mesmo).

Quando você faz um seguro para sua casa, por exemplo, sua intenção é que a apólice pague o custo do dano ou destruição de sua casa, distribuindo o risco por muitas instâncias no multiverso. **Nesse sentido, o seguro permite que você aja como um cassino, jogando muitos jogos simultâneos contra o destino. Os destinos realmente ruins não importam mais, pois os outros destinos bons compartilham o custo.**

Entretanto, se reservar uma parte do capital em um ativo seguro e sem retorno pode realmente aumentar a taxa de crescimento composta do total, isso significa que esse ativo seguro está proporcionando algo para essa taxa de crescimento além de sua própria valorização de capital particular. Ele proporcionou algo oculto, suficiente para compensar seu custo de oportunidade.

Como estamos tentando usar esse dinheiro reservado para atenuar o impacto das perdas quando elas acontecerem, faria sentido considerarmos um contrato de seguro para entrarmos nesse jogo. Um contrato de seguro é basicamente uma aposta paralela no evento principal e não é o evento principal em si. É uma aposta nos resultados de outra aposta primária. Como ocorre nas apostas paralelas no "craps" (jogo de apostas com dois dados) ou nos esportes, ela é separada do jogo em si. É um derivativo, ou reivindicação contingente, cujo valor deriva de outra coisa (as companhias de seguros se esforçam muito para garantir que os pagamentos do seguro não sejam apostas reais, como no caso de alguém fazer uma apólice de seguro de vida para outra pessoa cuja morte não o afete).

Considere este diagrama de um perfil de retorno com *risco mitigado* e distribuição de probabilidade de uma aposta paralela de seguro, em que o contrato de seguro paga 500% do seu prêmio quando um 1 surge no dado e perde 100% do prêmio para qualquer outro número:

Perfil de Xs e Os: Seguro

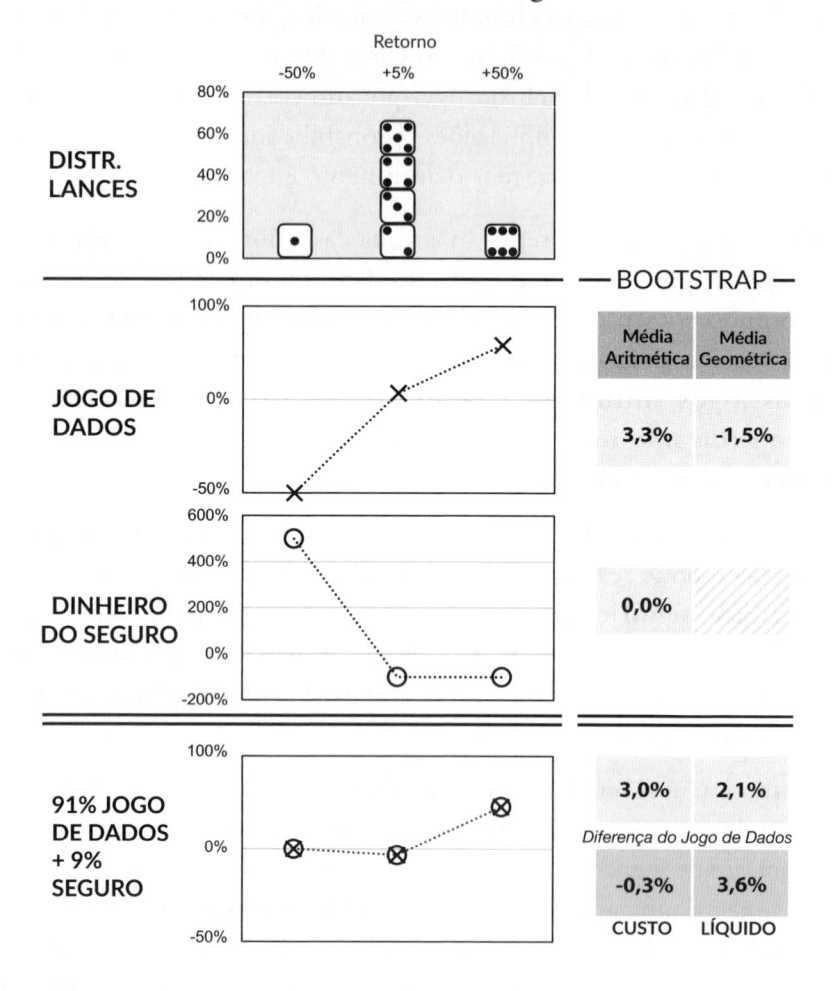

Observe, novamente, que precisamos apenas descobrir o retorno médio geométrico do perfil de retorno ⊗ combinado para encontrar o retorno médio geométrico esperado — e o retorno mediano geométrico – de jogarmos 10 mil vezes esse jogo.

Compare esse diagrama de perfil "Xs e Os" com o gráfico anterior e você conseguirá ver que o novo retorno do seguro substitui a estratégia anterior de simplesmente deixar o dinheiro reservado. Aqui, apenas com um lançamento em que sai um 1, você terá um lucro limpo de 500% em sua aposta paralela no seguro. Caso contrário, você perde toda sua aposta paralela. A média aritmética desse pagamento de seguro, especificamente, é exatamente zero. Claramente, como era de se esperar, o retorno médio geométrico desse retorno é -100% (pois sempre que você multiplica qualquer número por zero, ou resolve 1-100%, o resultado é zero), como também é seu retorno mediano. Isso pode não soar lá muito bom até você se lembrar que não é de forma alguma uma aposta de todos os seus recursos, uma aposta independente, como você pode ver. Esta é uma aposta paralela que funciona como um contrato de seguro em sua aposta original.

Por exemplo, pegaremos o último esquema de apostas que você fez contra o demônio de Nietzsche, o sistema de apostas de Kelly, onde você aposta apenas 40% do total de dinheiro em cada jogada e guarda os 60% restantes no cofre de dinheiro vivo como safe haven de reserva de valor. Exceto que, desta vez, você apostará 91% do dinheiro restante em cada rolada, e alocará 9% na aposta paralela do seguro. O demônio de Schrödinger fará o favor de assumir o outro lado de sua aposta no seguro, enquanto o demônio de Nietzsche será mais uma vez seu oponente no jogo de dados original.

Aqui temos mais um exemplo de investimento safe haven. **Este exemplo não apenas mantém seu valor, mas fornece um alto *retorno condicional* — condicional aos resultados do jogo — para amortecer uma perda desse jogo. É o que chamaremos de *safe haven de seguro*.**

Desta vez, seu retorno composto esperado após 300 rolagens *salta* de -1,5% (o que implica em um montante final de recursos de cerca de zero) para +2,1% (o que implica em um montante final de recursos de cerca de 495 vezes seu montante inicial). E, ainda assim, seu retorno aritmético *cai* de +3,3% para +3,0%. Em comparação com a estratégia de apostas de Kelly, a média aritmética cai previsivelmente menos, já que estamos alocando menos, para uma aposta paralela de retorno médio de 0%. Mas o retorno médio geométrico dá um salto muito maior — graças ao efeito de mitigação de risco — e, como já sabemos, esse é o retorno que realmente importa.

E observe que, assim como o dinheiro colocado de lado a cada jogada na aposta de Kelly rendeu precisamente zero, a alocação na aposta paralela do seguro, em média, rendeu o mesmo (afinal, é apenas um seguro). Para que essa alocação de 9% aumente seus recursos finais de 0 para 495 em 300 lances, você pode calcular que a taxa de retorno desse dinheiro deve ter sido uma taxa composta fixa de 2,9 % a cada rolagem — novamente, como uma anuidade fixa. Mas, na verdade, rendeu apenas 0% em média.

Estamos tirando um coelho de retorno geométrico ainda mais alto de uma cartola de retorno aritmético mais baixo.

Assim como encontramos a ponderação ótima pelo critério de Kelly da última vez, podemos encontrar o peso ideal para se alocar ao seguro alterando os pesos no diagrama anterior e calculando o retorno médio geométrico de apenas um lançamento do dado. Segue o gráfico dessa relação:

Encontrando o Valor Ótimo de Aposta
(com o Restante do Saldo Alocado em Seguro)

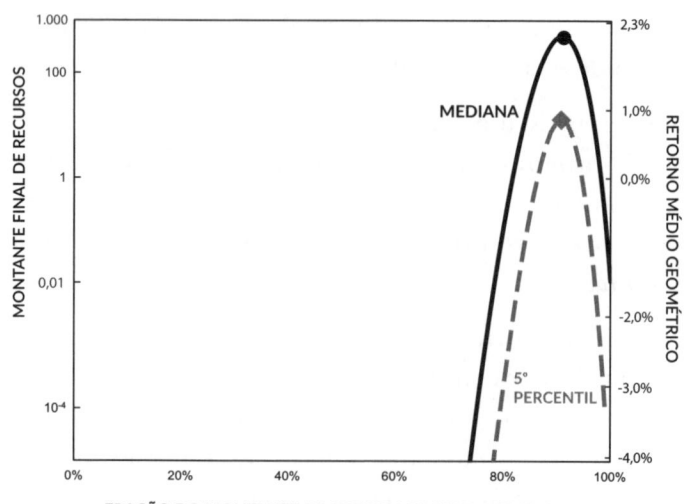

FRAÇÃO DO MONTANTE DE RECURSOS INICIAL APOSTADA
(COM O RESTANTE DO SALDO GASTO EM UM SEGURO)

Mais uma vez, vemos os pesos de Cachinhos Dourados, nem muito quentes, nem muito frios. Você pode pesar demais sua mão. Muito de algo bom já não é mais uma coisa boa; mas, para o seguro, "demais" acontece em uma alocação muito menor (ou com um valor de aposta principal muito maior). Não é necessário reservar muito para o seguro. **É como temperar com sal — apenas uma pitada é o ingrediente mais importante do prato, e mais do que uma pitada** *pode estragar o prato.*

Mas aqui vemos que, ao contrário dos pesos ótimos pelo critério de Kelly, a ponderação do seguro maximiza aproximadamente *tanto* o resultado final da mediana *quanto* o do 5° percentil. Além disso, ao maximizar essa faixa de resultados percentuais, você também está maximizando a probabilidade de exceder todos esses resultados de recursos finais — e diminuindo o tempo esperado para superá-los (como sabemos através do trabalho de Breiman, em 1960). Samuelson teria ficado muito feliz, pois "você não pode mais perder muito".

Caminhos do Seguro: Apenas a Pitada Certa de Mitigação de Risco

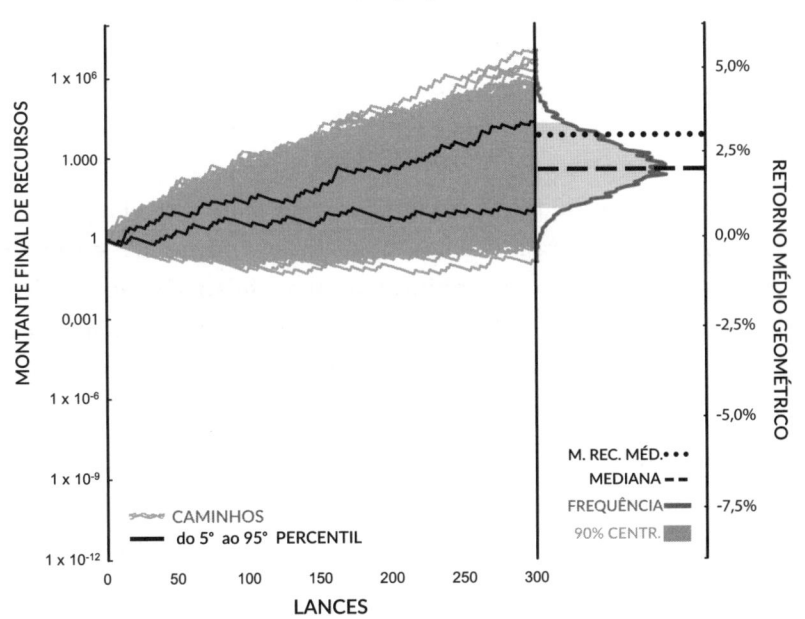

Desta vez, podemos ver que a nuvem de caminhos do espaço amostral forma uma distribuição de frequência de resultados de recursos finais muito diferente daquela do jogo original e da estratégia de apostas pelo critério de Kelly. Esse seguro com preço justo e retorno zero elevou de forma contraintuitiva a mediana do montante de recursos finais, mas, talvez ainda mais significativamente, também elevou o 5º percentil para um nível aceitável, de essencialmente 0 no jogo original para 20 com seguro. **A estratégia aumentou, e até mesmo aproximadamente maximizou, uma *estimativa de intervalo* dos valores percentuais, em vez de uma *estimativa pontual* arbitrária. Como na estratégia de Kelly, você melhorou sua *precisão* ao comprimir o agrupamento de disparos — e também melhorou drasticamente sua *exatidão* ao aproximá-los todos do alvo. Mirando mais perto, você erra menos. Este é o lance de Guilherme Tell — precisão e exatidão, comprimindo e elevando todo o espaço de amostra, e dispensando o fator sorte.**

Na página seguinte, podemos ver essa vantagem para a aposta segurada, comparando novamente as distribuições de frequência lado a lado, desta vez as apostas de valor total junto das apostas ajustadas ao critério de Kelly de 40% e das apostas seguradas.

Desta vez, à medida que passamos das apostas de Kelly para as apostas seguradas, o custo aritmético realmente diminui (o que pode ser visto pela seta de custo aritmético apontando para a direita) enquanto o efeito de portfólio líquido também aumenta (algo visível naquela seta também apontando para a direita). **Esse lance duplo de economia nos custos aritméticos associado a um efeito de portfólio líquido maior é o que chamamos de estratégia *economicamente dominante* — e a economia de custos verdadeiramente ajuda a nos levar ao efeito líquido.**

Todas as perdas de 50% ao se tirar um 1 foram mitigadas, à custa de 9% para todos os outros lances. E, em média, essa aposta segurada acabou empatada. Mas e se diminuirmos o retorno do seguro, de 500% com o lançamento do 1 para algo mais baixo — o que significa reduzirmos o retorno aritmético da aposta independente paralela do seguro para baixo de 0%, de modo que o seguro seja lucrativo para o corretor, e simultaneamente aumentarmos o peso do seguro (para mais de 9%), para que a aposta principal permaneça totalmente protegida (ou perca 0%) se tirarmos o 1 no dado? Qual é o valor desse seguro? Quanto você estaria disposto a "pagar a mais" ao demônio de Schrödinger para garantir seu vício de jogo?

Apostas Totais versus Apostas de Kelly versus Apostas Seguradas

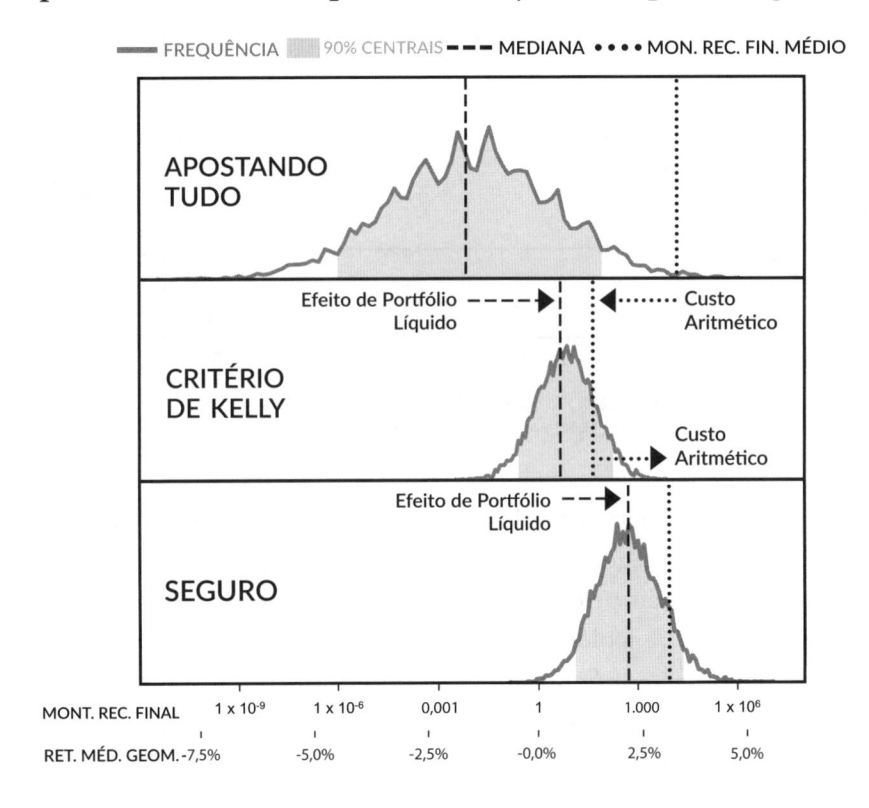

Aqui está um gráfico do retorno geométrico esperado ou mediano dessa estratégia agregada correspondente a diferentes retornos aritméticos da aposta de seguro independente paralela (usando nossa metodologia de reajuste dos pesos para mitigar nossa pior jogada de dados):

Soma Não Zero: Taxa de Crescimento Mediana da Estratégia com Seguro para Resultados de Seguros Independentes Diferentes

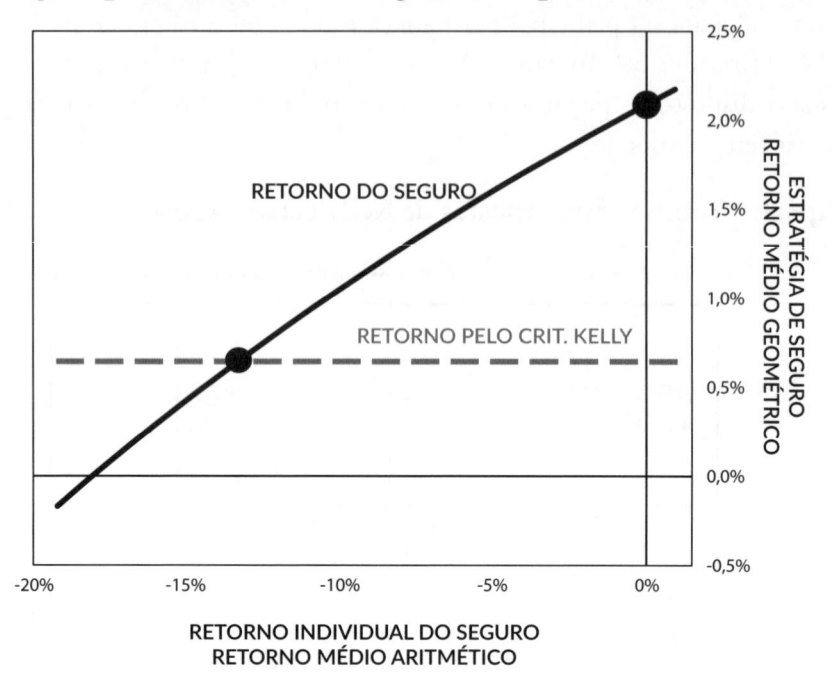

RETORNO INDIVIDUAL DO SEGURO
RETORNO MÉDIO ARITMÉTICO

O retorno aritmético por lance desse seguro pode cair em até –13% antes que o retorno geométrico da estratégia caia para o nível da estratégia de ponderação pelo critério de Kelly. E com um retorno médio de seguro de –10% (colocando um lucro alto no bolso do corretor de seguros demoníaco de Schrödinger, a propósito), o retorno geométrico por lance para o segurado ainda é de cerca de 1%. Isso é o que o comerciante de Petersburgo nunca viu ao considerar se deveria segurar seus carregamentos contra piratas e mar revolto: o **seguro certamente não é um jogo de soma zero**.

Talvez Bernoulli devesse ter descrito a *concavidade logarítmica da curva* de sua função objetiva como uma advertência da natureza, para se deixar de lado totalmente os dados, ou *fazer seguro* ao jogá-los.

UMA PISTA DO TESOURO

Vamos resumir o que você viu em nossos jogos dedutivos de dados até este ponto (e se você pulou a matemática, pode compensar o atraso aqui, embora isso signifique que terá que *confiar em mim*, e ainda perdeu todas as revelações dramáticas — coitado de você!).

Para começar, você viu o que a dinâmica de compostos significica para a mitigação de riscos. Mais especificamente, você viu como a dinâmica multiplicativa de ganhos e perdas, expandindo-se de forma composta vez após vez, o leva a seu montante de recursos em um dado momento; e você viu como as mudanças nessa dinâmica por meio da mitigação de risco podem afetar a taxa de crescimento esperada dessa progressão por composição. Quanto maior a perda, mais ela diminui de forma incremental e desproporcional essa taxa de crescimento, mais do que apenas a quantidade visível dessa perda. **Nem todas as perdas, nem todos os riscos são criados da mesma forma, portanto, nem todas as mitigações de risco são geradas de modo igual.**

Nosso objetivo como investidores é maximizar a taxa pela qual aumentamos de forma composta nossos recursos ao longo do tempo, com nosso único resultado realizado. Este é um dos nossos primeiros princípios de investimento, o que hoje conhecemos como o princípio de investimento de Daniel Bernoulli. E isso implica aumentar ou maximizar nossa expectativa da média geométrica — ou a mediana, e também, melhor ainda, todos os outros percentis — de todos os nossos resultados potenciais de montante final de recursos. Para fazer isso, precisamos da função logarítmica côncava como nossa função objetiva. Não mergulhe nas Cataratas de Bernoulli!

Simplificando, precisamos de uma estratégia de mitigação de risco que torne nossos retornos mais precisos e exatos, para vencer a sangrenta "guerra contra a sorte".

O melhor de tudo é que você viu o mecanismo fundamental que faz isso entrar em ação — o mecanismo subjacente ao negócio do comerciante de Petersburgo e essencialmente toda neutralização de risco econômico. Você já viu isso em duas estratégias básicas de investimento safe haven: o safe haven de reserva de valor (ou estratégia otimiza-da segundo o critério de Kelly) e o safe haven de seguro. Essas duas estratégias representarão as duas extremidades do variado espectro de mecanismos safe haven. Como veremos na Parte Dois, **no mundo real, quando existem investimentos safe haven com boa relação custo-benefício como esses — *se é que existem* — eles se enqua-dram em algum ponto desse espectro. E dependendo de onde eles caem, podem ser muito diferentes um do outro quanto à relação custo-benefício.**

Mais importante ainda, agora temos o mecanismo dedutivo para estabelecer nossa hipótese de safe haven.

Estamos empreendendo uma caça ao tesouro. Temos uma bússola, voltada para o norte verdadeiro — maximizar nossa taxa de crescimen-to composto. Ainda estamos procurando nosso mapa, que nos levará a esse tesouro indescritível enterrado. Mas sabemos que estamos chegan-do perto.

Parte Dois
Aquilo que Vem Depois

Uma Taxonomia

ESSENCIALISMO

O que faz de um investimento safe haven um investimento safe haven? Como classificamos um investimento como safe haven de um não safe haven, e, especialmente, como diferenciamos um safe haven bom de um "não tão" bom?

Essas perguntas vão diretamente ao cerne do nosso objetivo como investidores: aumentar a riqueza *por meio* da mitigação do risco. É importante nos lembrar por que grande parte daqueles no mundo dos investimentos nos convenceria de que isso não é possível. No modo de pensar deles, a mitigação de riscos é um mal necessário — uma punição, por assim dizer — executada em nome da prudência; eles aceitam maus resultados, em nome da segurança contra maus resultados. Assim, como acreditamos que é, de fato, possível aumentar a riqueza enquanto se mitiga o risco, é melhor ter certeza de que estamos escolhendo o investimento safe haven ideal para a tarefa, um que consiga dar conta dela. Não podemos confiar nos seguidores da teoria moderna do portfólio para nos dizer o que fazer; aqueles que ao menos conseguem reconhecer a pergunta, não podem respondê-la com as ferramentas superficiais que têm à disposição. E se nós ingenuamente esperarmos que alguém nos dê de presente um investimento seguro, bem embalado em uma caixinha com laço, enquanto diz, "confie em mim — isso aqui funciona", então podemos também abandonar o rigor científico de nossos jogos de dados demoníacos e ir jogar dados em alguma espelunca no fim de um beco sem saída.

Não; nós temos que fazer o trabalho duro (mas tenha coragem, não é tão difícil assim) de investigar nossas perguntas: os "quês" e os "comos" dos investimentos safe haven e como eles podem ser comparados uns contra os outros. Estamos nos fortalecendo com as ferramentas dos naturalistas — mais uma vez de Aristóteles, o primeiro. E para realizarmos essa tarefa, precisaremos da taxonomia correta — para nomear, descrever e classificar as "criaturas" entre nossos investimentos safe haven. Precisamos de uma linguagem específica e do entendimento de sua importância porque estamos embarcando em algo que, honestamente, a maioria dos investidores (e isso inclui os profissionais) nunca pensa muito em fazer.

Veja você, as pessoas tendem a aceitar a classificação de investimentos safe haven pelo falatório comum. Pense em nossa definição anterior como uma recompensa que mitiga o risco ou as más contingências econômicas potenciais em um portfólio; como tal, um investimento safe haven com boa relação custo-benefício é aquele que, além disso, aumenta a riqueza ao longo do tempo. Mas como reconhecemos a capacidade de um investimento fazer isso *antes* que ele o faça? (O que adianta saber *depois*?) Há algo de particular neles — alguma essência, ou linhas de demarcação que os definam pelo que são?

Mais amplamente, a qualidade de safe haven é mesmo uma coisa classificável — o que chamaríamos de um "tipo" ou um grupo com características comuns? Se for o caso, esse tipo é basicamente uma bolha homogênea? E se não for, **como poderemos organizá-los em suas variantes para que possamos entendê-los melhor e, acima de tudo, usá-los?**

Os biólogos lutaram com problemas de classificação semelhantes quando o assunto eram as espécies, ou o *problema das espécies*: como havia muitas maneiras inconsistentes e sem resolução para se dividir a biodiversidade em grupos de espécies diferentes — algo conhecido como *conceito de espécie* —, então como podemos dizer o que é uma espécie, ou mesmo se espécies existem?

Essa noção de essências vem da visão *essencialista*, que remonta a Platão e a Aristóteles. Eles definiram espécie como um agrupamento de acordo com essências fixas ou propriedades "essenciais". A teoria de ideias ou formas de Platão era a versão perfeita, idealizada, ficcional de todas as confusas instâncias dessa ideia no mundo real. Essa bagunça era composta apenas das propriedades "acidentais", enquanto a forma pura simplificada era a coisa essencial que valia a pena entender. Platão via essas formas como a única realidade verdadeira; o mundo real era nada mais que uma ilusão povoada por cópias imperfeitas dessas formas. De sua parábola da caverna, somos prisioneiros que só podem ver sombras projetadas nas paredes da caverna, não as verdadeiras formas projetando essas sombras do lado de fora. Então, se ele estiver certo, pode fazer sentido tentar decifrar o que é essencial nas coisas.

É uma boa ideia: filtre as coisas acidentais e crie uma imagem simplificada, limpa e pura. Uma vez entendendo a essência da imagem, você entende a coisa em si, e assim segue o raciocínio.

O objetivo de tentar classificar as coisas em "tipos naturais" é fazer generalizações de acordo com propriedades características que todos compartilham e que são "necessárias e suficientes" para que sejam exemplares do tal tipo. Isso é o que Platão, de forma notável e um pouco macabra, chamou de "cortar a natureza em suas juntas" — entender as coisas dividindo-as em suas formas mais naturais e essenciais.

A primeira tentativa sistemática de classificar os seres vivos foi levada a cabo pelo aluno mais conhecido de Platão, Aristóteles (o primeiro cientista de verdade do mundo, que era antes de tudo um biólogo). A categorização e o agrupamento de coisas por essa forma essencialista têm sido a base do pensamento e da descoberta de naturalistas e cientistas em geral desde então. Foi a motivação para a ciência da classificação conhecida como taxonomia — a estrada para o conhecimento, composto pela organização de coisas ou conceitos semelhantes para que, assim, sejam entendidos.

O sistema de classificação básico de Aristóteles é usado ainda hoje. Mas ele nunca ditou exatamente como fazê-lo, supostamente por ter visto como o método era frágil: "É impossível determinar as linhas exatas de demarcação, e, assim, de que lado uma forma intermediária deve ser alocada." (Na verdade, ele nunca tentou definir uma "espécie" além da dos seres humanos.)

O pensamento essencialista de Aristóteles lidava menos com "propriedades" essenciais e mais com "funções" essenciais (o primeiro princípio de tudo, até nos investimentos). Seu foco não estava nos atributos essenciais peculiares em si, mas em como esses atributos e as partes interagiam entre si e com o ambiente. As essências eram definidas, então, de acordo com o grau de sucesso no funcionamento e desenvolvimento de organismos dentro de seus ambientes — algo mais conhecido como *essencialismo funcional*.

Nesse sentido, Aristóteles e seu colega naturalista e biólogo do século XIX, Charles Darwin, tiveram mais em comum do que se costuma pensar (além das contemplações dos dados de Aristóteles e das partidas de gamão noturnas de Darwin). De início, Darwin não estava muito convencido sobre a existência de espécies. Em particular, a *diversidade e a mudança* eram tão impactantes que não era possível pensá-las como algo estático. Isso o levou, é claro, a uma teoria da seleção natural, e à sua obra *A Origem das Espécies*.

O que Aristóteles e Darwin observaram no mundo natural pode nos guiar em nosso estudo de investimentos safe haven. A *diversidade e a mudança* nas espécies de safe haven são tão grandes que também podem formar novas espécies. Seus exemplares têm seus próprios fenótipos, tornando alguns muito mais vantajosos ou rentáveis em termos de relação custo-benefício (ou seja, *aptos*) do que outros. Assim, temos nosso próprio problema das espécies de investimentos safe haven: podemos identificar uma "essência" nesses investimentos e usá-la para os classificar? Ou são todos individualizados — cada um tem um tipo?

Para complicar ainda mais o problema, nossas classificações são um alvo em movimento. Características essenciais dos investimentos safe haven podem surgir em um ponto no tempo e depois desaparecer, assim como as características biológicas podem mudar com o tempo. Tratá-las como algo fixo — como as essências imutáveis de Platão, e como muitos fizeram ao considerar as espécies antes de Darwin — é sucumbir ingenuamente à falácia retrospectiva dos investimentos safe haven.

Mas se não os pudermos classificar por suas características essenciais, será impossível ver se os "chutes" que fizemos até agora sobre como funciona o jogo de dados realmente concordam com investimentos safe haven verdadeiros. Se não conseguirmos chegar longe assim, então tudo isso foi apenas mais do mesmo teatro financeiro — mais narrativas ambíguas acerca da mitigação de risco ou, pior ainda, mais um exercício acadêmico sobre o tema. Para colocar em termos diretos, se não podemos identificar os investimentos safe haven que sejam rentáveis, então eles são apenas lugares para se esconder — como um navio no porto ("Um navio no porto está seguro...").

MAIS DIFERENTES DO QUE SEMELHANTES

No Capítulo 1, eu lhes apresentei Nana, minha cachorra que pode ser boa em caçar marmotas, ou não. Na verdade, temos três cães (ou melhor, eles nos têm): Jojo, Gigi e, claro, Nana. Mas eu sempre prefiro chamá-los de Moe, Larry e Curly — coletivamente, "Os Três Patetas". Moe é o pug valentão e palhaço; Larry é o shih tzu letárgico com pelagem de esfregão; e Curly é a adorável e rechonchuda bernesse (o que não parece impedi-la de massacrar as marmotas). Há uma semelhança peculiar entre eles, em seus cômicos hábitos. E essa é meio que a única coisa que eles têm em comum. Ao olhar para eles, se você não os conhecer melhor, talvez nem suspeite que são raças diferentes dentro da mesma espécie de *canis familiaris*.

Há o pug com cara de macaco misturado com sapo, o shih tzu parecido com um gato e, claro, a fera heráldica de Berna, o urso bernesse. Essas são suas propriedades acidentais, variadas e distintas, que ainda lhes permitem ser cães. A característica canina, o pouco que eles têm, é sua propriedade essencial. É o necessário e suficiente para fazer de cada um deles um cão. No caso dos Três Patetas, não está claro o que é. Mas alguém teve que decidir quais qualidades são essenciais e quais são acidentais. Que características contavam e por quê. A problemática das espécies se torna aguda no caso dos Três Patetas porque eles são mais diferentes do que semelhantes. (Existe o conceito de espécie biológica definido pela capacidade de reprodução entre indivíduos, mas, mesmo assim, imaginar um pug bernesse é no mínimo cognitivamente dissonante.)

Entre as estratégias de investimento, o melhor exemplo desse problema de classificação é o investimento em valor. O conceito iniciado por Benjamin Graham trata da compra de títulos baratos em relação ao seu *valor intrínseco* — e muito boa sorte para se chegar a um acordo sobre o significado de valor intrínseco. No caso de Graham, isso significava principalmente valor contábil ou o valor tangível dos ativos de uma empresa. Para Graham, comprar barato no book de ofertas, muitas vezes, significava comprar "pontas de charuto", como Warren Buffett chamava empresas que estavam em sua última tragada, e precificadas de acordo. Essas empresas normalmente têm margens de lucro muito baixas e retornos muito baixos sobre o capital investido. Na verdade, as avaliações de valor mais básicas tendem a se alinhar com esses baixos retornos sobre o capital investido. Mas diga isso a Warren Buffett, considerado o maior investidor em valor de todos os tempos, e que define valor de ações explicitamente com base em *altos* retornos sobre o capital investido. O valor intrínseco de uma empresa é elevado por retornos percebidos mais altos sobre seu capital, e isso pode agregar valor ao preço de suas ações. É difícil encontrar uma essência dessa espécie de ações de valor. Elas são muito diferentes, e essas diferenças estão sempre em fluxo; muitos "acidentes" acontecem. O valor pode se tornar um engano.

Pode ser ainda mais difícil de se encontrar a essência dos investimentos safe haven. E, no entanto, as pessoas despreocupadamente os classificam dessa maneira.

Eles são um conjunto mais heterogêneo do que homogêneo. Como veremos, **nem todos os investimentos safe haven são criados da mesma forma. De fato, nem todos os safe haven são ao menos "refúgios seguros" — e certamente muito poucos, se o forem, têm um custo-benefício favorável.**

Mas somos nós mesmos os encarregados de descobrir isso, e ao menos estabelecer um critério para avaliá-los uns contra os outros.

FENÓTIPOS

Precisamos de um *conceito de investimento safe haven*, ou definições para determinarmos se algo deve ser incluído nessa categoria. Precisamos descrever aquela forma essencial de investimento safe haven simplificada. Começamos com fenótipos — a expressão de traços ou respostas observáveis de um organismo conforme ele interage com seu ambiente. Essa também é a melhor maneira de abordar a essência dos investimentos safe haven de forma simplificada. O modo como um investimento safe haven interage com seu ambiente, ou seu essencialismo funcional, é outra maneira de se descrever seu retorno em relação à dinâmica do ambiente macroeconômico mais amplo que ele habita. Vimos os retornos definidos anteriormente em nossos jogos de dados como retornos *condicionais relativamente a* outros eventos, como lances de um dado. Os retornos foram caracterizados por suas *formas*, em relação a essa amplitude de resultados. O retorno de um investimento safe haven não é diferente. Começaremos com retornos simplificados definidos em apenas duas dimensões: durante uma crise e em um momento sem crise.

Vimos na Parte Um os dois extremos do espectro de retornos de investimentos safe haven: a reserva de valor e o pagamento do seguro. No meio desse espectro, adicionarei outro ponto de dados, aquilo que chamo de retorno de um investimento safe haven "alfa".

A tabela a seguir é nosso conceito de safe haven:

Taxonomia de Três Protótipos de Safe Haven

	RETORNO DURANTE CRISE	RETORNO SEM CRISE	TIPO DE RENDIMENTO
SAFE HAVEN DE RESERVA DE VALOR	+ ou 0	+ ou −	"Baixa Correlação"
SAFE HAVEN ALFA	+	+ ou −	"Correlação Negativa"
SAFE HAVEN DE SEGURO	+++...	−	"Convexidade" ("Superlucro de Crise")

Essa taxonomia de variantes de investimentos safe haven representa todo o espectro de retornos de investimentos safe haven que podemos esperar ver no mundo real, que é *bem mais confuso* — e normalmente tem *híbridos* entre essas diferentes variantes. Como podemos ver, a propriedade essencial desses três protótipos de safe haven é sua recompensa durante (ou exposição a) uma crise financeira. Como tal, eles representam formas de retorno cada vez mais não lineares ou curvas.

A recompensa da reserva de valor é, em essência, destinada a ser um pouco fixa no tempo e espaço, como uma anuidade ou mesmo um ativo real improdutivo. A chave é ter baixa ou nenhuma correlação, como dizem — embora eu prefira dizer *sensibilidade* — à exposição sistemática. Assim, ele proporciona um amortecimento e recursos de alta liquidez caso ocorra uma crise. É basicamente uma questão de diluir o risco.

O retorno alfa é como a reserva de valor, só que agora se espera que sua correlação seja negativa. Isso significa que, especificamente durante uma crise, espera-se que ele gere algum tipo de retorno positivo. Pense nisso como a dinâmica de fuga para qualidade que tendemos a associar a investimentos safe haven, fazendo com que eles valorizem durante uma crise.

A última parada em nosso espectro de investimentos safe haven, o retorno do seguro, é um caso muito mais extremo que o do retorno alfa. O investimento safe haven de seguro precisa especificamente obter um grande lucro em uma crise, em relação às suas pequenas perdas esperadas ao longo do resto do tempo — ou um alto retorno de pagamento em caso de crise, ou sinistro, por unidade de custo. Em outras palavras, ele precisa ser altamente *convexo* em crises. A melhor maneira de se descrever essa ideia de convexidade é um retorno explosivo. Em troca de um determinado valor pago (na forma de um prêmio de seguro), você recebe um pagamento de seguro quando ocorre o evento contra o qual está segurado (a crise ou um acidente). E o grau de assimetria entre esses dois valores (um alto, outro baixo) tem proporção direta ao grau de convexidade desse retorno.

Isso é semelhante à força explosiva que é tão necessária para o desempenho esportivo, para a saúde geral, para caçar o jantar etc. Essa energia, nas palavras de Pavel Tsatsouline, "exige uma mistura precisa de força e velocidade". Treinamentos para esse tipo de força levam ao que ele chama de "efeito 'meu deus do céu'" — não muito diferente do que veremos mais tarde na explosividade do retorno de pagamento de seguro.

Como meus Três Patetas, essas três simplificações são, em muitos aspectos, mais diferentes do que iguais. E veremos bem mais à frente que esse é frequentemente o caso, mesmo dentro dessas variantes. (Meu par de pugs anteriores, Papageno e Papagena, os precursores de JoJo, também não poderiam ser mais diferentes; pugs nova-iorquinos neuróticos contra o pug caipira pastelão.)

Vamos adicionar um pouco mais de especificidade a essa taxonomia de investimento safe haven criando representações simplificadas desses três protótipos de retornos — nosso espectro de investimentos safe haven. Eles são definidos de acordo com retornos simultâneos no +§. Assim como o S&P 500 no qual se baseia, o SPX é um índice do mercado de ações das 500 maiores empresas de capital aberto dos EUA, ponderado por seus respectivos níveis de capitalização de mercado. É seguramente o índice mais aceito e apropriado, o indicador de desempenho das ações das maiores empresas norte-americanas e, portanto, da macroeconomia de uma forma geral.

A seguir vão "modelos de brinquedo" do perfil de retorno de cada investimento safe haven. Como as formas essenciais de Platão, são uma simplificação, mas sem qualquer perda em seus significados:

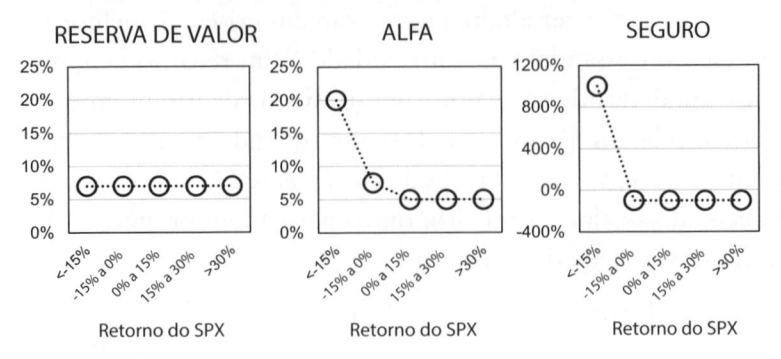

Três Perfis de Retorno de Protótipos de Safe Haven Simplificados (por Retornos Simultâneos do SPX)

Cada um dos três protótipos de investimentos safe haven simplificados tem sua dinâmica simples agrupada em quatro faixas correspondentes de retornos totais anuais sobre o SPX, tal como fizemos com os três agrupamentos em nossos jogos de dados (pense neles como pagamentos de contingências contratuais, sem ruído ou risco de contrapartida).

As faixas de retorno do SPX foram escolhidas como cenários subjacentes para definirmos os diferentes retornos desses perfis de investimentos safe haven, porque são substitutas naturais para as exposições sistemáticas em um portfólio. Ou seja, o SPX representa o próprio risco que estamos tentando mitigar em um portfólio; ele cumpre bem a tarefa de capturar os ganhos e perdas decorrentes de uma exposição ampla a ações e também a crescimento e contração macroeconômicos em geral.

O protótipo de reserva de valor à esquerda gera um retorno fixo de 7% por ano (como uma anuidade), independentemente do retorno do SPX. Ou, como poderíamos dizer, fornece um retorno constante com correlação zero com o SPX em uma crise.

O protótipo alfa, no centro, gera um retorno nominal anual de 20% no fundo do poço da crise (quando o SPX está abaixo de 15% ou mais para o ano), 7,5% no segundo agrupamento (quando o SPX está abaixo de 15%), e 5% nos outros dois. Ele fornece uma boa correlação negativa em uma crise e é sempre positivo (essa é obviamente uma versão altamente idealizada deste safe haven alfa — o que qualquer investidor escolheria, para o bem ou para o mal). Isso parece um pouco com o desempenho pretendido de estratégias sistemáticas de negociação de commodities por consultoria de acompanhamento de tendências (CTA), estratégias *macroglobal* e de *longa volatilidade*, ou mesmo ouro. E também parece uma opção de venda "at--the-money" [quando os valores de exercício da opção e o valor subjacente do título são iguais] no SPX, em que, na verdade, *paga-se* para ter um ativo.

O protótipo de seguro à direita proporciona um lucro explosivo de 1.000% no agrupamento da crise e perde 100% ano sim, ano não (sempre que o SPX não cair 15% ou mais). Como podemos ver, é altamente não linear ou convexo para crises — do tipo "disparo de longo alcance de 10 para 1" ou "perca um e ganhe dez". É um *tenbagger*, do texto de Peter Lynch "Those Wonderful Tenbaggers" — ele usa um termo emprestado do beisebol [no qual uma base é chamada de "bag", ou "saco", traduzido do inglês; então, um twobagger é um hit de duas bases]. Seguindo essa lógica, ele cunhou "tenbagger" [usando o número "ten", dez, em inglês] para se referir a "uma ação em que você ganha dez vezes o dinheiro que investiu" (embora ele não estivesse se referindo especificamente a mais de um ano, é claro, como estou fazendo aqui).

Prefiro chamar a proteção assimétrica e explosiva contra queda proporcionada pelo retorno do seguro simplificado de seu *superlucro de crise*. Quanto mais, melhor.

IRONIA NA MITIGAÇÃO DE RISCO

O grande problema com investimentos safe haven é que eles não são necessariamente tão bons de relação custo-benefício. Só pelo fato de um ativo ou estratégia ter cumprido o placar de safe haven, não significa que você ficaria necessariamente feliz em tê-lo em seu portfólio. Eles são mais diferentes do que parecidos, mesmo dentro de uma categoria.

Os investimentos safe haven podem ser extremamente caros, tanto que, como cura, podem ser piores que a doença. Nietzsche explicaria melhor: "Quem luta contra monstros deve cuidar para que, no processo, não se torne um monstro." Essa é a ironia da mitigação de riscos (e o destino adora ironias).

Tais ironias são um clichê. Veja o caso do *SS Eastland*. Em resposta à tragédia do *Titanic* em 1912, regulamentos de segurança foram impostos aos navios de passageiros, como a exigência de transportarem mais botes sal-va-vidas. Essa carga extra obrigatória tornou o *SS Eastland* extremamente pesado acima da superfície, o que fez com que, em 1915, a embarcação subitamente virasse e afundasse no rio Chicago, matando 844 passageiros. Ironicamente, essas fatalidades excederam o número de passageiros que morreram no *Titanic* (embora o *Titanic* tivesse muito mais tripulantes). É uma visão bem-intencionada, mas míope, estreita, que costumamos esperar de políticos e burocratas (No *The Dao of Capital*, dediquei muitas palavras a esse erro cometido por guardas florestais e banqueiros de bancos centrais.) Mas também é um erro comum entre os investidores. Faça *algo* — *qualquer coisa* — para mitigar o risco, mesmo que isso prejudique e anule seu propósito; e ao menos você poderá dizer: "Bem, eu tentei."

A maioria dos supostos investimentos safe haven sofre dessa mesma ironia. Demandam muito movimento para pouca ação. E até podem fazer mais mal do que bem, como monstros disfarçados lutando contra outros monstros. Eles simplesmente não proporcionam tanta proteção de portfólio quando é importante (isso, se o fizerem); portanto, a única maneira para eles proporcionarem proteção significativa é se forem uma alocação vultuosa dentro de um portfólio. O problema, então, é que essa alocação muito grande naturalmente criará um custo muito alto, ou uma limitação, quando os tempos estiverem bons — ou em grande parte do tempo — e até mesmo na média. Depois que a poeira baixa, você vê que provavelmente teria estado mais seguro sem qualquer "porto seguro".

Aqui vemos a diferença fundamental entre um investimento *tático* e um investimento *estratégico*, particularmente no contexto de investimentos safe haven. Um *investimento safe haven estratégico* mitiga o risco sistemático em uma carteira mediante alocações em ativos que são de natureza mais fixa, permitindo que a interação dinâmica entre suas partes criem o efeito de portfólio. Um *investimento safe haven tático*, por outro lado, mitiga o risco sistemático em um portfólio ativa e periodicamente entrando e saindo de certas alocações "seguras", com o propósito bem-intencionado de economizar, evitando o alto custo dessa segurança quando estamos em tempos favoráveis. Essa abordagem tática para mitigação de risco é muito binária, o que significa que ou a estratégia "está ligada" ou "está desligada". Fazer isso mantendo uma boa relação custo-benefício, por definição, requer bom timing e habilidade de previsão de curto prazo — você precisa de uma bola de cristal.

Mas essa é uma contradição interna. A mitigação de risco econômica pode nunca exigir que seja necessário ter uma bola de cristal. Mitigamos o risco especificamente ao reconhecê-lo, pressupondo que *não* possuímos uma bola de cristal; se você a tivesse, não teria riscos para ter que neutralizá-los e certamente não precisaria deste livro. E antes que eu me esqueça de mencionar, não existem bolas de cristal! (E, em minha experiência, quanto mais alguém discorda dessa afirmação, pior tende a ser a bola de cristal da pessoa.) Caso sua estratégia de mitigação de risco demande uma bola de cristal para que você seja bem-sucedido, bem, você está fazendo algo errado.

Embora você talvez possa se dar ao luxo de fazer previsões em outros aspectos de seus investimentos, você certamente não pode fazê-lo em relação à sua estratégia de mitigação de risco, na qual os custos de se estar errado são muito grandes. Não caia nessa e "não faça previsões".

Como veremos mais adiante, para funcionar com boa relação custo-benefício, o investimento safe haven precisa ser um investimento agnóstico.

Investidores "Cassandra" normalmente e ironicamente perdem mais permanecendo em sua posição de segurança contra crises iminentes do que perderiam se fossem prejudicados por essas mesmas crises. (Cassandras são péssimos investidores.) Os mercados nos assustam muito mais do que nos prejudicam. Eles são muito, muito bons em nos fazer sentir seguros quando não deveríamos, e assustados quando não precisaríamos. Essa é a ilusão inerente e constante do mercado para tirar os investidores de suas posições.

Mitigação de risco com boa relação custo-benefício não pode ser um ato pontual; deve ser uma política permanente. Nas palavras de Aristóteles: "Assim como não é apenas uma andorinha ou apenas um belo dia que faz o verão, também não é apenas um dia ou um curto espaço de tempo que torna um homem abençoado e feliz." Seguindo essa mesma linha, não é um único negócio ou previsão com bom timing que mitiga o risco. A mitigação de riscos precisa ser um modo de vida ou hábito constante, não um estado transitório.

IMPOSTORES

Infelizmente, além da ironia do nosso problema da mitigação de risco com uma boa relação custo-benefício, nosso sistema de classificação de investimentos safe haven ainda não resolveu nosso "problema da espécie" safe haven. Na verdade, isso apenas ilustra quão desafiadora realmente é a questão. As "linhas exatas de demarcação" de Aristóteles são tão ambíguas quando aplicadas a investimentos safe haven quanto ele descobriu que eram para classificar animais. Nossas linhas são rabiscos amplos; e, muitas vezes, há ativos ou estratégias que, segundo todos os relatos, parecem pertencer a uma dessas variantes de safe haven, agem como uma dessas variantes e acaba-se supondo que sejam exemplares dessa variante de investimento safe haven. Mas, no final, são uma espécie completamente diferente.

Chamo essa espécie intermediária sutilmente diferente de *impostores safe haven*. A tabela a seguir mostra uma taxonomia das três variantes dentro dessa espécie de impostor safe haven:

Taxonomia dos Três Protótipos de Impostores Safe Haven

	RETORNO DURANTE CRISE	RETORNO SEM CRISE	TIPO DE RENDIMENTO
SAFE HAVEN ESPERANÇOSO	?	+ ou −	"Cruze os dedos!"
SAFE HAVEN NADA SAFE	−	+	"Está sempre subindo, então deve ser seguro!"
SAFE HAVEN DIVERSIFICAÍDO	−	+	"Perde menos, então, vale a pena"

A primeira delas é a variante de impostores de *safe haven esperançoso*. Parece muito com as variantes de investimento safe haven alfa ou de seguro, mas a grande diferença é que sua recompensa tem muito ruído ou é muito pouco confiável — e, como veremos, tende a ficar "torcida" em diferentes ambientes. Talvez, em média, o retorno esperado durante uma crise seja o mesmo do alfa ou, até mesmo, o equivalente ao do seguro (apesar de isso não ser algo provável), mas a amplitude na forma como o retorno é vivenciado realmente anula todo seu propósito. Se for necessária muita sorte para que um investimento safe haven cumpra sua proposta de controle de risco, isso significa mais risco, não menos.

O safe haven esperançoso é como pular de um avião com um paraquedas que só abre às vezes: você ficaria melhor se não o usasse e tomasse uma decisão mais informada sobre o risco que estaria correndo.

A crença no safe haven esperançoso vem de uma atitude geral do sujeito que sente ter "entendido tudo" sobre o assunto. E isso realmente emana de duas falácias ou armadilhas comuns, que precisamos identificar e cuidadosamente evitar. Elas compõem um dos corolários das minhas súplicas: "Não faça previsões." Vamos chamá-los de falácias retrospectivas e prospectivas dos investimentos safe haven.

Essas são falácias informais e conectadas que incluem raciocínio precisamente ruim. E, o que é pior, muitas vezes esse raciocínio ruim não é apenas um acidente de julgamento inocente, mas sim uma enganação consciente para se vender algo como uma estratégia ou serviço (já que essa é uma indústria dúbia que vende incontáveis serviços de gestão de investimentos ruins).

A falácia retrospectiva do investimento safe haven, simplificando, é apostar no jogo na segunda-feira de manhã, assistindo a reprise do final de semana (ou seja, fazer julgamentos após o término de um jogo, da segurança de sua poltrona, sabendo o resultado, em vez de ter apostado no jogo em si, de verdade, dias antes), duvidando ou reencenando decisões anteriores em tempo real, depois que essas decisões foram realmente tomadas por outra pessoa. Isso também é conhecido mais formalmente como *determinismo retrospectivo, viés retrospectivo* ou, o melhor apelido de todos, o *fenômeno do sabe-tudo*, pelo qual se aceita que, pelo fato de uma série de eventos, como uma crise de mercado, ter acontecido de uma certa maneira sob circunstâncias históricas específicas, o ocorrido foi, portanto, a consequência inevitável dessas circunstâncias. O risco sempre parece de alguma forma tão óbvio e previsível, e a crise mais recente sempre parece fazer tanto sentido retrospectivamente — mas com base no que sabemos agora, que não era sabido na época. É uma coisa engraçada, não é?

Dados os brilhantes e confiantes insights que temos a partir da falácia retrospectiva, pode-se facilmente estendê-la para previsões grandiosas sobre como fatos acontecerão em breve e transformar isso em uma estratégia de mitigação de risco brilhantemente eficaz. As pessoas na verdade fazem isso, e fazem o tempo todo. Eu chamo isso de falácia de safe haven prospectiva, que assume a forma de uma suposta habilidade com macroeconomia e com timing de mercado — com base nas presunções de que a próxima crise terá características e relações internas de mercado semelhantes (ou "correlações cruzadas") às das crises anteriores. A crise seguinte raramente acontece — ou acontece bem de um jeito que pega aqueles que cometem a falácia de safe haven retrospectiva em sua armadilha. Tomando emprestado as sábias palavras de Victor Niederhoffer, existem "ciclos em constante mudança". De muitas maneiras, o silencioso aumento da complacência na mitigação de risco ingênua e do tipo "sabe-tudo", antes de qualquer coisa, está no centro das próprias razões pelas quais as crises acontecem.

Uma indicação confiável de que esse tipo de falácia está em andamento é quando declarações prospectivas ousadas sobre uma determinada estratégia de mitigação de risco são ditas por alguém que nunca fez esse tipo de comentário em tempo real (como um comentário durante a reprise do jogo, e não no dia em que foi transmitido ao vivo). É um "parente próximo" da mineração de dados, ou o sobreajuste; certamente a armadilha mais bem trilhada nas ciências de dados. Sempre existirão estratégias perfeitas e bem-sucedidas obtidas de dados passados, *somente da aleatoriedade*. Há uma narrativa enganosa para essas estratégias que sempre as fazem soar muito razoáveis e plausíveis; elas têm charme e poder de sedução. São realmente uma venda muito fácil. É triste dizer isso, mas a narrativa heurística desempenha um papel enorme naquilo em que a mitigação de risco se tornou. É teatro financeiro.

Essa narrativa é o que também leva à segunda variante dos nossos impostores, o *safe haven nada safe*. O safe haven nada safe pode ter uma aparência muito atraente porque esse ativo ou estratégia até o momento da observação só subiu, então provavelmente tem uma boa história com as razões pelas quais deverá ser sempre assim. A mesma lógica é então estendida a seu desempenho em uma crise. Mas eles são frequentemente tão vulneráveis durante uma crise (ou até mais) quanto aquilo que eles pretendem proteger. Talvez até tenham mostrado alguma evidência dessa vulnerabilidade. Mas isso não muda o otimismo em torno de seu suposto status de investimento safe haven. Essa complacência — em particular quanto ao seu uso como mitigação de risco — é algo muito arriscado. (Para continuar na mesma linha metafórica, um safe haven nada safe é como saltar de um avião convicto de que você pode voar.)

O refúgio arriscado é simplesmente uma ingenuidade míope extrapolada, baseada em uma narrativa inventada para se adequar a essa performance. Muitas vezes, é uma tarefa tola até mesmo tentar argumentar de forma lógica contra ele. Melhor apenas reconhecê-lo pelo que é, estourar uma pipoca e sentar na poltrona para assistir o barco afundar.

O DOGMA DA DIVERSIFICAÇÃO

Nossa terceira variedade de impostores de investimento safe haven, o *safe haven "diworsifier"* [em que "diworsifier" é um termo inventado pelo autor no qual se combina as palavras em inglês para "diversidade" e "piora"], é sem dúvida a forma mais comum de impostor safe haven. Ela permeia quase todas as carteiras de investimento. E é assim porque, como estratégia de mitigação de risco, a diversificação é a base do paradigma central em todos os investimentos: a teoria moderna do portfólio. A maioria dos investidores, senão todos, foi levada a aceitar esse *dogma da diversificação*. É considerado "a única coisa de graça em finanças".

Vamos relembrar do que vimos no Capítulo 2, que o crédito por esse conceito formal de diversificação na verdade remonta à Basileia, na Suíça do século XVIII, quando Daniel Bernoulli o propôs como uma solução para seu desafortunado comerciante de Petersburgo, para que ele conseguisse que seu navio de carga passasse por piratas e atravessasse o Mar Báltico: dividir a carga em lotes menores e enviar essas cargas menores em diferentes navios. Era um safe haven diworsifier para o comerciante naquela época, assim como é para nós agora.

O termo "safe haven diworsifier" deriva do que Peter Lynch chamou de *diworsification*. O raciocínio é o seguinte: preencha seu portfólio com coisas que não variem juntas ao mesmo tempo e, como resultado, o portfólio oscilará menos. E graças a essa diversificação, o desempenho de sua carteira em uma crise provavelmente será um pouco melhor do que o mercado como um todo (que, por sinal, também é bastante diversificado). O melhor de tudo será que sua volatilidade será reduzida. Mas o mesmo acontecerá com seus retornos, já que essa diversificação vem com um preço bastante alto, na forma de desempenho inferior durante períodos sem crise (seguindo a mesma lógica de seu desempenho superior durante as crises). Com o tempo, a "diworsification" acaba custando mais do que fez economizar (daí o nome fofinho).

Mas contanto que seus retornos médios sejam menos diminuídos que sua volatilidade (o que significa que seu temido índice de Sharpe aumentou), presume-se que algo proposital tenha ocorrido.

Isso é errado em muitos níveis — e esse não é um comentário terrivelmente inteligente de minha parte. Como o próprio Buffett disse: "Diversificação ampla só é necessária quando os investidores não entendem o que estão fazendo." Além disso, a diversificação é "uma confissão de que você na verdade não entende dos negócios que possui".

Para jogar lenha na fogueira, eu acrescentaria que a diversificação é uma confissão de que você não se importa com a relação custo-benefício de sua mitigação de risco. Você só quer menos risco, não importa o custo.

Então, veja, a diversificação é fundamentalmente uma diluição do risco, não uma solução para o risco. É evasão do risco. Além disso, a estimativa de volatilidade é confundida com risco. (Uma pequena interjeição de linguagem técnica: assim como a volatilidade é a raiz quadrada do retorno quadrático médio, a média geométrica é a exponencial do log-retorno médio; apenas este último tem significado econômico real, como vimos no Capítulo 2. A primeira função é uma substituta matematicamente conveniente para a segunda. Funciona bem em alguns jogos de dados, mas não nos mercados.) E a diversificação nunca tende a ser tão grande (nem as correlações tão baixas) quanto parece. Quando as hordas de investidores buscam saídas em uma crise, a maioria das estratégias e os ativos tendem a ser arrastados; o bebê vai junto para o ralo com a água do banho. (Os piratas interceptam todos os navios.) E nenhum modelo pode prever esse efeito, pois ele tende a mudar a cada vez. Estratégias que antes eram estáveis e líquidas, e não correlacionadas, passam a ser o oposto, pois os investidores são forçados a vender o que conseguem vender, tudo ao mesmo tempo. Investidores sempre ficam com mais risco sistemático e não diversificável do que tendem a reconhecer *ex ante*.

Como a diversificação reduz os retornos em nome de índices de Sharpe mais altos, os investidores que usam essa estratégia, mas não estão satisfeitos com esses retornos mais baixos, são forçados a buscar alavancagem na esperança de aumentá-los novamente. **A verdadeira mitigação de risco não deveria demandar engenharia financeira e alavancagem para reduzir o risco e aumentar as taxas de crescimento anual compostas. Ao se fazer isso, adiciona-se um tipo diferente de risco, pois a sensibilidade do portfólio a erros nessas estimativas de correlação espúrias são ampliadas.** Sendo justo, a maioria dos investidores se restringe de usar (ou talvez seja muito sábia para usar) alavancagem como essa na prática e, em vez disso, convive com seus retornos diminuídos pela mitigação do risco.

A diversificação, então, é risco potencialmente menor em troca de menor retorno, ou é passar de risco sistemático ou de concentração para risco de modelo alavancado. Não é uma refeição grátis. Não há nada de graça (apesar de que, com a mitigação de risco com boa relação custo-benefício, parece que você está sendo pago para comer).

DADOS INDUTIVOS

Nós criamos aqueles investimentos safe haven de brinquedo. Agora, antes de começarmos a brincar com eles, precisamos fazer um novo brinquedo para substituir nossos dados da Parte Um do livro.

Estamos chegando perto da dureza do mundo real. Nós fomos além do saco de pancadas dos jogos de dados para agora deixar nossos protótipos de investimento safe haven treinarem boxe. (Como uma pessoa sábia disse uma vez: "Todo mundo tem um plano até levar um soco na boca". Apesar de bater no saco de pancadas e treinar boxe serem práticas muito diferentes da luta real, são exercícios necessários para se encarar a coisa de verdade — contanto que contingências como levar uma cotovelada na cabeça ou um chute na virilha nunca sejam desconsideradas).

Em nossas várias jogadas de dados na Parte Um, descobrimos nossos mecanismos de investimento safe haven ao observar como diferentes estratégias de mitigação de risco, ou retornos de investimentos safe haven, transformaram os resultados potenciais de diferentes apostas em uma simples sequência de roladas de dados. Cada jogada envolvia uma progressão geométrica multiplicativa dos recursos do apostador; e cada iteração recursiva dessa progressão era determinada pelo lançamento do dado de seis faces e o retorno associado ao resultado. Relembremos de como, no Capítulo 3, esses diferentes perfis de retorno e as faces de dados correspondentes criaram uma *distribuição de probabilidade discreta* para cada lançamento, em que a altura dos dados empilhados indicava a probabilidade de cada resultado de retorno correspondente abaixo dele. Aí vai o gráfico novamente como um lembrete:

Distribuição de Probabilidade e Perfil de Retorno dos Dados Demoníacos

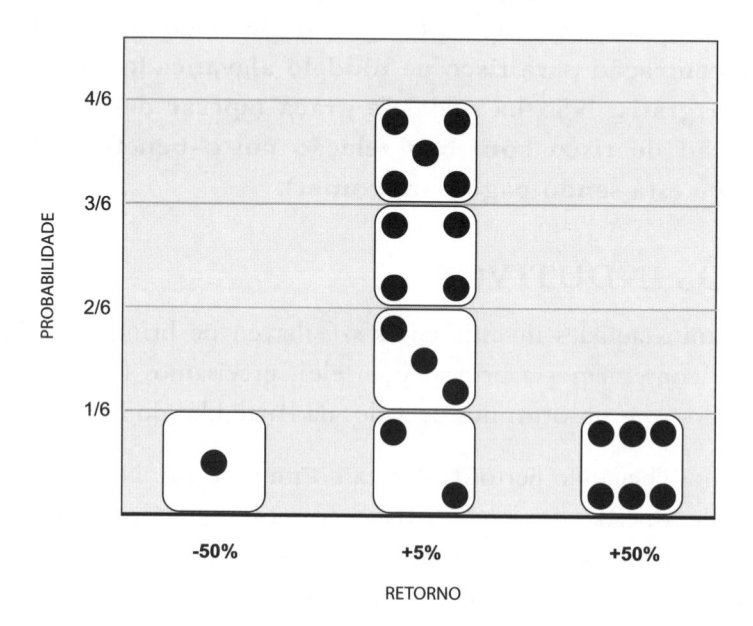

Agora, precisamos substituir o dado de seis lados por algo mais granular, mais parecido com o mundo real. Precisamos de um dado com mais lados. Que tal o máximo de lados que um dado pode ter? Acontece que o número máximo de lados possíveis em um dado justo (ou um poliedro convexo com lados idênticos) é 120. (Essa simetria perfeita entre os lados é fundamental, claro, para que probabilidades iguais sejam garantidas — algo que, como você deve se lembrar, os antigos sábios nunca realmente apreciaram.) Esse dado de 120 lados "d120" é conhecido como um *triacontaedro disdiakis*. E como o dado d120 existe mesmo, você pode ir em frente e rolar seu próprio dado nos próximos capítulos, jogando em casa, com o dado final dos deuses.

Em seguida, para adicionar realismo à nossa nova distribuição, precisamos de retornos mais significativos correspondentes a cada uma dessas 120 faces de dados — algo menos arbitrário e mais relevante para o que nos importa. Atribuiremos um retorno de um ano do histórico do SPX (únicos, sem sobreposição) a cada uma de nossas 120 faces do dado. Então, estamos voltando 120 anos, começando em 1901. (Esses retornos também incluem o reinvestimento de todos os dividendos, então eles representam o que um investidor no SPX experimentaria.) Agora, seja quando for que rolemos nosso dado d120, seja qual for o lado que fique virado para cima, isso corresponderá a um desses 120 anos históricos e respectivos retornos anuais do SPX. (Convenientemente, podemos atribuir ao lado com o número 1 o resultado do ano de 1901, ao lado com o 2 o resultado do ano de 1902, ao lado com o 120 o resultado do ano de 2020, e assim por diante.)

Para produzir uma distribuição de frequência, como fizemos com nossos dados empilhados, podemos agrupar esses retornos pelos mesmos cinco intervalos do SPX que usamos anteriormente para definir nossos perfis de retorno de investimento safe haven simplificado. Veja como essa distribuição de frequência fica:

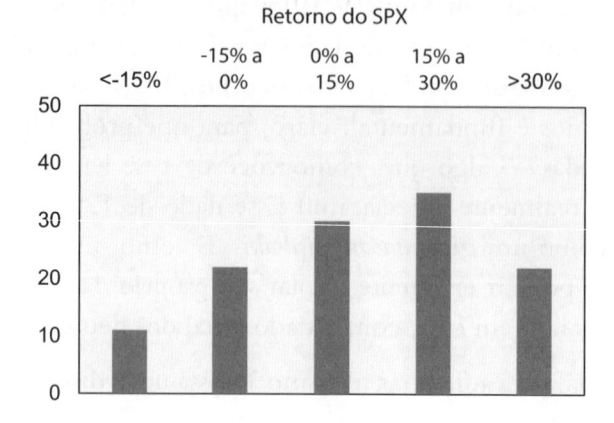

Distribuição de Frequência dos
Retornos Anuais do SPX, de 1901 a 2020

Definimos nossos perfis de retorno de investimentos safe haven em termos de retornos do SPX porque queremos investigar seu impacto em um portfólio ao mitigar esse risco sistemático — ou seja, quando eles são combinados com uma exposição semelhante ao SPX em um portfólio. Simplesmente substituindo nossa antiga distribuição de retorno dos lances de dados com um dado de seis lados por esta distribuição de retorno de dado d120 no SPX, podemos observar diretamente esse efeito de portfólio. Em outras palavras, passamos de um simples jogo de dados, um divertido experimento mental, para algo que replica os portfólios reais — e tudo o que eles representam: dinheiro suado, economias para o futuro, poupança para a aposentadoria e ao menos uma herança modesta para a geração seguinte. Não faltará emoção aqui!

Em nossos testes, analisaremos apenas os retornos anuais por dois motivos simples: por eles serem os mais diretos e pelo fato de a maioria dos rearranjos de portfólio acontecer uma vez por ano. Mas nenhum de nossos resultados dependerá de considerar os anos do calendário ou de começar em algum outro mês para obtermos esses retornos anuais.

Observe que, nos últimos 120 anos, houve 11 retornos do SPX anuais de -15% ou menos. E então nosso retorno simplificado de seguro "10 para 1" teria acabado empatado, em uma base individual — um retorno médio aritmético de 0% — durante esse período. E o retorno simplificado alfa individual teria proporcionado um retorno médio aritmético de +7% ao ano durante o mesmo período (da mesma forma que teria ocorrido com o retorno simplificado de reserva de valor fixo, é claro).

E, se você estiver interessado, embora 11/120 seja uma porcentagem maior de anos no agrupamento de retorno SPX mais baixo em relação ao que veríamos com uma amostragem apenas dos últimos 25 anos, por exemplo, se tivéssemos usado dados anuais com sobreposições mensais (em vez de dados anuais do calendário) nos últimos 25 anos, teríamos descoberto que há, na verdade, uma porcentagem maior de anos no agrupamento de retorno mais baixo do SPX. Nesse sentido, nosso dado de anos civis d120, portanto, *sub-representa* a probabilidade histórica mais recente de tais perdas. Resumindo, estamos sendo conservadores.

Agora, assim como fizemos com nosso retorno com os dados, replicaremos um caminho — neste caso, uma série de 25 anos, rolando o dado d120 25 vezes e progredindo de forma composta cada um dos 25 retornos do SPX correspondentes, para criar um caminho de amostra. Estamos usando 25 anos para nos aproximarmos de um horizonte típico de investimento de longo prazo — apesar de que, como em nossa escolha de retornos do ano civil, nenhum de nossos resultados seja suscetível a essa condição. É como o caminho de 300 lances em nossos jogos de dados demoníacos; nada diferente. E então, tal como aqueles jogos demoníacos, podemos continuar lançando e obter 10 mil desses caminhos de 25 anos. (Se lançarmos os dados rapidamente, isso não deverá levar mais de uma semana.)

Aqui estão cada um desses caminhos de 25 anos, mostrados novamente em nosso formato familiar de uma nuvem de 10 mil caminhos divergentes (o espaço amostral de resultados em todo o multiverso). E cada um desses valores no final de cada caminho de 25 retornos SPX anuais selecionados aleatoriamente é representado na distribuição de frequência a seguir.

10 Mil Caminhos de Retornos Compostos do SPX ao longo de 25 anos, pelo Lançamento de um Dado d120

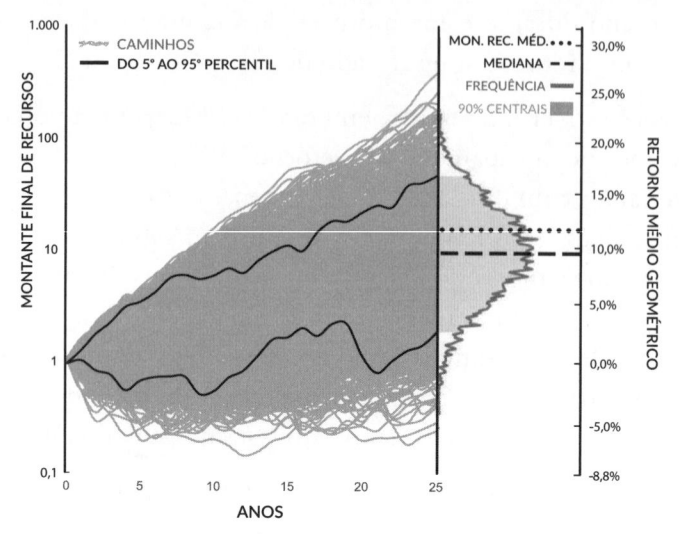

Naturalmente, nos últimos 120 anos, o SPX realizou apenas um caminho específico; uma distribuição específica de retornos anuais (como mostrado anteriormente) e gerou uma CAGR específica de 9,5%. Agora, com a ajuda de nosso dado d120, podemos visualizar as muitas outras maneiras pelas quais esse caminho poderia ter terminado. Além disso, todos esses caminhos potenciais alternativos são consistentes com a mesma distribuição empírica realizada específica dos retornos anuais do SPX (uma vez que foram desenhados e criados a partir dela).

Temos aqui uma interessante virada no jogo. Ao amostrar todas essas observações empíricas de mercado pelos lances de um dado de 120 lados e, em seguida, tentar fazer generalizações sobre essas observações, estamos agora essencialmente lançando um dado indutivo.

Por exemplo, em todos esses caminhos potenciais, observe que a CAGR mediana é 9,5% e a CAGR do 5º percentil é 2,7%. Esses valores da CAGR serão fundamentais em nossos testes daqui para frente, porque essa distribuição de caminhos do SPX pode ser pensada como nosso grupo de controle, ou *linha de base,* à medida que a combinarmos com vários retornos de investimentos safe haven para ver o que acontece a seguir.

E o que acontece a seguir é onde as coisas ficam interessantes.

Holismo

O CUCO NO RELÓGIO

Tenho lembranças calorosas de quando era muito pequeno, de ver meu avô suíço-alemão trabalhando, com uma lupa sobre um olho, na apertada oficina do porão de sua casa no norte do estado de Nova York. Médico aposentado, vovô passou à relojoaria por paixão, fiel às suas raízes (apesar de que o hobby também possa ter sido uma desculpa para fugir da vovó para a oficina). Lembro-me de um dia muito especial, quando ele foi trabalhar em um velho relógio cuco de antes da guerra. Ele dissecou a caixa — era mais como um chalé de madeira com uma cabeça de bode entalhada na fachada — e meticulosamente lhe removeu todas as entranhas. Passei horas olhando as pequenas peças espalhadas pela mesa. Todas aquelas engrenagens e alavancas minúsculas, os foles esfarrapados e o pássaro cuco de madeira sem vida pareciam pedaços de sucata velhos prontos para serem jogados no lixo. Vendo aquelas partes separadas, não havia como reconhecer seu antigo esplendor quando estavam juntas como um todo interativo.

Nenhuma das partes, por si só, pode rastrear o tempo — nem de perto! Um reducionista poderá dizer que colocá-las todas juntas em uma velha caixa de madeira com uma cabeça de bode entalhada e pendurá-la na parede também não mudará isso. Então, por que as propriedades de uma coisa em si não deveriam ser explicáveis observando-se as propriedades das partes que a compõem?

O reducionismo não funcionou bem para mim com relógios cuco. A razão? O valor funcional dos componentes individuais era apenas resultado da relação entre eles. **Havia as chamadas *propriedades emergentes* que não existem nos componentes individuais. Essas propriedades só são aparentes quando observadas de forma holística, como um todo.**

O comportamento emergente surge em muitos sistemas bem conhecidos, nos quais partes individuais em interação criam um comportamento complexo, imprevisível e irredutível: em bandos de pássaros, em cardumes de peixes, nas manadas de animais terrestres, na linguagem, na mente, em economias, nos mercados e assim por diante. (Eu costumava aprimorar minhas operações de balcão estudando os movimentos de bandos de pássaros, reais e simulados. Pronto, agora você tem um segredo de negócio meu.) E o mesmo vale para investimentos safe haven. Como Aristóteles poderia ter dito: "O todo é maior que a soma de suas partes." Ele *poderia* ter dito isso, mas o que realmente escreveu em sua *Metafísica* foi algo diferente. **Nas palavras de Aristóteles: "A totalidade não é, por assim dizer, um mero amontoado, mas o todo é algo além das partes." Além disso, "o todo não é o mesmo que a soma de suas partes". As palavras de Aristóteles, acima de todas as outras, são nosso credo de mitigação de riscos.**

Como em seu *essencialismo funcional,* que se concentrava nas partes inter-relacionadas dos animais, Aristóteles estava chegando a algo importante. E essa tradução mais precisa do grego é muito mais aplicável ao nosso contexto. Vimos isso no paradoxo de São Petersburgo, onde o todo (a riqueza real realizada ao se jogar o jogo) era muito menos do que o esperado da soma das partes (a média de todos os resultados de riqueza possíveis). Também vimos isso no negócio do comerciante de Petersburgo, onde a compra de um contrato de seguro individual, que seria um custo, lhe teria aumentado todos os recursos geométricos, embora reduzisse sua riqueza média. Também vimos isso em nossos dois jogos de dados demoníacos — um investimento safe haven de reserva de valor e um safe haven de seguro; ao alocar uma parte de seu dinheiro em uma aposta com retorno esperado zero depois de ter retirado o montante de uma aposta com retorno esperado alto, você na verdade aumentou toda sua riqueza, mesmo que tenha reduzido sua média (por todo o multiverso). (E espero, a essa altura, ter convencido você de que tudo isso se deve à matemática limpa dos compostos, e não a algum truque de mágica.) **O todo pode realmente ser muito mais do que a soma de suas partes — embora nem sempre precise ser.**

A palavra *holística* é um neologismo que remonta apenas à década de 1920. Seu significado reflete a raiz grega *holos*, "inteiro", "todo". O todo é a única referência na qual as partes têm um sentido coerente, não como um monte de peças espalhadas pela mesa do vovô ou partes jogadas em uma caixa de matriz de covariância.

A gestão de investimentos muitas vezes comete erros reducionistas semelhantes ao que fiz quando criança com o relógio cuco; cada peça é analisada individualmente, e também como parte de um todo maior — um portfólio. As finanças modernas nos dizem para pegar essas partes individuais de um portfólio — entender e atribuir um valor a cada um de seus retornos aritméticos individuais esperados, volatilidades e covariâncias em relação uns aos outros — e depois jogá-los todos dentro de uma caixa, combinando-os; e então o todo dessa caixa é analisado pela soma de seus retornos aritméticos (e por seu índice de Sharpe em particular, ou métrica similar). No entanto, o impacto desse reducionismo é que os efeitos de portfólio mais importantes — aqueles gerados pelas interações recursivas e multiplicativas dessas partes individuais, e até mesmo o próprio tempo — são reduzidos a uma forma mais tratável e, ouso dizer, mais infantilizada.

No caso do relógio cuco, suas muitas partes que interagem permanecem como peças independentes e separadas. Isso é conhecido como *emergência fraca*: as interações das partes não mudam umas às outras; entretanto, suas interações criam propriedades no todo que só podem ser observadas no todo, não nas partes. É claro que as dinâmicas do relógio cuco foram predeterminadas, do todo para o detalhe, pelo relojoeiro, em um mecanismo que remonta ao século XVIII; e há relojoeiros suíços no Vallée de Joux que poderiam ter olhado para a bagunça sobre a bancada de trabalho do meu avô e imediatamente visualizado o relógio como um todo. A emergência é relativa ao observador. (Mas quem afirmar que um relógio cuco de antes da guerra não tem seu próprio comportamento imprevisível e irredutível provavelmente nunca teve um relógio desses.)

Quanto às nossas diversas apostas anteriores, pode-se dizer que a mesma emergência fraca está claramente em ação. Em todas elas, a totalidade da aposta tem propriedades — especificamente sua média geométrica ou a mediana de recursos finais — que as apostas componentes não possuem. Suas propriedades holísticas emergem das interações dessas apostas componentes conforme elas são iterativamente reequilibradas e expandidas de forma composta. Mas quando você olha mais de perto, no caso de nossos jogos de dados, por exemplo, a razão pela qual os investimentos safe haven podem incrementar tanto a riqueza final no jogo se deve à sua natureza iterativa. Eles proporcionam capital para o lance de dados seguinte, redefinindo ou *reequilibrando* o tamanho da aposta no final de cada jogada. Os investimentos safe haven podem, assim, complementar ou alimentar as apostas no jogo principal, especialmente se a jogada anterior resultou em uma grande perda, sem realmente custar o suficiente às apostas positivas frequentes para que isso importe. Esses investimentos safe haven com boa relação custo-benefício mantêm você longe da beira das Cataratas de Bernoulli. **Eles realmente *transformam* o jogo de dados — evitando uma queda no valor de qualquer aposta subsequente. As apostas agora interagem, em vez de agirem de forma independente, pois não estão mais isoladas umas das outras. Assim, um todo inteiramente novo é formado — um todo**

muito diferente da soma de suas partes. Isso é o que é conhecido como *emergência forte.* Essa forte propriedade emergente nos negócios do comerciante de Petersburgo significa que o valor de uma aposta componente *somente* pode ser conhecido em relação à aposta total. Seu valor por si só (no caso do contrato de seguro do comerciante, uma *perda* média de 300 rublos por viagem) é muito diferente quando combinado com os outros componentes (resultando em um *ganho total* de 119 rublos por viagem).

Esta é a própria *teoria da relatividade* dos investimentos: não existe um valor único que possamos atribuir a um investimento, e especialmente a um investimento de mitigação de risco. Em vez disso, seu valor é único ou relativo ao observador, ou à perspectiva maior de todo o portfólio do observador — mais especificamente, à forma como ele interage com a dinâmica multiplicativa desse portfólio. Os investimentos de mitigação de risco são, portanto, altamente *dependentes do contexto*. E é isso que tanto escapa ao reducionismo tradicional que define as estruturas analíticas financeiras modernas.

MANTENHA OS DOIS OLHOS

Há um velho provérbio russo que diz:

> *Permaneça no passado e você perderá um olho. Esqueça o passado*
> *e você perderá os dois olhos.*

Se olharmos apenas para a única maneira como as coisas aconteceram e ficarmos obcecados com isso como o único resultado provável — em outras palavras, se extrapolarmos excessivamente o passado —, estaremos nos engajando em algo chamado *empirismo ingênuo.* Para evitá-lo, precisamos olhar para o passado no contexto de muitos outros caminhos que *poderiam* ter acontecido, mas nunca aconteceram, e também nossas sensibilidades a esses resultados. Usaremos uma técnica chamada *bootstrapping,* que é uma tentativa aberta de combater o empirismo ingênuo — e manter os nossos dois olhos.

O melhor de tudo é que, com o bootstrap, não precisamos de nenhum modelo específico de como será a distribuição dos retornos do SPX no futuro. Poderíamos pensar nisso a qualquer momento, é claro, e se o fizéssemos, provavelmente acabaríamos ajustando a distribuição a dados passados, como os últimos 120 anos ou mais de nosso novo dado *triacontaedro disdiakis* d120. E então estaríamos de volta ao ponto onde começamos, exceto que agora teríamos que usar distribuições complicadas e extremas com múltiplos parâmetros para ajustar os dados. E aí eu seria exposto a acusações justas de que estaria astuciosamente alterando esses parâmetros para justificar meu argumento. É por isso que o bootstrap é tecnicamente conhecido como uma forma não paramétrica de estimativa, pois evita essas suposições distributivas. Assim, o objetivo de nosso bootstrap, da mesma forma que o parâmetro dos nossos jogos de dados na Parte Um, é manter as coisas de forma conservadora, descomplicadas, intuitivas e, acima de tudo, *transparentes*. Tudo de que precisamos é do nosso dado d120, e assim temos tudo às claras.

Agora, vale lembrar que queremos observar o impacto de nossos três retornos simplificados de investimentos safe haven — como definimos no capítulo anterior — em um portfólio SPX. Mais especificamente, queremos observar o efeito de portfólio ao mitigar o risco sistemático.

Na verdade, já começamos esse processo de bootstrapping no capítulo anterior quando criamos 10 mil caminhos compostos ao longo de 25 anos de retornos do SPX (rolando nosso dado d120 SPX 10.000 × 25 = 250.000 vezes). Essas foram nossas "histórias alternativas", ou as muitas outras maneiras pelas quais o caminho SPX realizado poderia ter acontecido, em vez do que realmente aconteceu.

Mantendo o mesmo formato ao longo deste livro, dentro de cada um desses caminhos alinharemos cada um dos 25 retornos anuais do SPX com 25 retornos de investimentos safe haven, correspondentes ao retorno de cada um de nossos três safe havens simplificados. Os pesos que usaremos para cada uma das três carteiras alocadas aos investimentos safe haven de reserva de valor, alfa e de seguro serão 36%, 28% e 2% respectivamente (e chegaremos ao raciocínio por trás dessas ponderações de alocação em breve). Uma vez que formemos essas três novas carteiras SPX com risco mitigado (com as alocações em investimentos safe haven reequilibradas após cada lance de dados), podemos comparar seu desempenho de forma composta com o do SPX sozinho.

Este é o método bootstrap ("com reposição", pois sempre que obtivermos qualquer número, poderemos rolar os dados novamente). Esse conceito se inspira na expressão circular "puxar a si mesmo pelos próprios bootstraps ['alças das próprias botinas', em tradução livre]" (da mesma forma com que o fictício barão Munchausen alegou ter puxado a si mesmo de um pântano pelos próprios cabelos) — com o nome apropriado, pois estamos colhendo amostras de forma circular (ou rolando nosso dado d120) de outra amostra (ou dos últimos 120 retornos anuais passados do SPX).

Podemos lançar o dado tanto para o portfólio SPX sozinho, quanto para os portfólios "SPX mais safe haven" com redução de risco. Em seguida, podemos calcular o retorno médio geométrico (ou CAGR mediana) para cada um e, assim, teremos um placar de mitigação de risco comparável, baseado nas mesmas unidades, para nossos portfólios concorrentes. Observe que esse bootstrap nos permite trabalhar e observar diversos caminhos usando diferentes estratégias de mitigação de risco, exatamente da mesma maneira com que jogamos diversos lances contra nossos demônios — embora agora estejamos usando um dado SPX com muitos mais lados e muito menos compreendido, em vez de um dado padrão de seis lados perfeitamente entendido.

Se você está coçando a cabeça, colocarei isso da maneira mais simples possível: nós nos esforçamos para criar um experimento no qual podemos testar, lado a lado, o que aconteceria com um portfólio totalmente aplicado no SPX e também com portfólios simplificados aplicados no "SPX mais investimentos safe haven", com base na faixa de retornos do SPX nos últimos 120 anos. Pegou? Então aí vamos nós!

TESTES CLÍNICOS

Estabelecemos nossos três protótipos de investimento safe haven no capítulo anterior, na forma de três retornos simplificados fictícios. Agora, é hora de começar a testá-los para ver o que eles podem fazer em ensaios ou experimentos clínicos. Construímos essas simplificações para formalizar nosso "palpite" da Parte Um sobre investimentos safe haven com boa relação custo-benefício. Nosso próximo passo, então, de acordo com Feynman, é "computar as consequências do palpite para vermos no que isso implicará, se estiver certo".

Tudo no livro até agora nos trouxe a este ponto: testar se e como a mitigação de riscos pode aumentar nossa riqueza ao reduzir os riscos. É um momento emocionante, porque isso é o contrário daquilo que nos ensinaram e que teríamos pensado.

Assim como nos ensaios biomédicos, estamos construindo e depois testando hipóteses sobre os efeitos de intervenções ou tratamentos safe haven. Ou seja, esse tratamento safe haven tem boa relação custo-benefício? Quais são seus efeitos colaterais (ou custos)? Ele agrega valor líquido, com significância estatística?

Pense no desempenho relativo inicial de cada uma dessas carteiras com risco mitigado como resultado de um teste de nossa hipótese de investimento safe haven de cada protótipo de retorno simplificado. Essa foi nossa hipótese nula, conforme apresentada no Capítulo 1: "Uma determinada estratégia reduz o risco de um portfólio mantendo uma boa relação custo-benefício". Nosso objetivo é tornar essa hipótese nula falsa, com base no raciocínio dedutivo do *modus tollens*, e podemos fazer isso negando a premissa condicional: "Adicionar essa estratégia aumenta a CAGR do portfólio ao longo do tempo." Se negarmos essa premissa, então negaremos essa hipótese nula. O SPX atua como um grupo de controle ou caso de base para testarmos nossos três portfólios de risco mitigado, como um teste de significância sem rodeios para verificar se suas CAGRs são as mesmas.

Essencialmente: o investimento safe haven tem tanto um custo aritmético mensurável como um efeito geométrico mensurável. Um investimento safe haven tem boa relação de custo-benefício quando seu efeito excede seu custo — para um efeito de portfólio líquido positivo.

O painel de pontuação de mitigação de risco a seguir, para cada investimento safe haven simplificado, apresenta os resultados desses experimentos. Eles parecerão familiares agora — você vem sendo preparado para isso. É exatamente a mesma estrutura que usamos no gráfico de perfil de Xs e Os nos jogos de dados demoníacos para determinar o impacto de cada estratégia de mitigação de risco.

Lembre-se que os gráficos ao longo da linha de cima representam a distribuição de frequência de retornos anuais do SPX, voltando 120 anos no tempo (e agrupados em ≤ -15%, de -15% a 0%, de 0% a 15%, de 15% a 30% e >30%). A segunda linha é o perfil de retorno desses valores do SPX (e observe que, como é apenas o SPX em cada caso, os gráficos ao longo da linha são idênticos). A terceira linha é o perfil de retorno do respectivo investimento safe haven. E a quarta linha é o perfil de retorno resultante do portfólio combinado. As duas colunas à direita (identificadas como "BOOTSTRAP") mostram os retornos aritméticos de cada uma das partes, e também do todo; na parte inferior, a diferença entre os anteriores e o SPX é mostrada como "CUSTO". Adicionalmente, você pode ver os retornos médios geométricos — ou a CAGR mediana. **Essa, então, é a pontuação relativa para cada um de nossos portfólios com risco mitigado.** O impacto da CAGR ou diferença do SPX (mostrada em "LÍQUIDO") determina qual estratégia de mitigação de risco é a líder em nosso placar.

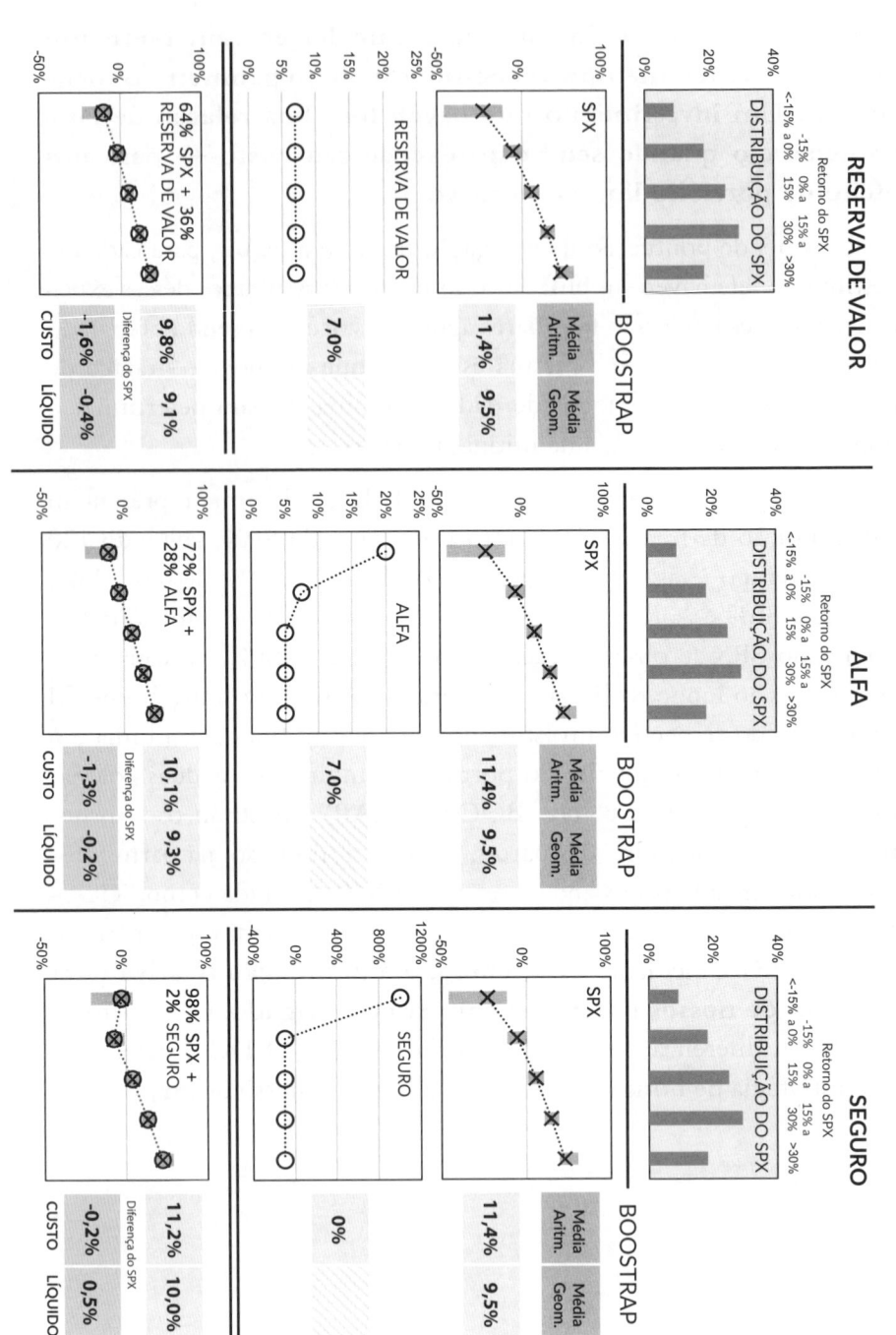

Perfís de Xs e Os: Placar de Mitigação de Riscos

Nos três casos, o retorno médio aritmético simples da carteira SPX, ou 11,4%, caiu quando foi adicionado um investimento safe haven simplificado a cada portfólio: para 9,8% (−1,6%) adicionando-se o safe haven de reserva de valor; para 10,1% (−1,3%) quando se somou o safe haven alfa, e para 11,2% (−0,2%) adicionando-se o safe haven de seguro. E isso ocorreu, obviamente, porque cada investimento safe haven tem um retorno médio aritmético por si só menor do que o SPX, e as carteiras combinadas têm a média ponderada dos retornos médios aritméticos de seus componentes. Ou, simplificando, a média de um número menor (uma média de investimento safe haven simplificado) com o número maior (a média SPX) sempre será menor do que o número maior em si. Como você pode ver no gráfico, e de acordo com o que foi mencionado anteriormente, **o retorno médio aritmético individual tanto para o safe haven de reserva de valor quanto para o safe haven alfa é de 7% (e, sim, isso foi feito de propósito para colocá-los em uma base aritmética uniforme). O retorno médio aritmético individual para o safe haven de seguro é de 0%.**

O retorno médio geométrico ou CAGR mediana em cada carteira, no entanto, tem mais nuances: **a CAGR média de 9,5% da carteira SPX foi *reduzida* nos portfólios com mitigação de risco de reserva de valor e alfa para 9,1% (−0,4%) e 9,3% (-0,2%), respectivamente, mas foi elevada no portfólio com mitigação de risco de seguros para 10,0% (+0,5%).**

Sabemos com 95% de confiança que a CAGR mediana do SPX está entre 9,4% e 9,6% (conforme estimado empiricamente no bootstrap); esta é a região de confiança de 95% dessa mediana. **Assim, uma CAGR mediana de 9,4% define o limite da região de rejeição de 95% de nossa hipótese nula.**

A CAGR mediana da carteira de reserva de valor de 9,1% está abaixo do limite de rejeição de 9,4%. Consequentemente, *devemos rejeitar* (com 95% de confiança) a hipótese nula de que o retorno simplificado da reserva de valor é uma mitigação de risco com boa relação custo-benefício. Não alcançou nem a linha de corte. Da mesma forma, a CAGR mediana de 9,3% do portfólio alfa também está abaixo do limite de rejeição de

9,4%; assim, a hipótese nula de que o retorno do alfa simplificado é uma mitigação de risco com boa relação de custo-benefício *também deve ser rejeitada* (com 95% de confiança). Está eliminado da disputa.

A CAGR mediana da carteira de seguros, em 10,0%, no entanto, não está abaixo do limite de rejeição de 9,4% e, portanto, a hipótese nula de que o retorno simplificado do seguro é uma mitigação de risco com boa relação de custo-benefício claramente *não pode ser rejeitada* (com 95% de confiança — lembre-se, não podemos provar que algo funciona, apenas refutá-lo quando não funciona). Então, o seguro ultrapassou a linha de corte — e lidera o conjunto de carteiras com mitigação de risco. (E é uma coisa boa também, ou este livro teria um final trágico.)

Colocando isso em perspectiva: para uma alocação de 2% em uma anuidade fixa (ou outro retorno constante de reserva de valor) aumentar o retorno médio geométrico da carteira em 0,5%, como o rendimento do seguro fez, essa anuidade teria que render mais de 30% ao ano — o que seria claramente uma tarefa difícil. Compare isso com o retorno do seguro, que adicionou aquele 0,5% com um rendimento médio de 0% ao ano.

Eis aí um caso claro em que o todo é, de fato, muito mais do que a soma de suas partes. É outro caso em que se puxa um coelho de retorno geométrico mais alto de uma cartola de retorno aritmético mais baixo. (Prometi a você um efeito "meu deus do céu!" do explosivo *superlucro de crise* do seguro simplificado; aí está).

Nosso placar usa o retorno médio geométrico (ou a CAGR mediana) como a pontuação que importa. O caminho geométrico médio é o caminho da mediana, ou o caminho do 50º percentil, e, quando maximizamos isso, estamos aumentando a precisão de nossa flechada (a massa central). Mas, como vimos com o critério de Kelly, essa é uma escolha um tanto arbitrária de percentis para se maximizar, e até mesmo chauvinista em relação aos outros percentis.

Segue um gráfico familiar da dinâmica dos resultados do 50º e do 5º percentis (montante de recursos final e CAGR) para os três portfólios simplificados de investimento safe haven com risco mitigado à medida que ajustamos o valor de alocação a cada safe haven dentro de cada portfólio:

Encontrando os Valores Ótimos de Alocação aos Investimentos Safe Haven Simplificados

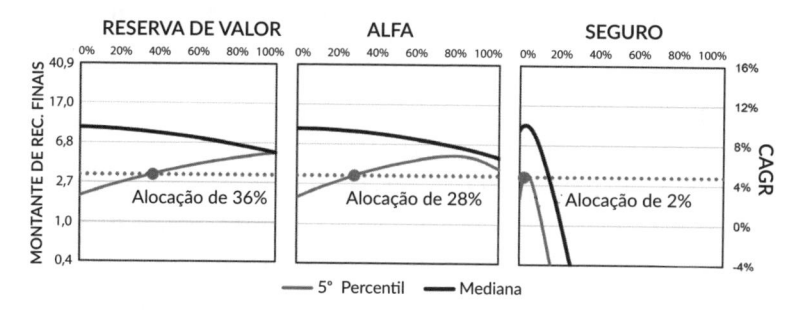

Como no caso do jogo de dados segurado, aproximadamente o mesmo valor de alocação no retorno do seguro maximiza a mediana *e* o resultado de riqueza final do 5° percentil (e toda a faixa de percentis). Para os outros investimentos safe haven (e da mesma forma que com o critério de Kelly), eles são inconsistentes; você deve escolher uma estimativa pontual arbitrária para maximizar. (Se ao menos o Samuelson ainda estivesse por perto para comentar isso, monossilabicamente.)

Também vemos que, para a alocação no seguro, aplicam-se os pesos do mingau da Cachinhos Dourados: nem muito quente, nem muito frio. Você deve destinar apenas aquela pitada de sal para o seguro — e a pitada se torna o ingrediente mais importante do prato.

Para enquadrar corretamente nossas carteiras com mitigação de risco e, assim, usar uma comparação equânime, na mesma base, de suas relações de custo-benefício na mitigação de risco, precisamos padronizar o grau de risco em cada carteira. A melhor maneira de se fazer isso é equalizar os resultados de seus caminhos ruins (os piores cenários), como os caminhos do 5° percentil. A linha pontilhada no gráfico anterior faz isso. Os pesos de alocação em cada um desses investimentos safe haven, de 36%, 28% e 2% para os safe haven de reserva de valor, alfa e de seguro, respectivamente, correspondem a uma CAGR de 5° percentil, para essas carteiras com mitigação de risco de 4,8 %. **Você pode ver que 4,8% foi escolhida como uma CAGR de 5° percentil boa e consistente para ser determinada nos três portfólios, porque**

isso maximiza conjuntamente o 5º percentil deles. E foi assim que esses valores ou tamanhos de alocação foram escolhidos para cada safe haven simplificado ao longo dessa análise.

Isso é muito semelhante à aposta fracionária segundo o critério de Kelly discutida no Capítulo 3, que efetivamente maximiza resultados de percentis mais baixos do que o 50º percentil (aquele maximizado pelo critério de Kelly), pois frequentemente eles não são maximizados conjuntamente. (Deve ficar bem claro que nenhum resultado para os portfólios de reserva de valor e alfa é sensível à nossa escolha de 4,8% como o 5º percentil, pois seus resultados médios diminuem com tamanhos de alocação mais altos).

Note que o portfólio de seguros tem uma alocação muito maior no SPX do que os outros dois (98%, em comparação com os outros, 64% e 72%), ao mesmo tempo que os três têm a mesma exposição aos maus caminhos (ou o mesmo caminho no 5º percentil). **Como podemos ver, a mitigação de risco com boa relação custo-benefício não apenas reduz o risco ou a exposição sistemática; ela, na verdade, permite que você assuma mais exposição (como fica evidente com uma alocação maior no SPX).**

E observe que esse é um aumento considerável na CAGR do 5º percentil do SPX para todos os três portfólios safe haven — de uma CAGR de 5º percentil de 2,7% para o SPX, para uma CAGR de 5º percentil de 4,8% para os portfólios com mitigação de risco. **Nós definimos o tamanho de alocação a cada investimento safe haven para que cada portfólio com risco mitigado tenha a mesma *precisão* aprimorada em sua gama de resultados possíveis — para uma comparação equânime baseada na mesma unidade. E podemos ver as diferenças nas suas CAGRs de 50º percentil, ou sua *precisão*, para determinar qual é a flechada do Guilherme Tell.**

A diferença nas CAGRs entre as diferentes carteiras com mitigação de risco, portanto, aparece como *custos explícitos* visíveis, em vez de serem *custos implícitos* ocultos, porque estamos acompanhando o crescimento composto de cada portfólio inteiro — dimensionados para o mesmo risco — uns contra os outros. **Sem essa comparação na** mesma base, os custos implícitos das alocações mais altas do safe haven de reserva de valor e do safe haven alfa (quando comparados à alocação no SPX) seriam extremamente difíceis de serem enxergados em grande parte do tempo, em relação aos custos explícitos conspícuos do retorno do seguro; economicamente, ambos os custos são igualmente relevantes.

Há apenas um placar, que é a taxa pela qual progredimos o capital de forma composta nesse *caminho* — aquele que aconteceu. E, portanto, precisamos acertar *esse* caminho (o imperativo existencial de Nietzsche) — seja ele o do 50º percentil ou o do 5º percentil ou o que for. Não se trata de acertar o caminho *esperado*. Estamos buscando domínio estratégico, melhorando os caminhos de todos os percentis e, assim, construindo robustez para cada caminho de percentil — para ajudar a fazer do nosso único caminho algo bom. E, para que não esqueçamos, nosso *N* sempre é igual a 1.

A RELAÇÃO DE CUSTO E EFEITO

A análise de custo-efetividade (ACE) é um método de avaliação dos custos e resultados relativos — ou efeitos — entre diferentes opções de tratamentos ou outras intervenções. Seu objetivo é proporcionar um processo de tomada de decisão que pese a compensação entre esses custos e os efeitos de diferentes opções de intervenção (algo mais usado na área da saúde). A magnitude dos efeitos justifica a magnitude dos custos? Essa negociação em uma ACE é mais visível em um gráfico bidimensional simples, geralmente chamado de *plano de custo-efetividade*, onde os custos e os efeitos podem ser facilmente visualizados e comparados ao longo de cada respectivo eixo. O caso base (como o padrão de atendimento) é o ponto na origem no gráfico (0,0) e a linha $y = x$ representa onde os custos incrementais são iguais aos efeitos incrementais; assim, diferentes cenários são expressos como razões de custo e efeito. Mas, no nosso caso, trocaremos os eixos (assim o custo se torna o eixo *x*). **Podemos representar qualquer carteira de risco mitigado como um ponto no plano de custo-efetividade; o desvio desse ponto da linha de base do SPX em $y = x$ representa o desempenho superior da CAGR mediana desse portfólio.**

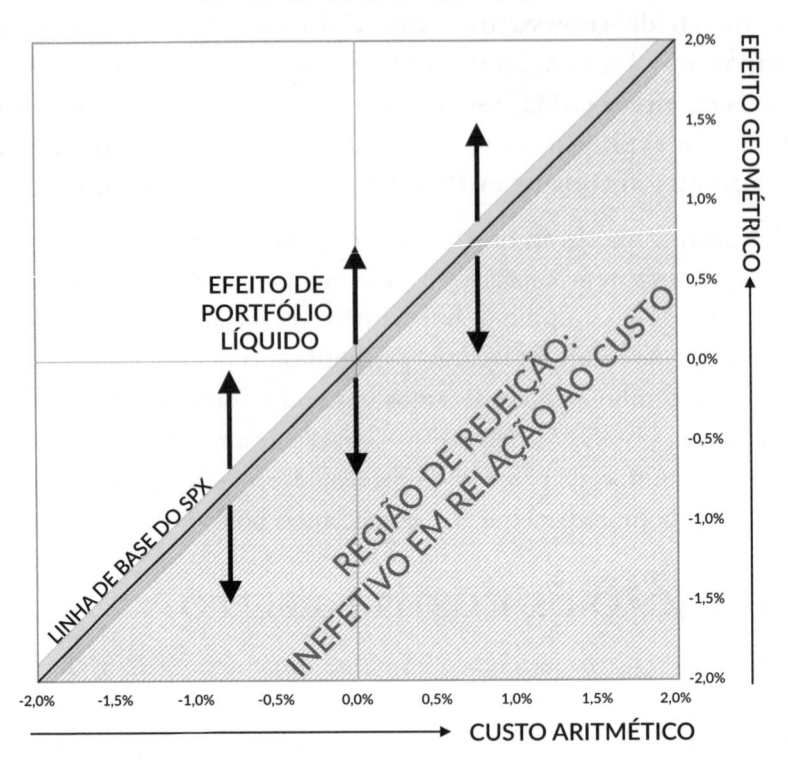

Plano de Custo-Efetividade

O custo *aritmético* ao longo do eixo x em nossa análise é simplesmente a mudança no retorno médio aritmético ao se adicionar cada retorno de safe haven simplificado ao SPX, ou as células rotuladas "CUSTO" na parte inferior do nosso gráfico de perfil de Xs e Os (apesar de o sinal ser invertido, pois um número negativo no gráfico de perfil de Xs e Os é um *custo positivo* aqui). As células rotuladas com "LÍQUIDO" na parte inferior do gráfico de perfil de Xs e Os — ou o desempenho superior médio da CAGR ao adicionarmos o retorno simplificado do safe haven ao SPX — representam a magnitude de qualquer ponto acima da linha de base diagonal do SPX, o que chamaremos de *efeito de portfólio líquido*. Por fim, o *efeito geométrico* ao longo do eixo *y* é o custo aritmético do eixo *x* mais o efeito de portfólio líquido.

Assim, quando o custo aritmético é igual ao efeito geométrico, a CAGR mediana da carteira com risco mitigado é a mesma que a

CAGR mediana da carteira SPX sem mitigação de risco, e o ponto residirá em algum lugar na linha diagonal do gráfico para essa carteira (dependendo da magnitude do custo e do efeito). Portanto, quanto mais acima da linha diagonal uma carteira de risco mitigado estiver, melhor será sua relação custo-efetividade, e quanto mais abaixo, mais ela será inefetiva em relação ao custo.

A linha de base diagonal do SPX contém o mesmo intervalo de confiança de 95% para a CAGR mediana do SPX. A área abaixo da diagonal — ou mais especificamente abaixo do limite de rejeição, ou faixa de confiança baixa na diagonal — é a *região de rejeição* para nossos testes de hipótese nula. Se um ponto no gráfico para uma carteira de risco mitigado cair abaixo da linha do limite de rejeição, ela não alcança o nível necessário, porque adicionar esse retorno de safe haven ao SPX *não* aumentou o retorno médio geométrico dessa carteira ou a CAGR mediana ao longo do tempo.

A maioria dos investidores adere a uma estratégia de mitigação de risco em função de seu efeito, mas não contabiliza adequadamente o custo pago para obter esse efeito — e, portanto, não leva em conta o efeito de portfólio *líquido*. O gráfico nos permite analisar visualmente de forma mais profunda tanto esse custo como a fonte do grau de custo-efetividade de um investimento safe haven, ou desempenho superior da CAGR (ou, mais provavelmente, a falta dele). Isso está vindo de um baixo custo aritmético, de um efeito geométrico alto, ou de alguma combinação de ambos? O safe haven é mesmo eficaz? Qualquer ponto de dados no eixo x ou abaixo dele, significando eficácia negativa, independentemente de onde esteja em relação à diagonal, realmente não é mesmo um investimento safe haven. Sem esse quadro pictórico, isso não seria tão óbvio.

Na página seguinte, há um close-up do plano de CE para cada portfólio de investimento safe haven simplificado individualmente, ampliado para que se mostre cada custo aritmético, efeito geométrico e efeito de portfólio líquido (ou desempenho superior da CAGR mediana).

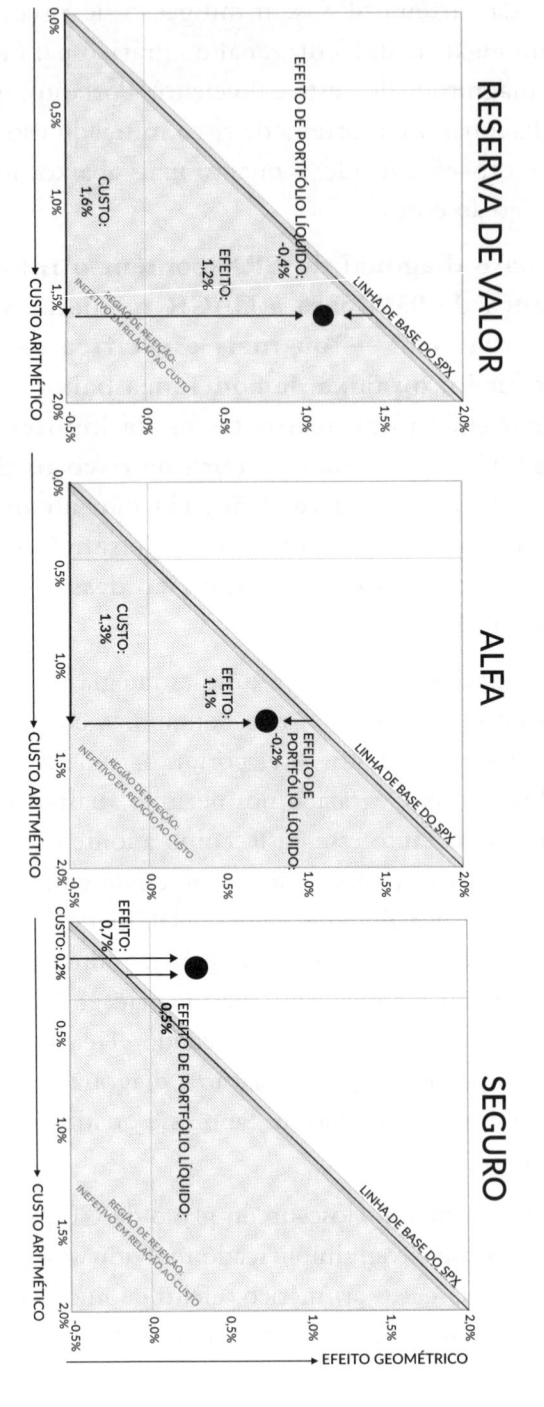

Efeito Geométrico – Custo Aritmético = Efeito de Portfólio Líquido

A elegância simples desses planos de custo-efetividade é que as duas forças contrárias anteriormente escondidas bem no coração do investimento safe haven, e que estão sempre agindo em nossa distribuição de retornos e desempenho real, agora se tornam totalmente visíveis, e até bem intuitivas.

O padrão que emerge nesses três gráficos, da esquerda para a direita, é que os custos de mitigação de risco diminuem mais ou menos juntos com os efeitos. Mas o mais importante é que os custos diminuem *mais* do que os efeitos e, portanto, a relação custo-efetividade melhora à medida que avançamos da esquerda para a direita.

Há sempre essa tensão de mitigação de risco ou troca entre essas duas forças contrárias de custo e efetividade — ou custo aritmético e efeito geométrico. Essa troca ocorre entre retornos aritméticos mais baixos (o custo) como pagamento por aquele ganho geométrico que já conhecemos tão bem (o efeito). Não há nada de graça. Porém, se você puder inclinar essa compensação a seu favor, com um efeito que supere o custo, resultando em um efeito de portfólio líquido positivo, então a mitigação de riscos *nos resultados líquidos* aumenta a progressão composta e, consequentemente, os recursos. Então, voilà — você tem mitigação de risco *com boa relação custo-efetividade*. É assim que adicionar um investimento safe haven ao portfólio, pode diminuir a soma (ou média) e ainda aumentar o todo geométrico (ou um intervalo entre percentis). Aqui encontramos nosso credo de mitigação de risco e nosso tesouro enterrado.

Visivelmente, a vantagem do seguro vem de seu custo muito baixo para o portfólio na forma de um retorno médio aritmético que é reduzido *menos* – e isso apesar de o seguro ter de longe o menor retorno aritmético sozinho entre os três retornos de safe haven. Isso ocorre porque seu tamanho de alocação de 2% é muito baixo em relação aos outros. Mas o efeito geométrico permanece alto, graças à sua recompensa explosiva de "dez para um". A recompensa do seguro é muito *eficiente* em sua efetividade.

Lembre-se do Capítulo 3 que esse golpe duplo de economia de custos aritméticos mais um efeito de portfólio líquido maior é aquilo a que a estrutura da ACE se refere como uma estratégia *economicamente dominante*, e as simplificações de reserva de valor e alfa são chamadas de estratégias *dominadas*. E como podemos ver claramente agora, o custo aritmético mais baixo da estratégia do seguro, ou sua eficiência, é o próprio gerador dessa dominância econômica.

Quanto mais explosivo e eficiente for o retorno de uma mitigação de risco — quanto mais valor o investimento gerar —, menos dele precisaremos para conseguir um determinado efeito geométrico. E quanto menos precisarmos, menos impactante será o custo aritmético, visível em um retorno aritmético mais baixo. Na verdade, tudo se resume a essa simples troca econômica.

Na concepção técnica do movimento browniano geométrico das finanças quantitativas modernas, esses dois elementos de custo e efeito que resultam na mudança na CAGR são representados no cálculo do retorno geométrico como $\mu - \frac{\sigma^2}{2}$, com as mudanças no retorno médio aritmético μ representando o custo aritmético, e as mudanças no termo $\frac{\sigma^2}{2}$ representando o efeito geométrico; mas estes assumem especificamente uma distribuição log-normal — o que todos sabem ter sido uma suposição frívola na realidade. Nosso termo de custo é a mesma variação em μ, mas nosso termo de efeito é apenas aproximado por $\frac{\sigma^2}{2}$. (Nossa concepção analítica não faz suposições distributivas.) Detalhes matemáticos aqui não são importantes. Mas as finanças modernas claramente entendem isso, e as implicações estão presentes em seus modelos básicos; elas simplesmente não podem se dar ao luxo de redirecionar todo seu aparato matemático para algo (a média geométrica ou a mediana, por exemplo) que proporcione soluções matemáticas menos limpas.

Portanto, espero que você tenha notado que acabamos de reproduzir o negócio do comerciante de Petersburgo nos retornos do mercado de ações do mundo real. O melhor de tudo é que, agora, você sabe exatamente como isso foi feito.

À medida que finalmente começarmos a colocar pontos de dados de investimentos safe haven do mundo real por todo o plano de custo-efetividade no próximo capítulo, descobriremos que a ACE pode ser muito útil para fazer melhorias *incrementais* em um programa de mitigação de risco existente com base na relação custo-efetividade *relativa*, e não apenas como um desqualificador abrupto com base na relação custo-efetividade *absoluta*. Essa pode até ser sua função principal. Por exemplo, enquanto o safe haven alfa cria um efeito de portfólio líquido de -0,2%, esse efeito de portfólio líquido ainda é 0,2% melhor do que o efeito de portfólio líquido de -0,4% criado pelo safe haven de reserva de valor (com mais de 95% de significância estatística) — fornecendo o mesmo grau de mitigação de risco (uma CAGR de portfólio de 5° percentil de 4,8%). Estamos basicamente criando um novo caso base (ou novo padrão de atendimento) para nossa região de rejeição; em vez da linha de base do SPX, podemos criar a *linha de base do portfólio com risco mitigado alfa* contra a qual testar o desempenho superior da CAGR, como no plano CE a seguir:

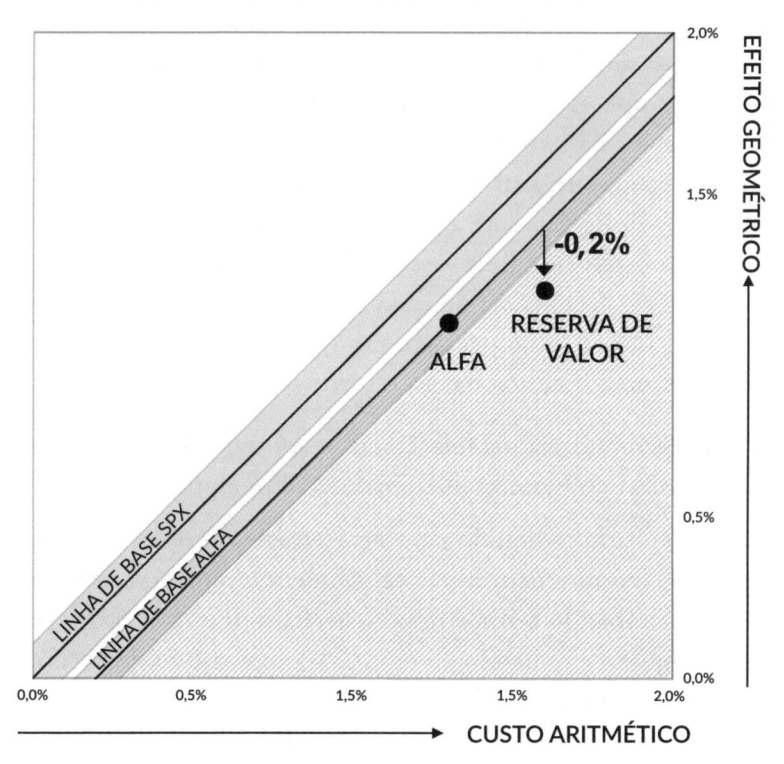

ACE Relativa: Movendo a Linha de Base

À medida que o ponto do portfólio com risco mitigado de reserva de valor chega a essa região de rejeição, seria economicamente benéfico passar da reserva de valor para o safe haven alfa para se atingir esse grau desejado de mitigação de risco. **A relação custo-efetividade na**

mitigação de riscos deve, portanto, ser pensada tanto como uma medida absoluta, como relativa. Será particularmente importante ter isso em mente se descobrirmos que investimentos safe haven com boa relação custo-benefício verdadeiramente absolutos são algo escasso no mundo real. O melhor não precisa ser inimigo do bom.

REEMBARALHANDO

Aqui está uma ilustração final para provar a você que o formato do retorno do investimento safe haven é importante para o efeito de portfólio líquido ao menos tanto quanto (e geralmente muito mais do que) seu retorno aritmético esperado. Vamos supor que nós recriemos um novo bootstrap que, para cada caminho de 25 anos que criamos lançando o dado d120, nós tomamos os 25 retornos do SPX e os 25 retornos do investimento safe haven correspondente e *embaralhemos* aleatoriamente a ordem em que esses retornos ocorrem. Para ser mais claro, ainda temos os mesmos 25 retornos do SPX e 25 retornos do investimento safe haven da jogada original com nosso dado d120, mas agora eles serão combinados aleatoriamente a cada ano, em vez de ficarem alinhados de acordo com o retorno do investimento safe haven; isso significa que o rendimento e a frequência de cada retorno de safe haven permanecem os mesmos, mas o ano específico em que você experimentará cada retorno não é mais condicional ao retorno do SPX.

Como isso mudaria sua relação custo-efetividade como estratégia de mitigação de risco nesse bootstrap? Você tem alguma ideia?

O efeito portfólio líquido para a carteira de risco mitigado de reserva de valor é o mesmo, naturalmente, já que seu retorno é sempre o mesmo, reembaralhando a amostra ou não. Para os outros dois, o efeito de portfólio líquido é reduzido — em 0,2% no portfólio de risco mitigado alfa, levando a um efeito de portfólio líquido de -0,4%, e em 0,8% no portfólio de risco mitigado com seguro, levando a um efeito de portfólio líquido de -0,3%. Agora, todos os três pontos caem na região de rejeição e todos os três são ineficazes em termos de custo. Novamente, o valor esperado de sua soma é igual à soma de seus valores esperados.

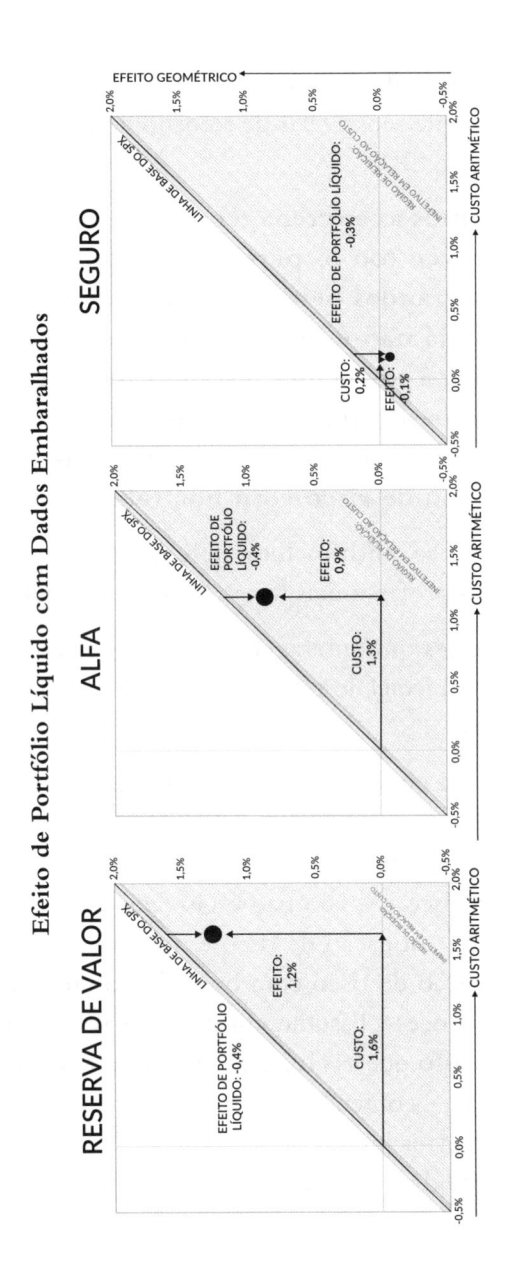

Efeito de Portfólio Líquido com Dados Embaralhados

Portanto, não importa como esses retornos aconteçam, a soma (ou a média aritmética) das partes é a mesma de antes. Assim, os custos aritméticos desses investimentos são exatamente os mesmos que eram originalmente, visíveis na coordenada de custo para todos os três pontos do gráfico. O efeito geométrico, no entanto, foi reduzido para a carteira com mitigação de risco alfa, e mais intensamente para a carteira com seguro, agora que seus perfis de retorno de safe haven estão despareados em relação ao SPX.

Como separamos as engrenagens de interação de nossos mecanismos safe haven (ou os perfis de rendimento coordenados que mitigam as grandes perdas de uma carteira), o todo (ou a CAGR mediana) já não é mais a maior para o retorno simplificado do seguro. Tudo o que resta é uma diversificação fraca (já que o rearranjo aleatório cria pares de retornos não correlacionados) que, visivelmente, não é suficiente para proporcionar uma mitigação de risco com boa relação custo-benefício.

Se isso fizer você se sentir melhor, descobri que muito poucos investidores ou gerentes profissionais teriam adivinhado isso também.

O valor das partes que interagem só é visível de dentro do todo, e isso significa que é a *forma* do retorno do investimento safe haven o que realmente importa.

Como mencionei enquanto estávamos bajulando o critério de Kelly e as estratégias de mitigação de risco com seguro nos jogos de dados demoníacos — especificamente a maneira como eles adicionavam tanto valor ao reduzir o risco —, isso não é tão fácil no mundo real, em que a compensação pela mitigação de risco é um ato de equilíbrio dos mais precários. A mitigação de risco com boa relação custo-benefício é uma proposição com nuances e bastante difícil de se avaliar, quanto mais implementar. E é por isso que as finanças modernas e a maioria dos profissionais evitam isso — contentam-se em viver com o grande dilema do risco. (É melhor morrer junto com o rebanho do que arriscar por conta própria, como já me disseram inúmeras vezes em reuniões com executivos de fundos de pensão subfinanciados.)

AGNOSTICISMO

Em nosso experimento até agora, comparamos a mediana (ou média geométrica) dos recursos ou a CAGR de todos os nossos 10 mil caminhos de 25 anos, e colocamos os resultados em nosso placar. Também definimos as alocações de cada investimento safe haven simplificado de modo que o caminho do 5° percentil de cada carteira de risco mitigado seja o mesmo (proporcionando uma leitura na mesma base). Como vimos, cada portfólio de risco mitigado tem um caminho no 5° percentil que é muito superior ao caminho do 5° percentil do SPX individual — em 78% no caso de suas CAGRs e em 66% no caso de seu montante final de recursos depois dos 25 anos. Corrigimos esse caminho mais alto do 5° percentil e, em seguida, observamos como as três carteiras com mitigação de risco diferem em seus caminhos medianos.

Lembre-se, qualquer apostador pode conceber algo que funcione bem em uma crise e aumentar esse 5° percentil; o truque é fazê-lo enquanto também se aumenta a mediana (ou melhor ainda, todos os percentis). Isso, em poucas palavras, é uma mitigação de risco com boa relação custo-benefício.

Apesar da meticulosidade do que fizemos aqui, é sempre bom dar um passo atrás e nos perguntar se, talvez, estejamos deixando passar algum ponto cego em nossa abordagem. Estamos amostrando 10 mil caminhos, e a vida não é feita de 10 mil caminhos. A vida tem apenas um caminho. Aumentar nosso caminho do 5° percentil aumenta nossa precisão em não nos arrependermos do único caminho que temos, pois esse pode justamente acabar sendo o caminho do 5° percentil. Por outro lado, maximizar nosso caminho do 50° percentil aumenta nossa exatidão para podermos acertar na maioria das vezes, e nos afasta de maximizar um caminho (o caminho médio, como no paradoxo de São Petersburgo) que provavelmente nunca viveríamos de qualquer maneira. Estamos empregando o bom combate contra a sorte. Mas talvez possamos fazer ainda mais.

Não queremos nos importar muito com a aparência da futura distribuição de retornos do SPX, ou com aquilo que o formato do dado d120 proporciona à nossa análise de bootstrap. Se o fizéssemos, estaríamos de volta àquela contradição interna, na qual o investimento safe haven com boa relação custo-benefício demanda uma bola de cristal mágica. Não; esse investimento safe haven precisa ser um *investimento agnóstico*. Na verdade, não queremos especular se o mercado irá melhorar ou piorar. Seja o que for que o mercado faça, não queremos ser obrigados a prever isso.

Digamos que não haja nenhum "crash" ou, especificamente, *nenhuma ocorrência de retorno do SPX no agrupamento mais baixo* — ou seja, uma queda de 15% ou pior em qualquer ano. Qual desses investimentos safe haven seria ideal nesses caminhos restritos? Intuitivamente, você não esperaria que qualquer safe haven tivesse muito valor, pois acabamos de remover as crises! Mas responderemos a essa pergunta metodicamente, simplesmente restringindo quaisquer resultados do dado d120 correspondentes a um retorno do SPX de -15% ou menos, enquanto realizamos nosso mesmo bootstrap. Na página seguinte estão os resultados.

Poderíamos esperar que o seguro, que perderá deterministicamente 100% a cada ano nesse cenário, pois o SPX nunca cairá 15% ou mais, teria uma desvantagem severa em comparação aos outros dois. **Afinal, os investimentos safe haven de reserva de valor e alfa** *sempre* **têm um retorno positivo; isso é mitigação de risco de baixo custo, certo? Como se vê, mesmo sem retornos do SPX de -15% ou inferiores, as carteiras dos investimentos safe haven simplificados de seguro e alfa têm a mesma CAGR mediana — ou a mesma condição de custo-efetividade** *relativa* **— enquanto a CAGR mediana do portfólio de reserva de valor é 0,1% menor.**

Por mais surpreendente que isso possa ser, fica claro que o custo aritmético de -2,3% para a carteira de risco mitigado com seguro é menor do que o custo aritmético de -2,8% para a carteira alfa e menor que o custo aritmético de -3,1% para a carteira de reserva de valor. Isso se deve a um tamanho de alocação muito menor, de 2%, para o safe haven de seguros em comparação ao valor de alocação de 28% para o alfa e 36% para o safe haven de reserva de valor. Nesse caso restrito, a carteira de seguros tem efeito positivo zero em troca desse custo (já que nunca recebe nenhum retorno positivo de um retorno SPX de -15% ou menos) — visível em seu efeito de portfólio líquido, que é o mesmo que seu custo aritmético — enquanto a carteira alfa consegue obter um efeito de +0,5% e a carteira de reserva de valor um efeito de +0,7%; os custos e efeitos tanto das carteiras de risco mitigado alfa e de seguros resultam em uma CAGR mediana (ou seu retorno médio geométrico) de 12,0%, ou um desempenho inferior ao de 2,3% do SPX, enquanto o custo e o efeito da carteira de risco mitigado de reserva de valor resultam em uma CAGR mediana de 11,9%.

Perfis de Xs e Os: Placar de Mitigação de Riscos

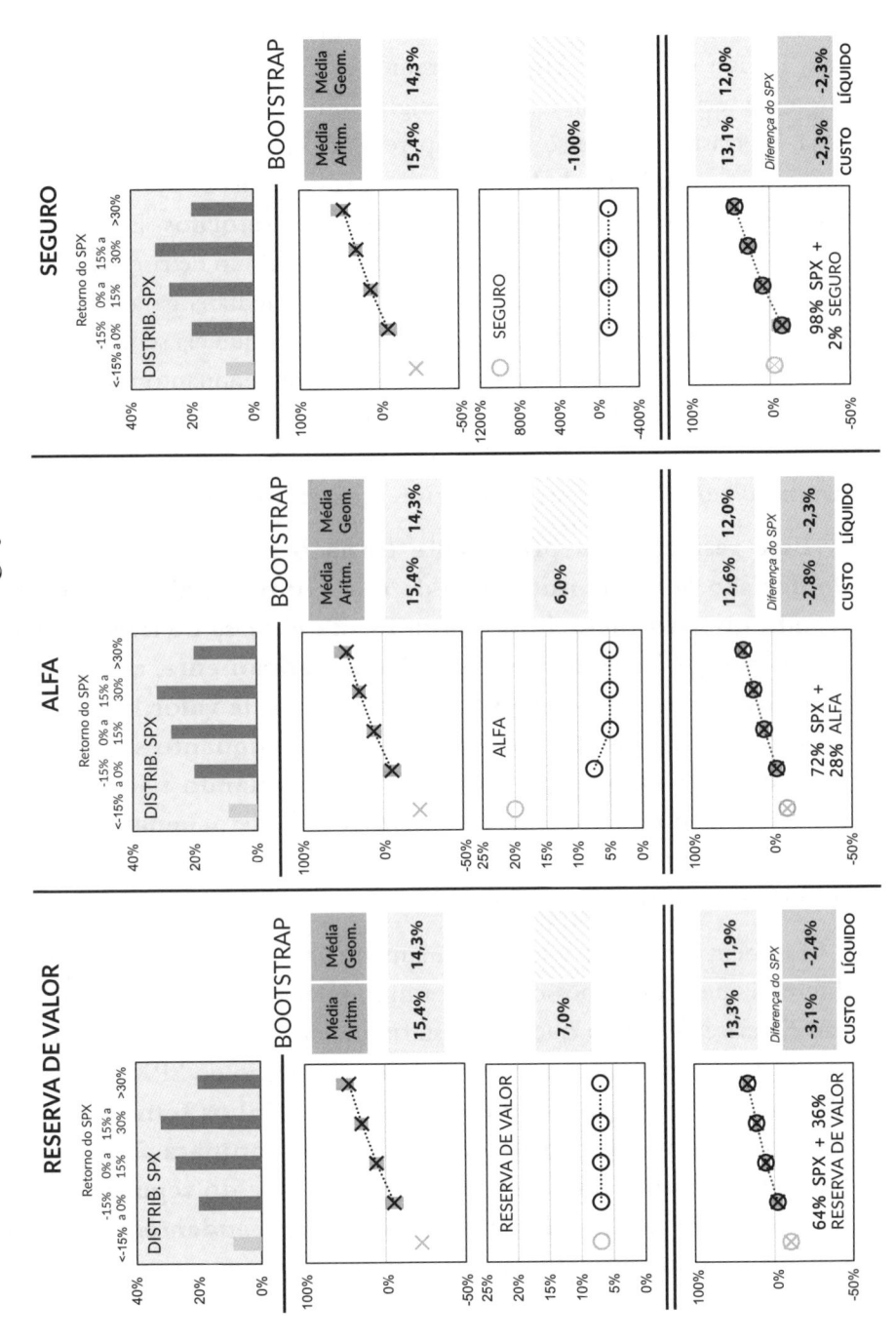

Sabemos que não temos capacidade de prever um cenário tão restritivo a crises e de baixo risco. Queremos evitar pensar em mitigação de risco em termos tão *táticos*, o que exigiria que lançássemos mão daquela bola de cristal. Mas esse bootstrap restrito mostra outro insight surpreendente: **qualquer habilidade em prever crises (percebidas ou não) não deve afetar a decisão entre esses retornos**. Enquanto se espera taticamente por aquele crash, tanto o portfólio de risco mitigado alfa quanto o de seguro têm a mesma CAGR mediana para um determinado nível de proteção contra crises (uma vez que ela se instale); seu custo de usar esses dois investimentos safe haven enquanto você espera o proverbial "soar do alarme" é o mesmo. Assim, sua escolha ideal voltaria para o que tem melhor relação custo-benefício *estrategicamente*, pois não há a habilidade de se prever crises (ou a situação seja ainda pior).

Esse resultado surpreendente torna o processo de tomada de decisão *tática* de mitigação de risco muito mais fácil, mostrando que seu raciocínio é uma forma *virtuosa* de *circularidade*: Ao empregar investimentos safe haven taticamente, alternando entre diferentes variedades (como a reserva de valor, o alfa e os seguros) a fim de economizar nos custos enquanto se aguarda uma crise, a escolha menos dispendiosa quando não há crise é a mesma que a escolha de um melhor custo-benefício com uma crise (ou seja, o seguro) — o que elimina, assim, a necessidade de habilidade tática.

Também queremos estar extremamente atentos às muitas maneiras diferentes pelas quais nosso único caminho pode se desenrolar. Quando não há crise, é lógico que você estaria melhor sem nenhuma mitigação de risco (ou, neste caso, apenas com o portfólio do SPX). Mas essa não é a questão. **O ponto aqui é que os caminhos sem crise não favorecem um retorno de safe haven em comparação a outro (ao menos comparando os retornos do alfa e do seguro); nossa escolha de investimento safe haven é surpreendentemente agnóstica — não importa que caminho tomemos.**

No entanto, se optarmos por não manter nenhuma mitigação de risco (ou seja, apenas o SPX), não temos mais uma comparação na mesma base entre as estratégias. (Apesar das intervenções do Banco Central, não podemos simplesmente supor a existência das crises.) Se a qualquer tempo compararmos portfólios com propriedades de risco muito diferentes, estaremos cometendo a falácia lógica da falsa equivalência. Se você realmente deseja manter somente o SPX, com uma CAGR de 5° percentil de 2,7% (e você se parabenizará quando sua mitigação sem risco funcionar bem enquanto seguir por um caminho benigno), então você deve comparar isso com nossas três estratégias de mitigação de risco ajustadas para reduzir a CAGR do 5° percentil de 4,8% para 2,7%.

Para fazer esse ajuste (sem simplesmente remover a mitigação de risco, claro), precisamos apenas adicionar mais exposição ao SPX (utilizando alavancagem do portfólio) a cada um desses portfólios com risco mitigado, até que cada CAGR do 5° percentil caia de 4,8% para 2,7%. O que descobrimos quando fazemos isso é que acabamos exigindo alocações de SPX de 179%, pareadas com a alocação de reserva de valor de 36%; de 187% no SPX alinhada com a alocação de 28% no alfa, e de 225% combinada com os 2 % de alocação no seguro. E quando executamos o último bootstrap novamente (sem retornos SPX de -15% ou menos) com essas novas alocações alavancadas no SPX, as CAGRs medianas para os portfólios com risco mitigado de reserva de valor, alfa e de seguro se tornam 26,9%, 26,9% e 27,6%, respectivamente (em comparação à CAGR mediana semelhante para o SPX sozinho, de 14,3%).

Tenha em mente que não estou sugerindo que alguém deveria fazer isso. Meu único ponto é que, como você pode ver, **devemos evitar comparar o desempenho altamente restritivo (como a opção sem crise) de carteiras com mitigação de risco com carteiras que não têm mitigação de risco.**

Ironicamente, quando somos honestos nas comparações de portfólios nas mesmas bases, as soluções ideais de mitigação de risco são robustas e indiferentes a quando houver — e mesmo *se houver* — uma crise novamente. (*Caudas gordas* são supérfluas.) Isso é vencer a guerra contra a sorte.

DEFESA OFENSIVA

Outra pergunta precisa ser feita ao considerarmos quão distantes nossos investimentos safe haven estão de qualquer demanda por previsão, ou quão estratégicos, e não táticos, eles são. Nossos gráficos de perfil de Xs e Os mostram como esses investimentos safe haven protegem contra os piores agrupamentos de retorno do SPX. **Este é o componente defensivo óbvio da mitigação de risco. Mas há também algum papel ofensivo desempenhado pela mitigação de risco?**

Lembre-se, em nosso bootstrap estamos tornando aleatória a ordem em que os retornos anuais históricos do SPX ocorreram de verdade. Isso elimina completamente uma potencial vantagem para reequilibrarmos nossos portfólios com risco mitigado após um crash, comprando em preços presumivelmente mais baratos, fazendo realocações entre o safe haven e o SPX — essencialmente, comprando mais SPX. A questão então se torna esta: Os retornos subsequentes do SPX são maiores depois que o índice sofre uma grande queda? Testaremos o conselho de Warren Buffett de sempre comprar ações durante (ou preferencialmente depois de) uma queda no mercado de ações.

É um teste de hipótese simples. A hipótese nula é que os retornos médios subsequentes do SPX de 1, 5 e 10 anos após qualquer ano em que o SPX caiu 15% ou mais são os mesmos que os retornos médios incondicionais sobre esses mesmos períodos de 1, 5 e 10 anos. Usaremos o mesmo período de 120 anos de dados sobre o retorno anual do SPX que usamos quando aplicamos nosso dado d120 (só que, agora, precisamos obviamente manter esses retornos *em ordem*).

Lamentavelmente, não podemos rejeitar essa hipótese nula com 95% de confiança (ou, surpreendentemente, nem mesmo com 60% de confiança). Esses retornos subsequentes simplesmente não são maiores, em relação à sua aleatoriedade ruidosa inerente. (E isso é verdade tanto para nossos dados anuais do ano civil, como para dados anuais com sobreposições mensais.)

Apesar das recuperações do mercado de ações na última década, com curvas em forma de V, parece não ter havido nenhum benefício estatisticamente significativo na compra de ações depois de quedas acentuadas (em comparação a compras em qualquer outro momento). Em outras palavras, não há *reversão média* visível nos retornos do SPX nesses períodos. Isso deveria ser bem surpreendente, pois comprar após crises se tornou a sabedoria popular dos investimentos. Warren Buffett tem sua máxima: "Tenha medo quando os outros forem gananciosos e seja ganancioso quando os outros estiverem com medo." E antes disso, John D. Rockefeller supostamente disse: "O caminho para se ganhar dinheiro é comprar quando há sangue correndo nas ruas."

A lógica simples diz que deveríamos ter sido capazes de rejeitar nossa hipótese nula: sabemos que valores mais baixos de ações levam a retornos subsequentes mais altos para tais ações. E as liquidações do mercado de ações devem gerar valores mais baixos nas avaliações de ações. Mas há "muitos deslizes", já que as vendas do mercado de ações também podem levar, por reflexo, a valores fundamentais mais baixos; a relação de causa e efeito raramente é claramente direta em investimentos. E embora os economistas levem a ideia longe demais, há algo no argumento de "mercados eficientes" deles que diz que *não pode* ser de conhecimento comum que uma ação está subvalorizada (depois de um crash, digamos) — caso contrário, seu preço não estaria lá embaixo. É por isso que os economistas normalmente defendem sua hipótese de "caminhada aleatória por Wall Street", em que uma vez ocorrendo um grande crash, não temos novas informações de períodos *à frente* sobre o desempenho das ações; águas passadas são águas passadas.

Infelizmente, estamos presos à nossa hipótese nula de que comprar o SPX após uma crise não faz nenhuma diferença para seus retornos subsequentes. Isso não diz nada sobre ações de valor incomum específicas que podem provavelmente aparecer depois de um crash de mercado, imagine; estamos apenas considerando exposições sistemáticas no índice SP500 em geral. Mas a questão ainda é significativa.

Se esse suposto efeito de "valor" ao estilo de Warren Buffett alguma vez aconteceu ou não — de forma conservadora, ele foi completamente removido de nosso bootstrap —, lembre-se de que ainda há um componente muito ofensivo na mitigação de riscos. Os investimentos safe haven não são feitos apenas para que nos sintamos bem com a segurança ou para que tenhamos boas noites de sono. Como vimos repetidamente a esta altura, o ponto de segurança é evitar que nossas apostas sejam reduzidas após uma perda acentuada, o que diminuiria a base subsequente a ser progredida de forma composta. Esse reequilíbrio iterativo de tamanhos de apostas e valores de investimentos — evitando a queda de alto custo —, que chamamos de forte propriedade emergente da mitigação de risco, *é um bom ataque*.

Como diz o clichê: "O ataque ganha jogos. A defesa ganha campeonatos." (Mexo com meu filho jogador de hóquei interminavelmente com isso; ele joga tanto na defesa como no ataque.) É por isso que, para Graham, a "essência da gestão de investimentos é a gestão de riscos, não a gestão de retornos". Mas a dinâmica entre ataque e defesa é um pouco mais complexa do que investir — há uma sinergia sutil entre ambos. É até uma máxima napoleônica: "A transição da posição defensiva para a ofensiva é uma das operações mais delicadas da guerra." Particularmente na *guerra contra a sorte*.

Evitar a concavidade das Cataratas de Bernoulli durante a composição multiplicativa do investimento é algo que traz seu próprio componente ofensivo ao investimento safe haven. **É a forma como, em nossa análise de custo-efetividade, o efeito geométrico da mitigação de risco pode exceder seu custo aritmético. O efeito geométrico realmente *é* o ataque.**

Em investimentos, uma boa defesa *leva* a um bom ataque.

UMA MOLDURA ESTREITA DE JANELA QUEBRADA

Já deve estar muito claro a essa altura: não podemos julgar a relação custo-efetividade de uma determinada estratégia de mitigação de riscos por si só, no vácuo, com base apenas em seus atributos. A *teoria da relatividade* dos investimentos dita que o valor de um investimento só pode ser conhecido pelo efeito de portfólio líquido que ele proporciona e, portanto, é único e relativo a esse (e a qualquer outro) portfólio específico. O todo é, muitas vezes, mas nem sempre, muito maior do que a soma das partes.

Esse é um grande desafio para a maioria dos observadores. E isso é particularmente verdade nos investimentos porque a matemática da soma — ou da média aritmética — é tão intuitiva, enquanto a matemática do todo — ou dos compostos — é tão contraintuitiva. Os componentes do portfólio, portanto, destacam-se como itens separados. Eles não são percebidos como solúveis em um portfólio, como (apenas uma pitada de) sal; em vez disso, são percebidos como insolúveis, como óleo.

De forma mais ampla, esse desafio tem até um nome formal no campo da economia comportamental: *enquadramento estreito*. Esse é o hábito ou ponto cego que as pessoas tendem a ter ao olhar para os investimentos como partes e não como um todo — como itens listados, e não compondo um portfólio abrangente. É um erro pequeno e inofensivo de um garotinho de olhos arregalados que espia o funcionamento do relógio cuco de seu avô pela primeira vez; mas para os investidores, leva a decisões incoerentes e dispendiosas. **Como em muitas coisas, nossa capacidade de enquadrar um problema de forma coerente e correta é o que cria nossa capacidade de resolvê-lo**, sem mencionar nossa capacidade de monetizar essa solução.

Isto é o que nossos diagramas de perfil de Xs e Os e o quadro de placar se destinam a fazer. É *altamente* contraintuitivo que o retorno do safe haven de seguro que rende exatamente 0% em média seja aquele com uma relação custo–benefício tão boa, enquanto os que rendem 7% em média — dimensionados para o mesmo grau de proteção visível no caminho do 5º percentil do portfólio — não são. Além do mais, isso simplesmente contraria a percepção comum de que seguros são algo caro e um custo líquido, da mesma forma que a sabedoria convencional que diz que, para uma estratégia de mitigação de risco agregar valor, ela deve ter por si mesma um retorno esperado suficientemente positivo — ou, ao menos, algum retorno positivo na maior parte do tempo. O que a princípio parece reduzir gratuitamente o retorno aritmético do portfólio (e derrubar o portfólio como um item de valor negativo em boa parte dos anos) acaba sendo um benefício à CAGR. Esse é, naturalmente, o negócio do comerciante de Petersburgo.

Todas as estratégias de mitigação de risco, em última análise, exigem uma compensação entre o grau de proteção contra perdas proporcionado — o efeito geométrico ou o valor da progressão composta negativa da carteira que é *evitada* — versus o grau do custo de oportunidade de se alocar capital nessa proteção e não no resto do portfólio — o custo aritmético, ou o valor da redução do retorno médio aritmético do portfólio.

Na alocação de capital, na qual um enquadramento estreito significa que cada componente de um portfólio é julgado por seus próprios méritos individuais, a escolha ideal normalmente seria a estratégia de reserva de valor ou alfa, em vez da estratégia de seguro. **Um investidor quase sempre adotará e será capaz de explicar uma estratégia em nome da redução de risco que, por si só, tem um retorno positivo na maioria das vezes — ou nenhum custo explícito — mesmo que ela reduza os retornos totais do portfólio no período ou a qualquer momento — um custo implícito. Isso é conhecido como *negligência de custo de oportunidade* e é provavelmente o viés mais pernicioso, porém oculto, que enfrentamos na mitigação de riscos. Parabéns a toda a indústria de fundos de hedge por basicamente ganhar dinheiro em cima dessa simples disparidade percebida entre custos explícitos e implícitos (e, sim, estou sendo sarcástico).** De fato, é por isso que a diversificação continua sendo erroneamente percebida como "a única coisa de graça em finanças".

Evitar essa tomada de decisão de mitigação de risco incoerente requer uma visão holística, comparando os custos implícitos dos retornos de toda a carteira com os das alternativas. Fácil de dizer, difícil de colocar em prática. Provavelmente, essa é a razão pela qual sucumbimos tão facilmente, pois não estamos atentos a isso. Mas talvez possamos aprender algo de algumas outras áreas onde o fato não é tão questionável, mas nas quais é mais fácil de ser superado.

O melhor exemplo desse problema de enquadramento foi apresentado pelo grande economista libertário francês Frédéric Bastiat em seu ensaio de 1850 *"Ce qu'on voit et ce qu'on ne voit pas"* ["Aquilo que é visto e aquilo que não é visto", em tradução livre], em que talvez ele tenha sido o primeiro a introduzir o conceito de custo de oportunidade. Em uma parábola de experimento mental, um menino travesso quebra a vitrine de um lojista, e alguém na multidão reunida tenta argumentar que o evento é realmente uma coisa boa, porque significa mais negócios para o vidraceiro. Como Bastiat aponta, a falácia aqui é óbvia quando você considera que deveríamos simplesmente passar a quebrar as vidraças das janelas para aumentar a atividade econômica e o crescimento. O enquadramento estreito dessa visão falaciosa ignora o custo implícito para o lojista, que agora deve gastar dinheiro para consertar sua vitrine, em vez de em outros itens possíveis, como um novo casaco para sua esposa, que teria proporcionado movimento nos negócios do alfaiate. A riqueza do lojista é reduzida (em relação à que teria sido se o menino não tivesse quebrado a janela), enquanto a renda na comunidade é meramente reorganizada (passa do alfaiate ao vidraceiro); então, a destruição acarreta um custo líquido — como realmente deve ser. A lição é levar em conta não apenas certas partes, mas o todo; assim, percebemos que os custos de oportunidade são custos reais — embora invisíveis. Precisamos de uma comparação de alternativas em bases iguais para criar o enquadramento que revele esses custos de oportunidade reais.

Erros de omissão são invisíveis e fáceis de se ignorar; erros de ação são os que notamos. Ignorar o primeiro para olhar para o segundo é uma falácia. Os políticos cometem essa falácia constantemente, e também a ironia da mitigação de risco relacionada. Ela basicamente vem com a tarefa — tirar proveito dela *é* o trabalho (já que todo programa do governo envolve custos de oportunidade ocultos, com interesses conflitantes de ambos os lados).

Outro exemplo muito próximo, na minha visão, é o problema fundamental de enquadramento estreito da agricultura industrial química moderna, como já mencionado no Capítulo 3. Allan Savory faz referência a isso de forma maravilhosa em seu apropriadamente denominado *manejo holístico* de práticas de pastoreio rotativo de herbívoros, que aumenta surpreendentemente a quantidade e qualidade do solo superficial, e sua capacidade de sequestrar carbono como nada mais o faz. (O centro-oeste dos Estados Unidos tornou-se a terra mais fértil do mundo — e também um enorme sumidouro de carbono — por causa de seus rebanhos de dezenas de milhões de bisões.) Essa visão holística se perde naqueles com uma visão estreita de que os herbívoros (uma das partes) são o problema ecológico, e uma dieta sem carne é, portanto, a solução ecológica. Herbívoros removidos de suas pastagens (outra das partes) e alimentados por quilômetros intermináveis de monoculturas anuais cultivadas industrialmente são de fato um enorme problema ecológico; mas alimentar humanos em vez de herbívoros dessa maneira ainda nos deixa com o mesmo grande problema ecológico: monoculturas anuais manipuladas e cultivadas em escala industrial. Herbívoros manejados em pastagens perenes, onde deveriam viver, são uma grande solução — o todo é maior quando essas *partes interativas* estão juntas novamente. (Perder isso é um enorme custo de oportunidade, em troca de outro enorme custo explícito na forma de mais monoculturas anuais cultivadas industrialmente em solo lavrado.) Separar redutivamente as duas partes contribuiu mais para nosso desastre ecológico do que podemos compreender, mais do que qualquer coisa, segundo algumas estimativas. (A quantidade de carbono atmosférico sequestrado pelos rebanhos de cabras em nossas terras em Idyll Farms, minha fazenda produtora de queijos de cabras, deixariam você de queixo caído.)

O enquadramento estreito pode muitas vezes parecer uma disparidade de curto prazo versus longo prazo, além da disparidade das partes versus a totalidade. Superar uma delas muitas vezes o impede de ser capturado pela outra.

OLHANDO AO LONGO DA PISTA

Curiosamente, no melhor caso de enquadramento estreito que posso imaginar, o problema nem existe: os pit stops do automobilismo. Pense nessa decisão simplificada do automobilismo, envolvendo a troca de pneus em um pit stop. A degradação e o desempenho dos pneus são fundamentais para a estratégia de corrida — é realmente onde a coisa fica séria. Os pneus são o que transforma a potência do motor em velocidade e, algo no mínimo tão importante quanto isso, são eles que impedem o carro de sair da pista. O grande piloto de Fórmula 1 Mika Häkkinen ("o finlandês voador") certa vez chamou os pneus de sua apólice de seguro de vida.

Na circunavegação da pista, temos duas opções básicas:

1. Ficar com um jogo de pneus durante toda a corrida e dirigir como um vovô, com o pisca-pisca ligado, para preservar os pneus e permanecer na pista — e talvez até dar uma disparada aqui e ali e lidar com o risco de ocasionalmente patinar ou até mesmo bater e sair da corrida. Podemos selecionar um composto de borracha mais duro, mais duradouro e menos aderente para minimizar essa troca, mas ainda estamos dirigindo com muito mais cautela para permanecer na pista.

2. Parar no pit stop no meio da corrida e — enquanto esperamos pelo que parece uma eternidade, mas que acaba sendo cerca de 10 segundos — trocar nossos pneus desgastados por novos. Agora podemos usar pneus mais macios, de vida mais curta e mais aderentes durante toda a corrida (já que eles não precisam durar tanto) e, assim, podemos percorrer o percurso com segurança. Nós abrimos mão daqueles preciosos segundos no pit stop, com a intenção de compensar o tempo dirigindo (com segurança) com despreocupação imprudente pelo resto da corrida.

Como disse Häkkinen, é um seguro (e uma estratégia bem indireta). Mas não é certo que essa seja a estratégia vencedora; se demorarmos muito no pit stop, e se os pneus não forem suficientemente aderentes para compensar o tempo perdido, então a matemática não dará certo, e os vovôs que estiverem se arrastando pela pista com seus pneus mais duros e desgastados vencerão.

Podemos obter segurança simplesmente *dirigindo mais devagar*, ou podemos conseguir segurança de outra maneira, de modo que possamos *dirigir mais rápido*.

A decisão, em última análise, se resume à compensação de custo-efetividade do pit stop — entre os custos implícitos das alternativas. Mas nunca se resume ao custo explícito de como é estar no pit stop e não se mover por aqueles 10 segundos, enquanto você observa a competição passar voando. O longo prazo nunca sucumbe ao curto prazo, e nunca perdemos de vista toda a corrida por nos concentrarmos apenas nas partes de cada volta individual e negligenciarmos o custo de oportunidade.

Será que os estrategistas do automobilismo são todos Übermenschen do tipo Spock, hiperlógicos? Duvido.

Esse enquadramento coerente acontece simplesmente porque não podemos deixar de olhar mais adiante ao longo da pista. Na verdade, não podemos deixar de *olhar para toda a pista*, durante toda a corrida, e para a linha de chegada no final. Essa linha de chegada permanece sempre em nosso campo de visão, como o único placar e, portanto, o *objetivo* ou *propósito* óbvio e único.

Por causa disso, é difícil esquecer esse propósito. Como o próprio Nietzsche disse uma vez: "Esquecer seu propósito é a forma mais comum de estupidez."

OS GRANDES PIRATAS

Todos os nossos testes de mitigação de risco até agora nos levaram inabalavelmente para a solução que oferece a máxima eficiência para a melhor relação custo-efetividade na mitigação de risco. Quanto maior o valor extraído, menos é necessário — e menor é a redução de alavancagem ou custo potencial quando o investimento de mitigação de risco não é necessário. Ele apenas espera nos bastidores, quase despercebido, com muito pouco peso de custo apreciável. Mas quando entra em ação, produz um retorno explosivo que mais do que compensa seu pequeno custo — em muitas, muitas vezes. É como aquele slogan da década de 1960, "Mais com menos", mais notavelmente do futurista Buckminster Fuller (famoso pela cúpula geodésica). Ele chamou isso de *efemerização* ao limite, dizendo "mais e mais com cada vez menos, até que no fim você possa fazer tudo com nada". Seus projetos industriais também seguiram esse conceito. (Fuller adorava nosso *triacontaedro disdiakis*, que ele empregou em suas cúpulas geodésicas. Aparentemente, eles também podem ser boas formas para casas.)

Ele até fez referência ao seu pensamento "mais com menos" em sua lápide, com o epitáfio "Me Chame de Estabilizador". Os pilotos de avião *ajustam os estabilizadores* para tirar a pressão deles. Talvez você esteja subindo e não queira puxar o manche com tanta força; você pode definir o ajuste para que mal precise tocar no manche. (Meus melhores instrutores de voo ao longo dos anos sempre foram obsessivos em manter o avião bem ajustado, dessa forma liberando a atenção para tudo o mais que acontece.) Os estabilizadores verticais, ou compensadores, são na verdade minissuperfícies de voo, como minielevadores. Os minielevadores não controlam o avião em si, mas controlam os próprios mecanismos de elevação. Eles são os elevadores fractais para os elevadores (como são os ailerão para os ailerons e o leme para o leme). Assim, você acaba controlando uma enorme aeronave (ou um navio) com um controlador de voo surpreendentemente pequeno. É o rabo abanando o cachorro — uma micro parte impactando e indiretamente controlando o todo.

O pensamento holístico foi central em todo o trabalho de Fuller. Ele criou seu próprio sistema, que denominou *sinergético*, refinando a palavra *sinergia,* hoje comumente usada. Ele ilustrou isso em uma pequena vinheta de seu livro de 1969, *Manual de Operação para a Espaçonave Terra*, intitulada "Grandes Piratas".

Fuller teve a ideia de que deveríamos pensar na Terra como uma nave espacial, de que todos nós somos a tripulação, com recursos finitos. Idealmente, trabalhamos sinergicamente, para elevar o todo apesar dessas partes finitas. O problema é que estamos condenados a ficar tão presos em nossas próprias partes pequenas que não podemos conceber o todo.

A raiz desse mal, na mente de Fuller, era o oposto da sinergia holística — ou o enquadramento estreito de uma especialização cada vez maior. Ele via a superespecialização como a situação moderna da humanidade. E depois veio seu discurso paranoico de que essa tendência em direção a um enquadramento cada vez mais estreito foi projetada por aqueles com uma visão mais holística que visavam proteger sua imensa vantagem competitiva. Ele chamou esses poucos privilegiados de *Grandes Piratas* — bandidos que vagavam pelo alto mar e controlavam o comércio internacional mundial ao longo da história da civilização. Esses piratas, trabalhando inteiramente nas sombras, manipulavam a nobreza e os políticos do mundo, forçando-os e a seus subalternos a nichos cada vez mais estreitos, mantendo a visão de mundo ampla para si.

Os Grandes Piratas foram justapostos com a Marinha, em particular; com estes últimos, o treinamento em áreas especializadas os tornava pouco competitivos. E o pensamento localizado veio, em especial, naturalmente para todos os marinheiros que não conseguiam enxergar para além da segurança de suas costas insulares. Os Grandes Piratas desprezavam a segurança de seus navios no porto, preferindo os riscos caóticos dos mares e tempestades enquanto navegavam para terras sem fronteiras ao longo de suas rotas em constante expansão. Os Grandes Piratas naturalmente ganharam uma perspectiva mais holística do mundo, ou assim foi a curiosa teoria histórica de Fuller.

Os Grandes Piratas viram o plano geral, reconheceram a vantagem e trabalharam para manter sua vantagem competitiva. Eles podiam ver os Xs e Os do mundo. Fuller chamou essa vantagem do "pensamento abrangente" dos piratas versus "pensamento localizado" de todos os outros.

Mas, infelizmente, mesmo esses Grandes Piratas estavam destinados à mesma mediocridade que incutiram em seus lacaios infelizes e superespecializados. Esses renegados marítimos inevitavelmente perderiam sua vantagem em sua visão holística do mundo graças à invasão da modernidade. Eles estão praticamente extintos.

Os Grandes Piratas de Fuller eram certamente mais figurativos do que literais. Talvez ele estivesse apenas construindo uma metáfora ou dando um novo nome paranoico aos cientistas e artistas multidisciplinares e de grande porte, como Da Vinci e Michelangelo, a quem ele admirava. Isso realmente não importa.

Esses são os Grandes Piratas cujo tesouro enterrado perseguimos, quer ele exista ou não. E se existe, o pensamento abrangente deles é a chave para encontrá-lo.

Eles representam nosso credo de mitigação de risco. Os especialistas pensam e vivem apenas em função das partes e, portanto, só podem ser peões no jogo maior. Os Grandes Piratas pensam e vivem de forma abrangente, nos todos, e dominam todo o tabuleiro — que é, na verdade, o mundo.

"Aqueles que ficaram acima da superfície e prosperaram o fizeram por causa de sua capacidade abrangente." Em um mundo de especialistas cegos e de enquadramento estreito, o Grande Pirata de dois olhos, de visão ampla e abrangente, é o rei.

Conjecturas Ousadas

EPISTEMOLOGIA

O que começou como uma introspecção amigável e escolástica entre variados jogos de dados agora toma um rumo irreverente. Nosso treino de box degenerou para uma briga de rua total. O jogo está em andamento. Não será para os de coração fraco.

O investir pode ser visto como uma competição entre estratégias de investimento, na qual raramente há um claro vencedor. No entanto, não é um jogo no qual o vencedor leva tudo; na verdade, já é muito bom chegar em algum lugar perto do topo. O método científico também pode ser visto como um processo usado para se discriminar hipóteses concorrentes. Mas é muito mais *severo*. Em nosso caso, nossos testes e nossos investimentos têm o mesmo critério — o montante de recursos final, ou a equivalente taxa de crescimento composto desses recursos. Se não fosse assim, teríamos que perguntar: qual é o sentido de todo esse rigor científico?

E, então, começa agora: uma competição arrasadora e arrastada entre estratégias de investimentos safe haven. Existem alguns competidores dignos na arena, e muitos não tão dignos. Nossos investimentos safe haven estão lutando por suas vidas, por assim dizer. Aqueles que falharem estarão para sempre expostos e caídos em desgraça. É morte para eles como safe havens (ao menos em nosso livro).

Nossa batalha não é diferente do esporte sangrento dos gladiadores, transmitido dos etruscos aos antigos romanos. Eles competiam pela aposta última — vida ou morte. (E não existe equivalente moderno, felizmente, pois mesmo nossos esportes mais físicos e danosos têm suas salvaguardas.) Gladiadores lutavam para mutilar e ferir, e então, finalmente, matar com um golpe de uma espada ou tridente — com a aprovação da multidão (que ocasionalmente pouparia o perdedor, permitindo-lhe voltar e lutar outro dia). Ah, esses romanos adoravam diversão... Mas que aposta que esses guerreiros encaravam! Os gladiadores eram geralmente escravos, criminosos ou prisioneiros de guerra, para os quais a vitória às vezes significava liberdade e a vida. Mas, muitas vezes, o gladiador vitorioso só podia desfrutar brevemente da adulação da multidão, talvez um aceno de aprovação do imperador, antes de voltar para seus aposentos para cuidar de suas feridas — e lutar novamente... E outra vez mais.

Em nossa competição, também, os vencedores provaram sua coragem historicamente, tendo sido *severamente testados*. Mas este concurso não tem celebração da vitória, nem coroação de louros. Deve ser visto como algo *sempre em andamento*. Cada novo retorno é mais uma volta que continua a corrida. Sem uma linha de chegada, a tabela de classificação é sempre *provisória*.

O método científico, conforme descrito e prescrito por Karl Popper, envolve apresentar questões mediante formulação de hipóteses e, em seguida, tentar responder rigorosamente a essas questões estritamente por meio da rejeição ou de não se conseguir rejeitar essas hipóteses. Mas só podemos responder na forma negativa, e não na positiva. Popper nos mostrou que poderíamos saber que uma teoria científica está errada, mas nunca poderíamos ter certeza de que ela estava certa.

Nossa hipótese nula, assim como em nossos investimentos safe haven simplificados do capítulo anterior, é que reduzir o risco em um portfólio com um certo investimento safe haven no mundo real produz, como consequência, maior riqueza. E lembre-se que, por riqueza maior, no contexto de nossa metodologia bootstrap, queremos dizer uma média geométrica de recursos final mais alta ou, equivalentemente, uma mediana de recursos final ou uma CAGR mais alta (após 25 anos); e com reduzir o risco, queremos dizer aumentar o montante de recursos final do 5° percentil desse portfólio ou CAGR. (Isso, é claro, tem sido nosso substituto para o risco.) Assim, podemos rejeitar essa hipótese ou deixar de rejeitá-la. Não podemos *prová-la*, pois não existem coisas certas, nem nos investimentos, nem na vida. A corrida continua, e sempre haverá alguém beliscando os calcanhares de cada competidor.

Lembre-se de que nossa escolha de hipótese nula tem mérito epistemológico. Nossos experimentos são motivados e seus resultados antecipados — e ouso até dizer previstos — pela teoria dedutiva de Daniel Bernoulli, pelo mercador de Petersburgo lutando contra piratas, e pelos nossos jogos de dados da Parte Um deste livro. Eles necessariamente vieram primeiro. Assim, somos capazes de fazer a pergunta: Nossa teoria descreveu bem o que aconteceu? Veja bem, eu não precisava apenas *convencê-lo* com nossos milhões de jogadas de dados neste livro — eu precisava *justificar* nosso método experimental.

Por exemplo, se algum ativo aleatório ou, pior ainda, algum insuportável gestor de fundos de hedge da moda superar o SPX durante um período de tempo em questão, podemos concluir que estamos lidando com um investimento safe haven superior? Mesmo com nossos testes de bootstrap bem desenhados, somente por esses méritos, não podemos, com certeza! Lembre-se da falácia de se *afirmar o consequente* — ou dar o crédito à minha cadela Nana quando não tenho um problema de marmotas, mesmo que ela durma o dia todo. Sem uma estrutura dedutiva para entendermos os porquês de um investimento safe haven com boa relação custo-benefício, nossos testes hipotéticos perdem toda a seriedade. Em vez disso, eles se tornam exercícios de mineração de dados glorificados. (A indústria de investimentos está repleta desses exercícios de mineração de dados glorificados. E esta é provavelmente uma forte razão pela qual os fundos de hedge *em voga*, estratégias e *fatores* vêm e vão em seu desempenho, como folhas ao vento.) Se não continuarmos com nosso rigor, poderemos facilmente confundir um ativo ou estratégia *especulativa* com um safe haven.

Como Popper nos ensinou, a ciência não pode verificar uma teoria, apenas provar que é falsa, submetendo-a a testes sistemáticos pela comparação com observações. **Não conseguir rejeitar não significa que encontramos definitivamente nosso tesouro enterrado, é claro, apenas que não podemos dizer que ele *não está* lá. E talvez tenhamos uma pista de que estamos ficando mais quentes.**

Essa é a diferença entre ciência e pseudociência. O conhecimento científico é altamente provisório. Assim como investir, o método científico consiste em fazer apostas de sondagem, expondo-as à falseabilidade e, quando necessário, demonstrando serem falsas para se aprender com os erros e corrigi-las em consonância com eles. Ciência e investimentos são ambos compostos de teorias ou teses ainda não rejeitadas; e suas histórias são um cemitério dessas teorias e teses refutadas.

Então, você vê por que alertei contra respostas definitivas neste livro. As respostas definitivas vêm de vendedores ambulantes pseudocientíficos. Isso tudo dito, lembre-se de que a análise de custo-efetividade não precisa ser apenas uma questão de relação custo-efetividade absoluta. Pode ser sobre as relações custo-efetividade relativas também. Podemos ajustar nossa linha de base do SPX de forma que tenhamos limites menos rigorosos para rejeição.

Qualquer safe haven que possa sobreviver a esse processo de falseamento o faz apenas *provisoriamente*. (O gladiador vitorioso deve lutar novamente outro dia.) Afinal, não há nada de permanente em nada disso. Esses testes são um olhar voltado para trás, não para frente. Por exemplo, seus retornos podem mudar ao longo do tempo, de forma que não passem em testes futuros, fazendo com que percam seu status de *investimento safe haven com boa relação custo-benefício* quando estivermos em posição de rejeitá-los com confiança. (E, de fato, é exatamente isso que veremos em alguns casos.) Devemos esperar que isso aconteça com todos eles — não como uma inevitabilidade, mas como uma precaução paranoica. Até que isso aconteça, como escreveu Popper, "podemos dizer que ele 'provou seu valor' ou que é '*corroborado*' por experiências passadas". E, como veremos, o falseamento também é provisório. Em outras palavras, é possível que erroneamente acreditemos que uma teoria *verdadeira* foi falseada, seja porque cometemos um erro no teste ou porque algo faltou quando projetamos o teste.

Popper foi curiosamente uma das várias coisas que uniram Nassim Taleb e eu como colegas há mais de 20 anos. (As outras duas foram nossas raízes comuns no mercado de Chicago e uma afinidade profunda e quase fanática por *retornos explosivos e positivamente distorcidos*. E foi um bônus o fato de que ele também apreciava Mahler.) Ambos chegamos a Popper em grande parte por intermédio do trading, e especificamente ao lermos George Soros. (Quando criança, eu ouvia alternadamente os livros de Soros e Ludwig von Mises em minhas viagens de trem matinais para o Chicago Board of Trade [uma Bolsa de Futuros e Opções]— e isso não era nem de longe a contradição que seria hoje.) A filosofia da ciência de Popper é um filtro de besteiras ideal. É a estrutura epistemológica e analítica que temos usado o tempo todo, começando com as instruções de Feynman no Capítulo 1, passo a passo. Isso pode parecer irônico ao considerar a notável tirada de Feynman: "A filosofia da ciência é tão útil para os cientistas quanto a ornitologia para os pássaros." Mas sua ciência real falou bem mais alto que sua réplica espirituosa.

A partir da diretriz de Feynman, fizemos nosso "palpite" na Parte Um. Computamos as "consequências do palpite" na Parte Dois. Agora, por último, "compararemos os resultados da computação para experimentar ou vivenciar, compará-los diretamente com as observações para ver se funciona". **Ou seja, o desempenho de nossos três protótipos de investimentos safe haven simplificados se traduzirá em safe havens do mundo real? Ao inserir investimentos safe haven do mundo real em nossa metodologia de bootstrap — substituindo os retornos simplificados pelos rendimentos da coisa de verdade — reconheceremos seus efeitos de portfólio? E descobriremos mitigação de risco com boa relação custo-benefício da mesma maneira que fizemos nessas simplificações?**

E na conclusão de Feynman: "Se discorda do experimento, está errado. Nessa simples declaração está a chave para a ciência."

Esses retornos serão construídos simplesmente agrupando-se os retornos históricos de cada investimento safe haven, da mesma forma que combinamos os retornos do SPX para fins de visualização, no Capítulo 4. Para cada retorno anual do calendário para um determinado investimento safe haven, o colocaremos em um dos cinco agrupamentos, segregados por diferentes intervalos de retornos anuais do SPX, ao longo do mesmo período. Isso cria um perfil de retorno empírico para cada investimento safe haven do mundo real, assim como os perfis de rendimentos simplificados que temos usado, só que agora esses retornos empíricos incluem um *intervalo* de dados de retorno em cada agrupamento de retorno do SPX, em vez de apenas um retorno de ponto único. Então, sortearemos aleatoriamente de um desses agrupamentos — coincidindo com seja o que for que o lance do dado d120 SPX real revelar — para determinar qual será o retorno de investimento safe haven correspondente para essa rolagem. Isso significa que agora devemos realmente calcular o retorno médio geométrico lançando nosso dado d120.

É importante ressaltar que o tamanho da alocação para cada investimento safe haven, assim como no capítulo anterior, foi encontrado de forma que cada carteira de risco mitigado tenha a mesma CAGR de 5° percentil em nosso bootstrap — ainda 4,8%, como usamos para os investimentos safe haven simplificados. (Relembrando, essa é uma melhoria da CAGR no 5° percentil de 2,7% para o SPX sem mitigação de risco em nossos bootstraps.) Isso significa que, para cada investimento safe haven, sua proporção em cada carteira hipotética será diferente, dependendo do safe haven, a fim de podermos fazer a comparação em uma mesma base. Para um determinado investimento, se *nenhuma* alocação proporcionar uma CAGR de 4,8% no 5° percentil, limitaremos essa alocação a 50% do portfólio todo.

A quantidade de dados históricos que usamos, ou quanto voltamos no tempo para construir o perfil de retorno de cada investimento safe haven dependerá do próprio safe haven. Para alguns, como algumas estratégias gerenciadas ativamente, os dados remontam à década de 1990

(e não deveríamos voltar ainda mais, pois as propriedades de tais estratégias e sua dinâmica de negociação mudaram muito ao longo dos anos),
então, isso é o que usaremos. Para outros ativos, como o ouro, os dados
são muito mais antigos. No caso do ouro, por exemplo, começaremos
em 1973, quando o ouro passou a flutuar livremente. E usaremos esse
mesmo período inicial para outros ativos, como títulos.

Nas seções a seguir, examinaremos de perto alguns dos investimentos safe haven mais canônicos do mundo real, cada um deles compondo
um miniestudo de caso. Embora cada um seja digno de um livro por si
só, neste livro nosso foco permanece na mitigação de risco estratégica,
agnóstica e com boa relação custo-benefício — o único tipo. Minhas
opiniões táticas sobre cada um devem ser restritas (já que eu não gostaria de distraí-lo). A culminação de tudo isso será lançar a gama de
investimentos safe haven reconhecidos (cerca de 40 no total) em nosso
plano de custo-efetividade — a arena do gladiador.

NETUNO OU VULCANO?

Antes de adentrarmos as arquibancadas da arena, onde nossos safe havens travarão suas batalhas, precisamos olhar para um pequeno problema com toda essa coisa de falsear. De maneira míope e exagerada,
podemos levá-la longe demais. Isso é conhecido como *falseacionismo ingênuo*, e Popper estava muito ciente sobre ele.

Caso em questão: depois que o planeta Urano foi descoberto em
1781, os astrofísicos notaram que sua órbita diferia do que a física
newtoniana previa. Contudo, em vez do fato falsear a lei da gravitação
universal de Newton, como Popper poderia ter prescrito, isso levou à
conjectura especulativa da existência de outro planeta ainda não observado, interagindo com Urano. Essa era a única maneira de reconciliar
a órbita deformada de Urano com Newton (e não descartar o pobre
Newton). Como se viu, com a previsão e descoberta em 1846 pelo as-
trofísico francês Urbain Le Verrier, essa conjectura especulativa estava
exatamente certa — Netuno! Mas essa nova conjectura não precisava
estar certa, como evidenciado pela tentativa de Le Verrier de repetir
essa performance com outra conjectura especulativa de que havia um

planeta Vulcano deformando a órbita de Mercúrio de forma similar. (Ganhe umas, perca outras; mas, felizmente, Einstein veio mais tarde e resolveu o quebra-cabeça de Mercúrio para nós — e, neste caso, a mecânica newtoniana realmente foi falseada e foi provisoriamente substituída pela relatividade geral.) Enquanto teorias anteriormente aceitas são sempre expostas à falseabilidade, seu suposto falseamento também pode fornecer pistas sobre a mudança de parâmetros e graus de liberdade previamente desconhecidos que podem até reforçar a teoria. Muitas vezes, a falseabilidade acaba por ajustar uma teoria em vez de abandoná-la. Embora saibamos que teorias ainda não falseadas são provisórias, como se vê, teorias falseadas também o são. As condições experimentais podem mudar. É um negócio complicado, esse falseacionismo.

Como veremos, temos nosso próprio problema de Netuno e Vulcano. Nós o observaremos na deformação dos perfis de retorno de vários investimentos safe haven ao longo do tempo, sob diferentes regimes ou ambientes. Talvez existam outros corpos atuando nesses retornos; ou, talvez, estivéssemos errados sobre a forma de um perfil de retorno em primeiro lugar. Netuno ou Vulcano? Essas forças econômicas ou de mercado invisíveis que podem ou não estar causando a deformação são ainda mais difíceis de se prever do que a existência de planetas invisíveis. Mas o impacto na relação custo-efetividade, e até mesmo somente na eficácia desses investimentos safe haven, é enorme. Precisamos estar cientes dessa vulnerabilidade a mudanças de ordem superior no desempenho da mitigação de riscos de um investimento safe haven.

Tudo o que podemos fazer é, primeiro, tentar reconhecer esses efeitos nos dados históricos. E, além disso, precisamos tentar entender até que ponto qualquer retorno de safe haven é *mecânico* versus *estatístico*. Um retorno mecânico é aquele que acontece como uma consequência direta e intrínseca, que apresentaria uma oportunidade de arbitragem (ou uma oportunidade de dinheiro grátis) se não fosse assim. Isso seria como uma opção in-the-money: seu valor deve subir. (Ou pense no contrato de seguro que nosso comerciante de Petersburgo considerou para suas remessas atravessarem o Báltico.)

Em contraste com um retorno mecânico, um retorno estatístico é aquele que apenas *tende* a ser assim, com base na história observada, mas *não precisa* ser assim. É mais extrínseco e, portanto, tem mais ruído. Isso seria como o efeito de fuga para a qualidade que vemos em títulos do Tesouro e investimentos safe haven em geral, por exemplo. O retorno mecânico versus o estatístico é realmente o *risco de base* (ou o grau em que um retorno acompanha a exposição sistemática que está sendo mitigada — como o SPX). Mas também podemos pensar em outras possibilidades de distorção de retorno, como risco de contraparte (ou o risco de não receber quando a mitigação de risco realmente precisa ser paga, como em uma crise).

Nossos retornos simplificados eram todos inteiramente mecânicos; os retornos do mundo real tendem a ser muito menos mecânicos. A pergunta a ser *sempre* feita em relação aos retornos de investimentos safe haven mecânicos versus estatísticos é: você precisa que muitas coisas deem certo para que um investimento safe haven seja eficaz? O histórico deles é um bom guia para o futuro ou tudo é sempre diferente?

Popper também tinha sua "interpretação de probabilidade de propensão", que era algo semelhante, como vimos pela primeira vez no Capítulo 1, segundo a qual precisamos pensar em um evento como "o resultado de um único experimento, considerando-se suas *condições*, em vez da frequência dos resultados em uma sequência de experimentos". (O que é, como sabemos de Nietzsche, nosso $N = 1$). Ele usou o exemplo de um dado carregado sob a atração de diferentes ambientes gravitacionais, ou as "propensões dos arranjos experimentais".

Como em todas as coisas relativas a safe havens, eles tendem a cair em algum lugar ou um ponto dentro de um espectro ou uma linha — neste caso, definido por esses extremos de retornos mecânicos versus os estatísticos. E nunca podemos ter certeza de quão precisa é nossa estimativa de qualquer ponto desse espectro.

Como veremos, a suscetibilidade de um investimento safe haven a ter seu retorno distorcido pode ser ainda mais importante do que a forma do retorno em si. A suscetibilidade é uma linha primária de demarcação entre investimento safe haven e impostores safe haven, como os safe havens esperançosos ou até mesmo safe havens nada safe.

Eis o problema: a variabilidade ou distorção no perfil de retorno de um investimento safe haven pode fazê-lo pensar que vê um Netuno ou um Vulcano. E você não saberá qual é qual. **A distorção pode nos fazer abandonar uma estratégia de mitigação de risco que _não deveríamos descartar_ — porque não sabemos sobre o planeta Netuno: um erro do tipo I (também chamado de falso positivo). E a deformação pode nos fazer _não_ descartar um safe haven que _deveríamos descartar_ — porque achamos que existe um planeta Vulcano: um erro do tipo II (também chamado de falso negativo).**

A primeira, em nosso contexto, é um erro de _omissão_; podemos nem perceber que deixamos passar algo. A segunda, como saltar de um avião com um paraquedas que não sabemos se funciona, é um erro de comissão; sentiremos o erro quando as consequências acontecerem. Ambos podem sair muito caro.

Dada a escolha, o melhor de tudo é um investimento safe haven que seja o mais mecânico possível (embora às vezes isso signifique não tão mecânico). Nunca afirmei que o falseacionismo é automático ou algo fácil. Às vezes, requer um pouco de discernimento.

O DINHEIRO MANDA

Primeiro, chegamos ao nosso investimento safe haven de reserva de valor. São aqueles destinados a serem fixos no tempo e no espaço. Sabemos como foi desafiador para nosso retorno de investimento safe haven de reserva de valor simplificado com um retorno fixo de 7% funcionar de forma estratégica e com boa relação custo-benefício. Portanto, nossas expectativas são muito baixas no início também para os safe haven de reserva de valor do mundo real.

O exemplo mais canônico do investimento safe haven de reserva de valor é dinheiro. E lembre-se de que foi assim que chegamos a ele nos Capítulos 2 e 3 (quando deixamos de lado uma parte de nossas apostas na segurança do dinheiro, como no critério de Kelly), então faz sentido começar aqui também no mundo real.

O melhor exemplo de dinheiro em caixa é certamente o título de três meses do Tesouro dos EUA. Sua curta duração significa que não há risco de taxa de juros além do risco de reinvestimento, pois podemos simplesmente reinvestir essa alocação três vezes para cada ponto de dados anuais.

Usamos dados de rendimento de títulos do Tesouro de três meses a partir de 1973 para construir nosso perfil de retorno. A proporção de alocação necessária para uma CAGR de 4,8% no 5º percentil em nosso bootstrap foi nosso máximo de 50% (já que, infelizmente, sua eficácia nunca nos fez chegar lá).

Aqui está nosso familiar gráfico de perfil Xs e Os para títulos do Tesouro de três meses:

Perfil de Xs e Os: Títulos do Tesouro Americano de 3 Meses

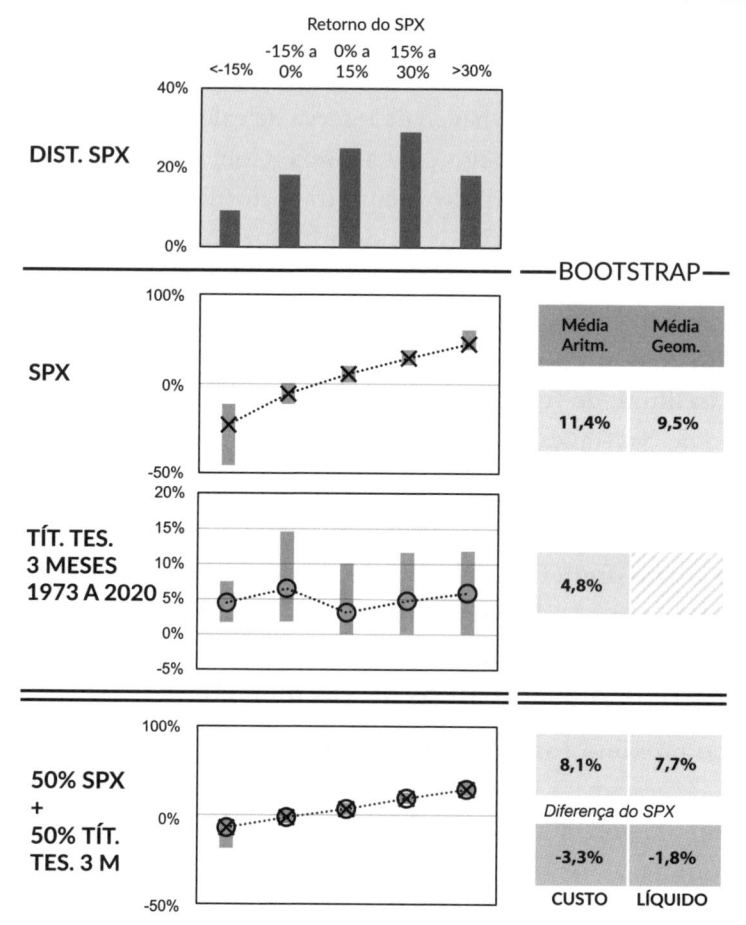

Tudo é exatamente igual aos nossos gráficos de perfil de Xs e Os simplificados do capítulo anterior (fora que usamos o intervalo de retornos de investimentos safe haven em cada agrupamento, em vez de um retorno individual); portanto, não se requer mais explicações.

Uma coisa a ser observada: as duas primeiras linhas de informações *nunca mudarão* de caso para caso ao longo desses miniestudos de caso, pois todos usam exatamente as mesmas 10 mil execuções de caminhos de 25 anos do SPX como bootstrap de nosso dado d120 contendo os 120 anos de retornos anuais do SPX. Portanto, esta será a primeira e única vez que me darei ao trabalho de mostrá-las. Daqui para frente, dispensarei as duas linhas superiores e mostrarei apenas as duas linhas inferiores de informações.

Visivelmente, a forma do perfil de retorno dos títulos do Tesouro de três meses é bem plana, como esperamos para uma reserva de valor. E como seu retorno médio aritmético individual foi de 4,8% — menor do que os 7% de nosso safe haven de reserva de valor simplificado — ele realmente parece ter sido feito para a tarefa. Como esperado, seu efeito de portfólio líquido foi negativo, com um retorno médio geométrico, ou CAGR mediana de 7,7% em nosso bootstrap, representando uma CAGR menor do que a do SPX sozinho de 9,5% — o que resulta em um efeito de portfólio líquido de -1,8%. Seguindo nossa metodologia, esse efeito de portfólio líquido está na região de rejeição de 95% — ou abaixo do limite de rejeição de 9,4% do SPX, o limite inferior de seu intervalo de confiança de 95% para seu retorno médio geométrico.

Assim, nossa hipótese nula de que títulos do Tesouro dos EUA de três meses são um investimento safe haven com boa relação custo-benefício deve ser rejeitada, pois negamos sua consequente: que adicionar títulos do Tesouro dos EUA de três meses ao nosso portfólio SPX eleva a CAGR do portfólio ao longo do tempo (e acabamos de ver que não).

Como próximo passo, podemos avançar mais ao longo da curva de juros, de 3 meses para 10 e 20 anos. Isso se torna mais representativo dos títulos em um portfólio "ações/títulos" naquilo que é chamado de "carteira equilibrada" nos investimentos. Podemos até pensar nisso como o *padrão* dos portfólios diversificados.

À medida que avançamos ao longo da curva de juros, também avançamos ao longo do espectro de investimentos safe haven, conforme definido por nossas três simplificações. E, à medida que passamos dos títulos com vencimento de três meses para os de 10 e 20 anos, passamos da reserva de valor para um investimento com retorno com correlação mais presumivelmente negativa — um híbrido entre os dois.

É claro que o preço do título de três meses com vencimento mais curto tem menos sensibilidade a movimentos nas taxas de juros, e sua própria taxa está mais ligada a intervenções monetárias. A valorização de títulos do Tesouro de vencimento mais longo é muito mais sensível a movimentos em suas taxas, e essas taxas tendem a ser mais uma função das expectativas de crescimento ou contração da economia, e de inflação ou deflação. Além disso, como mencionado anteriormente, esses títulos do Tesouro dos EUA com datas mais longas são um ativo clássico de fuga para a qualidade — os investidores tendem a correr para eles em busca de segurança quando as coisas ficam ruins para os mercados de ações e para a economia. Na página seguinte, podemos ver algumas evidências desse efeito nos perfis de retorno (altamente estatísticos, em vez de mecânicos, pelos quais as alocações para as notas de 10 anos e títulos de 20 anos são de 37% e 34%, respectivamente).

Desta vez, eles parecem ser um pouco melhores do que os títulos de três meses, embora ainda não haja boa relação de custo-efetividade ou apenas uma vantagem marginal desses títulos do Tesouro de 10 e 20 anos como investimentos safe haven. Além do efeito de portfólio líquido negativo desses títulos de 3 meses (–1,8%), os de 10 anos (–0,4%) e 20 anos (–0,1%) também derrubam o desempenho do portfólio.

Veja bem, isso não é de todo terrível, mas nem preciso mencionar as transformações óbvias ao longo dos anos que deixaram o status de safe haven deles ainda menos confiável — especificamente os rendimentos extremamente baixos dos títulos do Tesouro com pouco espaço para cair (embora muito para subir). Embora seja verdade e interessante, alguns esperam até que essas taxas de juros dos EUA cheguem a território negativo, então este é um aviso pouco convincente para essas pessoas. No entanto, um vislumbre deste gráfico mostra que o título de 10 anos não passa no teste de custo-efetividade, enquanto o título de 20 anos passa raspando (já que está bem no limite de rejeição do SPX).

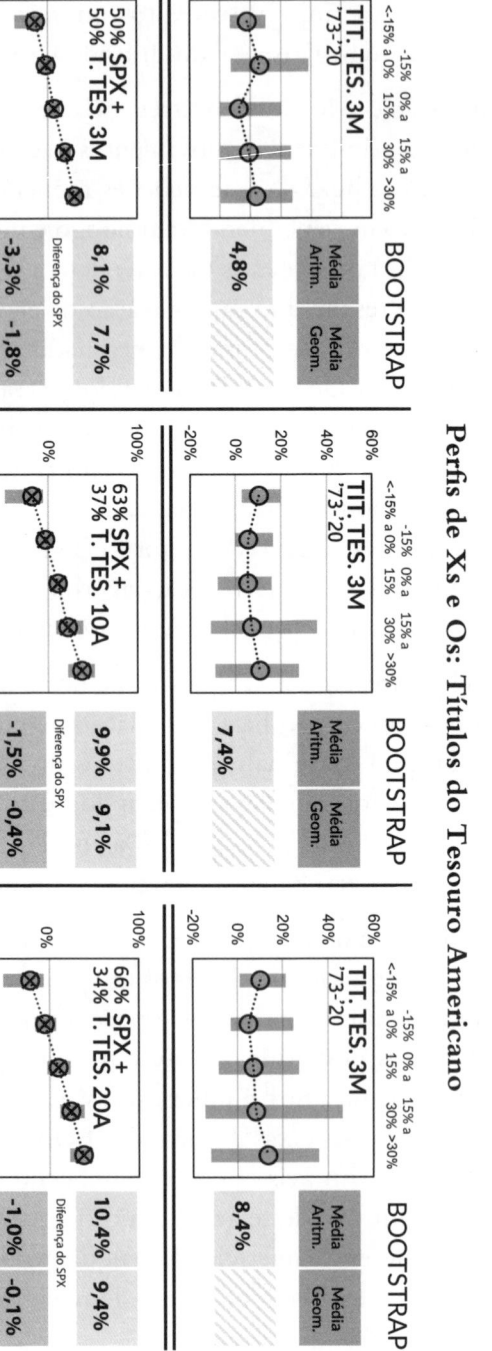

Perfis de Xs e Os: Títulos do Tesouro Americano

Um exame mais detalhado do perfil de retorno do título de 20 anos, no entanto, mostra uma faixa de retornos que deve nos fazer questionar a confiabilidade dessa relação custo-efetividade. Os títulos do Tesouro têm, em seu retorno, um elemento estatístico (a fuga para a qualidade) e também um elemento mecânico (taxas reais de crescimento econômico, inflação e deflação). Como elas variaram?

Investigaremos essa questão dividindo o período de tempo que usamos para construir o perfil de rendimento dos títulos do Tesouro de 20 anos em três períodos distintos de 16 anos: de 1973 a 1988, de 1989 a 2004 e de 2005 a 2020 (a escolha de três foi arbitrária). E, então, podemos reconstruir o perfil de rendimento do título para cada um desses períodos. Depois de fazer isso, podemos executar três bootstraps separados, exatamente da mesma maneira, com o mesmo dado d120 SPX. Isso significa que não estamos dividindo nossos retornos SPX nesses três blocos de tempo separados; em vez disso, estamos apenas separando os dados que usamos para construir o perfil de retorno do investimento safe haven nesses três blocos de tempo. Estamos, portanto, focando nas mudanças de *ordem superior* em nossas propriedades de mitigação de risco, isolando as mudanças em um retorno de safe haven em *função* do SPX de quaisquer mudanças na distribuição do *próprio* SPX.

Mais adiante está o que obtemos quando fazemos isso.

À medida que passamos de um intervalo de tempo para o outro, vemos muita variabilidade no efeito de portfólio líquido do título do Tesouro americano de 20 anos, de −0,8% a +0,6%, e depois para −0,9%. E está sendo usada a mesma distribuição d120 de retornos do SPX. O que está impulsionando isso é uma variabilidade igualmente enorme no formato do rendimento. Ou o perfil de retorno do título é extremamente ruidoso passando-se de momento a momento e década a década, ou algo está agindo sobre ele para distorcê-lo. É um Netuno invisível, que talvez possamos descobrir e usar taticamente, ou é um Vulcano, ou seja, uma presunção que nos levará a uma conclusão errada? Se for um efeito Vulcano, o título do Tesouro de 20 anos é essencialmente o que descrevemos anteriormente em nossa taxonomia como um safe haven esperançoso — com tanto ruído que o retorno perde muito de seu significado e eficácia econômica. Pode até ser pior do que nada.

Netuno ou Vulcano — Títulos do Tesouro dos EUA se parecem muito com um safe haven esperançoso ou um "diworsifier"[1].

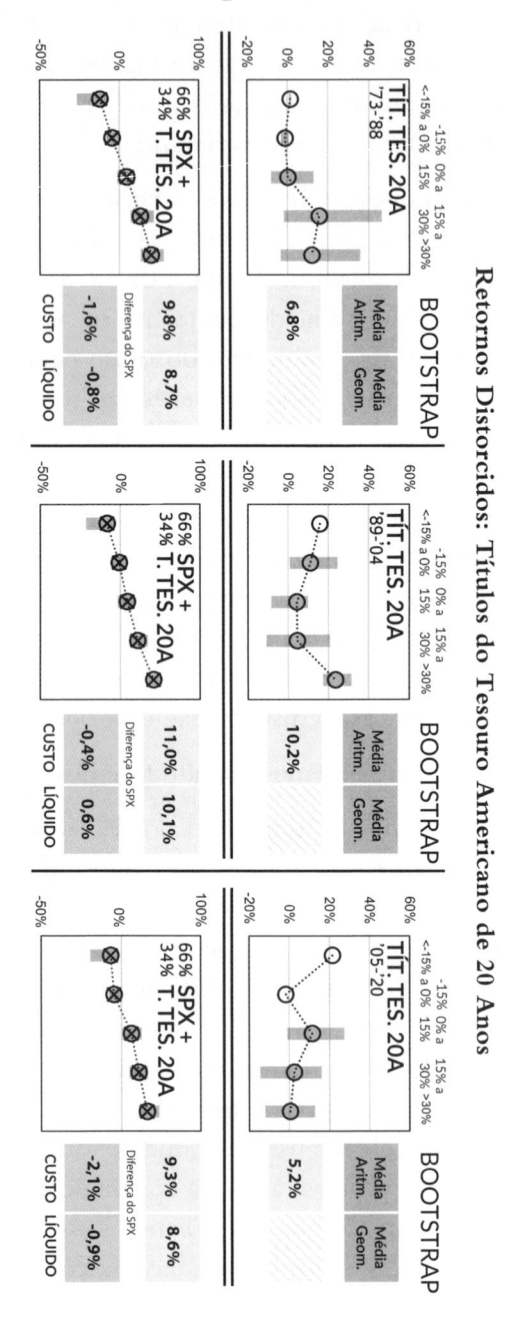

Retornos Distorcidos: Títulos do Tesouro Americano de 20 Anos

---

1   Diworsifier - Investir em muitos ativos com mesma correlação, que adicionam risco sem efetivamente trazer mais retorno ao portfólio.

SIGA O FLUXO

À medida que avançamos no espectro de retornos e mecanismos safe haven, chegamos ao investimento safe haven alfa. Lembre-se de que ele recebeu esse nome para ficar bem parecido com o caso idealizado de estratégia de CTA. Os CTAs (ou consultorias de negociação de commodities) geralmente são uma estratégia de *acompanhamento de tendências*: uma vez que um título varia em uma determinada direção (para cima ou para baixo) por um determinado período de tempo, uma tendência foi estabelecida e o CTA permanece com o título enquanto a tendência se mantiver. Portanto, tendem a ser estratégias de embalo, que seguem o fluxo ou a tendência em andamento e dependem de persistência nos movimentos de preços — uma espécie de estratégia de replicação de opções longas. As janelas de tempo e outras entradas podem variar de acordo com a empresa de CTA, e as posições geralmente são dimensionadas por suas várias medidas de volatilidade.

CTAs são importantes dentro da gama de estratégias gerenciadas ativamente (mais notavelmente fundos de hedge, por exemplo) porque são uma tentativa aberta de mitigação de risco por meio de uma estratégia de *busca de retorno* com uma *vantagem* ou *alfa* presumidos — e essa presunção foi apelidada de forma idealista como *alfa de crise*. Por esse motivo, as estratégias de acompanhamento de tendências são, de muitas maneiras, as queridinhas da mitigação de riscos e a grande esperança para aquele santo graal.

A seguir, nosso perfil de retorno de Xs e Os de um índice de retornos de CTAs, com uma alocação maximizada de 50% no portfólio SPX:

Perfil de Xs e Os: CTAs

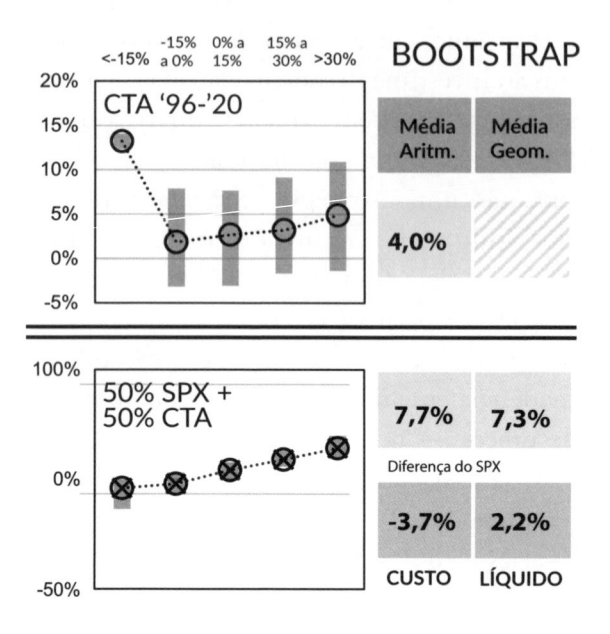

Como no título do Tesouro norte-americano de três meses do mundo real, que era semelhante à reserva de valor, esse índice CTA do mundo real, semelhante ao alfa, tem uma forma de retorno semelhante a seu homônimo, com um retorno médio aritmético individual menor que 4% (em vez dos 7% do alfa simplificado); isso cria um custo aritmético muito maior para a carteira (de -3,7%).

E, assim como o alfa simplificado, o grau de proteção do CTA contra suas desvantagens é insuficiente para proporcionar mitigação de risco com boa relação custo-benefício (além disso, é ainda insuficiente para elevar a CAGR do 5º percentil do portfólio para 4,8%). Não há um queridinho aqui (fãs dessas estratégias têm ostensivamente seu próprio placar, mais teórico que prático).

Observe que as estratégias de fundos de hedge normalmente não têm essa correlação negativa ou sensibilidade nos agrupamentos de crise — outra razão para se usar CTAs em vez de estratégias de fundos de hedge mais tradicionais como o safe haven alfa canônico. (O "hedge" no nome dos fundos de hedge, que significa "proteção" em inglês, tornou-se um termo bem impróprio.) **Mas existem outras estratégias baseadas em derivativos que objetivam realizar coisas semelhantes, como estratégias de volatilidade longa e de hedge de cauda. Dois índices representativos dessas duas estratégias têm perfis de retorno bem similares aos CTAs. E como os CTAs — e consistente com pesquisas acadêmicas que criticam com razão o hedge de cauda genérico —** *esses índices também devem ser rejeitados* **por não terem boa relação custo-benefício. Como sabemos pelo alfa simplificado, esse nível de correlação negativa, mesmo com um retorno médio aritmético de 7%, teve um efeito negativo no portfólio líquido.**

TUDO QUE BRILHA

A contagem de corpos safe haven está aumentando lentamente à medida que continuamos descendo o espectro em direção à extremidade do seguro. O retorno do seguro simplificado, você deve se lembrar, é marcado por uma recompensa explosiva em relação às perdas que se espera experimentar no restante do tempo.

Na sabedoria popular geral de investimentos safe haven, o ouro é muitas vezes considerado uma proteção semelhante a um seguro contra amplas perdas do mercado. É o talismã do medo, e até pensado como proteção contra o colapso do sistema bancário, pois é um meio de se tirar as economias do sistema bancário de reservas fracionárias. Claro, o ouro é talvez considerado antes de tudo uma proteção contra a inflação.

No entanto, é, na verdade, uma proteção contra a inflação com bastante ruído. É principalmente (e quase totalmente) vinculado a movimentos nas taxas de juros reais. (Quando a inflação sobe mais rápido do que as taxas de juros nominais, as taxas reais caem, empurrando os preços do ouro para cima. Mas quem causou isso foi a inflação ou as taxas reais? É aquela história da galinha e do ovo.) E você pode pensar nas taxas reais baixas como algo que reduz o peso do custo de oportunidade do rendimento zero do ouro.

Aqui está o perfil de rendimento de Xs e Os do ouro (com uma alocação de 20% para um portfólio no SPX):

Perfil de Xs e Os: Ouro

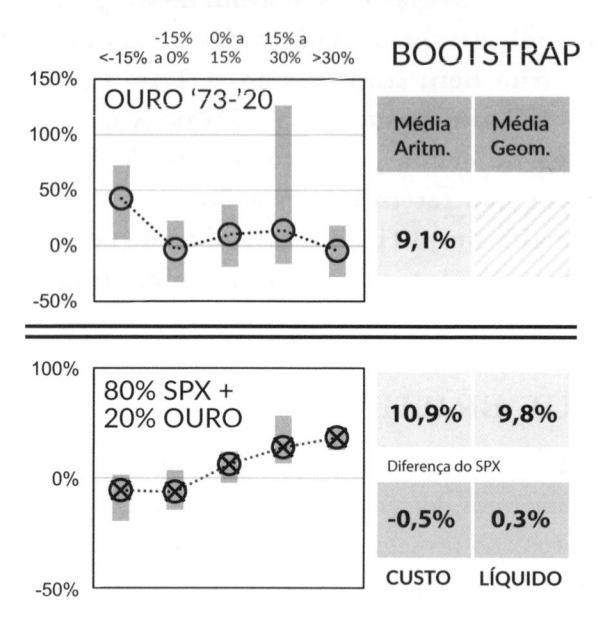

O retorno de crise levemente explosivo do ouro, em comparação com os CTAs e certamente com os títulos do Tesouro dos EUA, é bem aparente e impressionante. Agora, lembre-se que isso não é um "10 para 1", mas estamos fazendo um grande progresso. Consequentemente, o efeito de portfólio líquido do ouro é positivo (+0,3%). **Assim, no caso do ouro, não podemos rejeitar a hipótese nula de que tem boa relação custo-benefício como safe haven.**

O ouro está parecendo ser digno de sua reputação, até agora. Contudo, observe que, desde 1973, quando começamos a construir o perfil de retorno do ouro aqui, sempre que as ações caíram 15% ou mais em um determinado ano, os retornos do ouro variaram de cerca de +70% a +5%, com uma média de pouco mais de +40%. Em todos os outros anos, seus retornos variaram de +125% a –30%, com média inferior a 7%. Embora esses sejam retornos muito bons, semelhantes aos do seguro, especialmente os retornos médios por agrupamento, o problema são as amplas variações em torno dessas médias — principalmente considerando a alocação de 20% necessária para o ouro.

Sabemos que o ouro tem tudo a ver com as *expectativas* dos investidores quanto ao seu valor. Não tem rendimento e é completamente improdutivo em sua função de ativo financeiro. Como tal, não possui *valor econômico intrínseco*. É por essa razão que é impossível de se determinar seu valor fundamentalmente. O economista Ludwig von Mises — que mencionei anteriormente — desenvolveu uma famosa teoria ligando o preço do ouro nos dias atuais à sua história inicial como mera mercadoria, mas isso *explica* de onde vem os preços do ouro; Mises seria o primeiro a admitir que não estava nos dando uma fórmula pela qual poderíamos *prever* o preço justo de uma onça de ouro na semana que vem. Assim, apesar de o efeito mecânico de juros reais baixos sobre o custo de oportunidade de se possuir ouro, devemos concluir que seu perfil de retorno é amplamente estatístico — e estaríamos corretos ao fazê-lo. Assim, precisamos ir um pouco mais fundo, como fizemos com o título do Tesouro de 20 anos, para ver como esse perfil de retorno pode ter variado ao longo dos anos. Na página seguinte, como antes, estão os perfis de Xs e Os do ouro separados nos mesmos três intervalos de tempo de 16 anos: de 1973 a 1988, de 1989 a 2004 e de 2005 a 2020. Assim como no exemplo anterior, algo parece estar distorcendo a forma do retorno do nosso investimento safe haven.

Lembre-se, esses são *efeitos de ordem superior*. Eles não são causados por nada que o SPX esteja fazendo de forma diferente nesses três períodos distintos, pois o bootstrap do SPX é o mesmo em cada um. Eles se originam de como a forma do perfil de retorno do safe haven mudou.

Visivelmente, algo distorceu o rendimento do ouro desde o final dos anos 1980, pelo menos. Ou talvez ele tenha se distorcido antes disso, e agora o perfil de retorno do ouro voltou à sua forma natural. **Em ambos os casos, o retorno do ouro se tornou cada vez mais achatado ao longo do tempo, ou mais parecido com o alfa ou até com a reserva de valor; isso resultou em retornos médios aritméticos individuais mais baixos, que por sua vez resultaram em efeitos de portfólio líquido menores: de +1,5% no primeiro período para -1,1% no segundo e depois -0,1% no terceiro.**

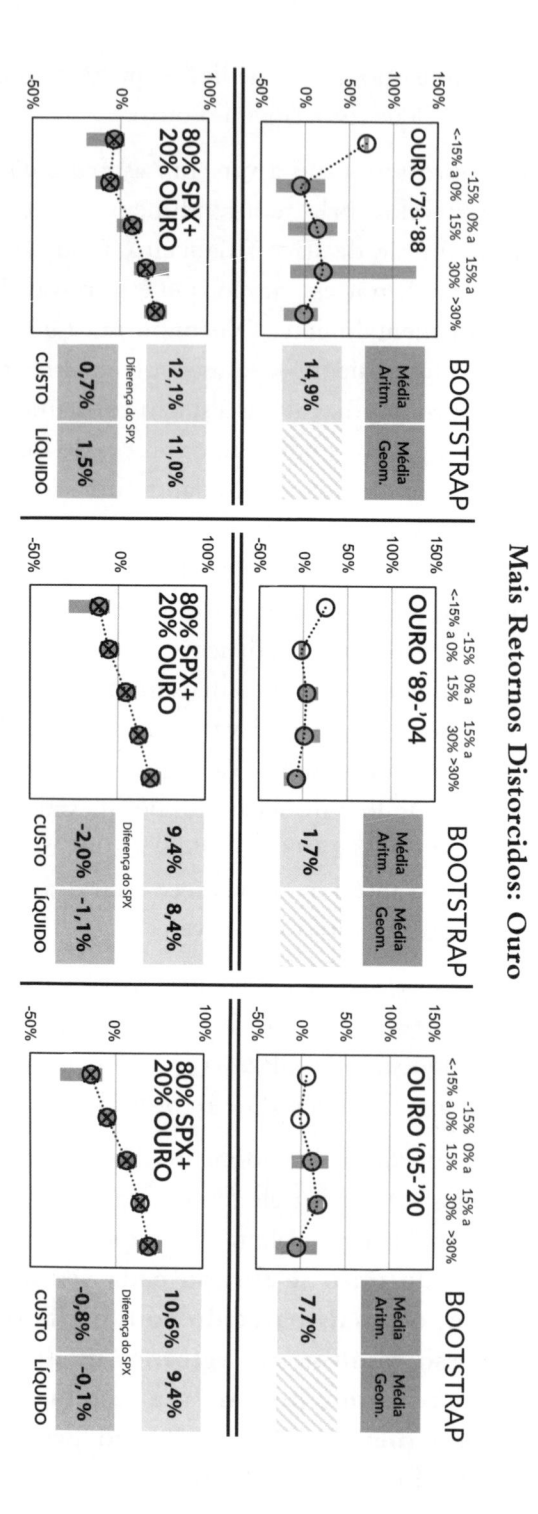

Mais Retornos Distorcidos: Ouro

Embora os efeitos geométricos do ouro tenham sido um pouco estáveis, seus custos aritméticos para o portfólio aumentaram.

Qualquer pessoa que use ouro como um investimento safe haven para mitigar riscos sistemáticos em seu portfólio precisa entender que pode haver um Netuno invisível por aí distorcendo os rendimentos do ouro. Ou, alternativamente, pode haver um Vulcano, que não significa absolutamente nada — sua hipótese de safe haven e classificação para o ouro estava errada desde o início e, portanto, o ouro é, de fato, apenas um safe haven esperançoso.

Aí vai o que sabemos: quando a inflação era mais alta na década de 1970, o perfil de retorno do ouro proporcionava uma boa relação custo-benefício, como um safe haven de proteção contra crises. Fora isso, o ouro tem sido muito menos eficaz. O ouro exigiu um apelo tático em relação a esses regimes — sejam eles de inflação ou regimes de taxas reais — para ser um safe haven com boa relação custo-benefício.

Isso significa que precisamos que certas coisas funcionem corretamente para que o ouro seja *eficaz* na mitigação do risco sistemático (de uma crise), e mais ainda para que ele tenha uma boa relação custo-benefício. E esta é uma contradição interna e um problema para o ouro como um investimento safe haven estratégico.

O ouro ainda tem um lugar único como esse seguro quase monetário contra crises? Alguns diriam que criptomoedas, como o bitcoin, estão tomando o lugar do ouro nessa função. Mas essas invenções modernas são realmente safe havens?

Os perfis de retorno de safe haven das criptomoedas são atualmente muito escassos e ruidosos para serem avaliados de forma inteligente (embora a indicação inicial seja de que eles se parecem mais com safe havens nada safe). Só por isso, eles são safe havens esperançosos, na melhor das hipóteses. (A Nana preguiçosa posando como uma assassina de marmotas!) O tempo dirá.

Mas os entusiastas de criptomoedas estão com a cabeça no lugar certo. As criptomoedas são consideradas apólices de seguro contra o fracasso dos banqueiros centrais. Isso, por extensão, também lhes deu o suposto papel de ser uma apólice de seguro contra crises econômicas — já que, neste ponto, isso acarretaria o fracasso de políticas monetárias em andamento.

Criptomoedas são uma plataforma de tecnologia mais significante (o blockchain). Elas são como cofres virtuais seguros que só você pode acessar. O cofre é o que é tão legal e impressionante, e digno de nosso respeito. Mudará o mundo. Mas as coisas dentro desses cofres, apenas em virtude dos cofres serem considerados seguros, convenientes e legais, agora são consideradas valiosas — por decreto ou, ouso dizer, por fidúcia. (O economista Robert Murphy até argumentou que, pelas definições de Mises, não temos escolha a não ser chamar as cryptos de *moedas fiduciárias*.)

Além disso, o bitcoin nem é anônimo, em última análise; o termo técnico é que ele é *pseudônimo*, o que significa que o proprietário de cada bitcoin é de conhecimento público a qualquer momento, embora não seja óbvio qual *humano* está vinculado a cada endereço. Mas é rastreável, no entanto. O pior de tudo, como um veículo altamente especulativo, é um sintoma (e eu diria que é até inseparável) do ambiente alimentado por liquidez que o criou. Nem tudo que reluz é ouro.

A FRONTEIRA DO SAFE HAVEN

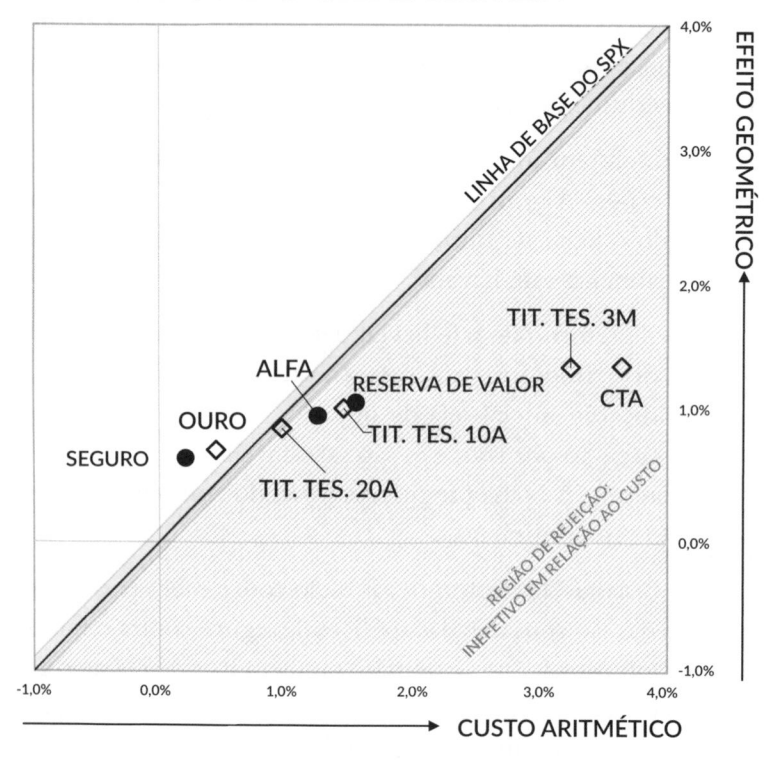

Após uma análise mais detalhada de três dos grandes investimentos safe haven dos títulos do Tesouro norte-americano, CTAs (ou fundos de hedge) e ouro, aqui estão eles em nosso plano de custo-efetividade, junto com nossas três simplificações originais.

Como vimos, nosso problema de espécies de investimentos safe haven não desaparecerá tão cedo. Teremos que continuar lutando com essas linhas difusas de demarcação entre os investimentos safe haven e impostores safe haven. Nossas simplificações não são chamadas de simplificações à toa.

Mas essas simplificações continuam sendo protótipos ideais. Pense neles como modelos preliminares para se explorar e desenvolver outros investimentos safe haven no mundo real. Na verdade, é exatamente isso que fizemos e continuamos fazendo na Universa: melhorar e refinar o retorno simplificado do seguro. O perfil de retorno do safe haven individual realizado da Universa vem sendo muito mais explosivo do que um "10 para 1", e isso resulta em nossa boa relação custo-efetividade como uma estratégia de mitigação de risco (assim como nosso retorno sobre capital anual médio auditado e acumulado de mais de uma década de mais de 100%, em vez dos 0% da simplificação do seguro). **As pessoas pensam na mitigação de risco como uma compensação contra a criação de riqueza, porque geralmente acaba sendo. Mas não deveria ser.**

Na página seguinte, jogaremos agora a gama de cerca de 40 investimentos safe haven canônicos em nosso plano de custo-efetividade. Esses pontos de dados incluirão tudo, desde os poucos que aqui cobrimos até outras estratégias de fundos de hedge; moedas como o franco suíço, o iene japonês e o dólar norte-americano; private equity; estratégias de valor; estratégias de tendências; paridade de risco; estratégias de volatilidade mínima e gerenciada; volatilidade longa; VXX; índices de alto rendimento; arte; terras agrícolas; commodities; cabras (bem, talvez não cabras). Este plano parecerá representar, com algumas exceções já cobertas, um verdadeiro cemitério de investimentos safe haven que se enquadram na região de rejeição por sua relação custo-efetividade. Apesar de tanto movimento entre esses investimentos, há muito pouca ação. Porém, há muito mais: isso representa um continuum — um espectro de investimentos safe haven, não tão diferentes daqueles definidos por nossas três simplificações prototípicas. **Podemos traçar uma linha que cruza nossos três investimentos safe haven simplificados no gráfico e estender essa linha em ambas as direções. O que fica imediatamente claro é que essa linha tem um importante significado.**

A Fronteira dos Investimentos Safe Haven

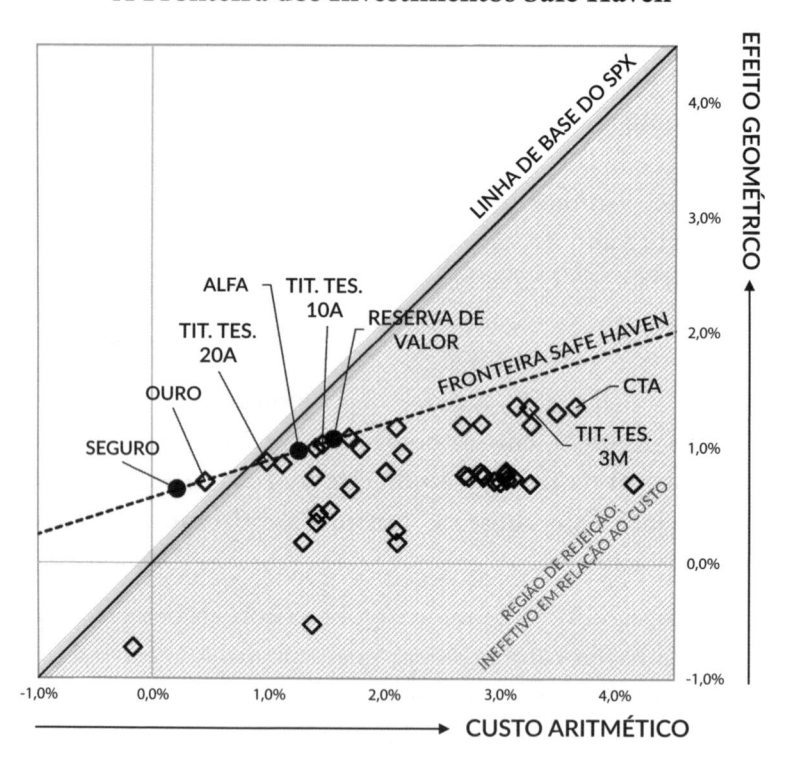

De fato, essa linha acompanha os investimentos safe haven cuja alocação eleva a CAGR do 5° percentil de sua carteira com risco mitigado para nossos 4,8% pré-determinados (de 2,7% sem risco mitigado). Os pontos abaixo dessa linha aumentam menos esse 5° percentil, e quanto mais abaixo da linha, menor é esse aumento.

Essa linha é nossa *fronteira safe haven*.

Todas as linhas semelhantes e inferiores que poderíamos traçar cruzam investimentos safe haven que proporcionam menos mitigação de risco. O campo de jogo nivelado, com comparação de investimentos safe haven na mesma base, fica ao longo de *uma linha desse tipo.*

A fronteira safe haven é o espectro de desempenho ao qual me referi ao longo deste livro. Ela delineia as características de retorno e custo do universo safe haven.

Pense em como dimensionamos as alocações dentro de cada um desses portfólios de risco mitigado para aumentar a CAGR do 5º percentil de cada portfólio em nosso bootstrap. Quanto mais explosivo o resultado em uma crise de forma geral, menor a alocação necessária em safe havens para se evitar o mergulho nas Cataratas de Bernoulli. E quanto menor a alocação em um safe haven, menor o custo aritmético dos baixos retornos médios aritméticos autônomos desse safe haven para o portfólio.

O efeito de portfólio líquido — ou a relação custo-efetividade de um safe haven — é, portanto, impulsionado por *quão pouco desse investimento safe haven é necessário* para um determinado nível de mitigação de risco. Quando pouco é necessário, reduz-se o custo médio aritmético do investimento em relação ao seu efeito geométrico. Quanto mais o mergulho nas Cataratas de Bernoulli for mitigado com menos custo, mais seguimos nessa fronteira safe haven — e melhor será a relação custo-efetividade.

Percorrer a fronteira safe haven dessa maneira captura o duplo golpe de redução de custos aritméticos somado a um efeito de portfólio líquido maior — uma *estratégia economicamente dominante.* Vimos esse *mesmo golpe duplo* em nosso jogo de dados segurado e depois, novamente, em nossa simplificação do seguro.

Os resultados dedutivos e computacionais de nossas muitas jogadas de dados parecem estar de acordo com as confusas observações de todos esses variados investimentos safe haven. Ou seja, o espectro definido pelos nossos safe havens simplificados parece ter mérito empírico. Embora devamos, tragicamente, tornar falsa a maioria desses diversos investimentos, felizmente a hipótese mais ampla de safe haven — nosso "palpite" — *ainda permanece:* que a mitigação do risco pode ser feita com uma boa relação custo-benefício.

O objetivo desses poucos estudos de caso não era descobrir todos os detalhes confusos desses pontos em nosso gráfico. Seus detalhes são quase incidentais. A sacada foi o que determinou a localização desses pontos e, portanto, de todos os outros, e a razão pela qual eles estão onde estão. O plano de custo-efetividade é o placar de nossa luta de gladiadores. A questão a se perguntar, então, é: O que faz o placar variar?

Há uma bela ordem nesta linha de fronteira safe haven: mitigar os piores caminhos leva um investimento safe haven para esta linha mais alta — *na fronteira*; e então mitigar esses piores caminhos com menos custo é o que desliza esse safe haven para a esquerda ao longo dessa linha de fronteira. A capacidade de aumentar o caminho do 5º percentil — de sermos mais *precisos* em nosso disparo de Guilherme Tell — com menos custo, *por sua vez* eleva o caminho mediano — a *exatidão* de nosso disparo.

A mensagem disso é que você não aumenta sua riqueza média geométrica ou mediana assumindo um risco maior. Você a aumenta especificamente diminuindo o risco — o risco certo, os piores resultados. *Eles estão realmente conectados.* Os investimentos safe haven simplificados anteciparam isso e, antes disso, a concavidade da curva de Bernoulli — e a linha de fronteira safe haven corrobora isso com todos os investimentos safe haven do mundo real.

Portanto, mitigar as perdas ao longo dos piores caminhos mantendo uma boa relação custo-benefício realiza o que as finanças modernas dizem que não pode ser feito: aumentar a riqueza ao se diminuir o risco.

PASSAR PELO CEMITÉRIO ASSOBIANDO

Há três conclusões principais a serem tiradas desses testes de hipóteses:

Primeiro, como esperado, a mitigação de risco com boa relação custo-benefício é algo difícil de se alcançar. Os investimentos safe haven canônicos não têm sido particularmente rentáveis — e em muitos casos, tem sido bem o contrário. Eles existem em grande parte apenas como estratégias táticas, não como estratégias de mitigação de risco estratégico. Segundo, quando tais investimentos safe havens existiram de forma econômica, tenderam a ser inconsistentes e até efêmeros. Eles são híbridos de safe havens táticos e estratégicos. Seus perfis de retorno foram distorcidos, seja por Netuno ou por Vulcano. Durante longos períodos de tempo, o formato do retorno do ouro tem sido aquele raro investimento safe haven com boa relação custo-efetividade, embora essa relação pareça ter exigido um nível de inflação não visto desde a década de 1970. Desde então, não tem sido rentável em tempos de crise, quando o uso do ouro como uma estratégia sistemática de mitigação de risco provou ser algo caro. (Parece ser bom no total apenas por ter sido ótimo na década de 1970.) Como tal, o ouro é uma proteção tática (durante a inflação elevada), não um investimento safe haven estratégico.

E, terceiro, há algumas boas notícias em tudo isso: **existe uma fronteira safe haven real e significativa que podemos usar; ela define e explica a ponta que podemos forçar. Existe um espectro de formas reais de retornos de investimentos safe haven que *podem* nos mover (e realmente o fazem) ao longo dessa fronteira e, assim, proporcionar um crescimento da relação custo-efetividade. Além do mais, uma simplificação humilde — nossa simplificação de seguro — com um *retorno médio aritmético de 0%*, fez o que nenhuma força maior ou estudo sofisticado ou veículo de investimento conseguiu: aumentar a riqueza diminuindo o risco. Mas não deveria ser surpreendente: afinal, é o negócio do comerciante de Petersburgo.**

Parece que fizemos pouco além de criticar e anular todas as nossas grandes ideias e grandes esperanças. Agora pareceríamos ser os niilistas derrotistas do investimento.

Seria pensar nisso tudo de forma completamente errada. O conhecimento progride por meio da contagem de corpos de teorias refutadas. Precisa saborear esse espectro sangrento. Precisa assobiar enquanto passa pelo cemitério de conjecturas *ousadas*.

E, como disse Popper, quanto mais ousadas forem as conjecturas, melhor — mais fácil será de matá-las. Quanto mais ousadas, maior será a queda. Essa morte fácil é o que as torna ainda mais científicas. **As ideias zumbis são as ideias pseudocientíficas.**

Muitas das conjecturas sobre investimentos safe haven específicos que tentamos eliminar neste capítulo foram intocáveis do ponto de vista da mitigação de risco. Isso ocorre porque a estrutura das finanças modernas não consegue sequer considerar nossas conjecturas. Ela dispara contra um alvo completamente diferente e não pode considerar nosso placar de montante final de recursos e taxas compostas. Ela usa um placar diferente para que sua abordagem não pareça nem errada. Não é nem falseável. Por definição, então, as finanças modernas são uma pseudociência.

Ao negar os consequentes dos efeitos de portfólio observáveis ao longo deste capítulo, refutamos uma hipótese básica sobre a relação custo-efetividade desses investimentos safe haven. E esse objetivo fundamental de se diminuir o risco deliberadamente a fim de se ter uma melhor performance, com uma maior taxa de composição ao longo do tempo, é a própria "essência da gestão de investimentos".

E, no entanto, essa essência é uma ideia radical. É a conjectura ousada e facilmente derrubada tão celebrada por Popper. Talvez seja a conjectura mais ousada que podemos apresentar como investidores. E até que seja refutada, ela é aceita apenas provisoriamente.

Não devemos nos sentir mal por sermos tão rápidos em julgar. Quando descartamos um investimento safe haven por sua má relação custo-efetividade, nem tudo está perdido. O que estamos realmente fazendo é estabelecer novas linhas de base para medi-las *umas contra as outras*.

Não é apenas quem cruza a linha de chegada primeiro que importa; isso não é uma corrida em que o vencedor leva tudo, e a tabela de classificação, da mesma forma, é pouco importante. A corrida nunca termina, e investir envolve ajustes e melhorias incrementais. À medida que aprendemos, nós nos aproximamos cada vez mais do alvo. Conforme a linha de base de custo-efetividade avança, o mesmo acontece com nossos investimentos. O melhor não precisa ser inimigo do bom.

Além do mais, como disse Feynman, "estar errado não é uma coisa ruim, é uma oportunidade".

A base estabelecida nesses exercícios nos leva a pensar de forma rigorosa e construtiva sobre esse grande dilema, o problema mais importante em tudo relativo a investimentos, que foi a própria razão para este livro. Isso nos fez pensar e até encontrar um espectro de investimento safe haven e a fronteira de investimento safe haven que pode nos levar à sua solução, uma melhoria incremental de mitigação de risco por vez.

Progredimos em nossos investimentos ao corrigir nossos erros; esses são os erros do dogma financeiro atual, mas são também os erros de tentarmos aplicar nossa hipótese de safe haven no mundo real. Isso é recuar para avançar, retroceder para ir adiante, afastar-se da verdade pela refutação e, assim, aproximar-se da verdade que o ajudará a resolver esse grande dilema, encontrando seu próprio safe haven e seu tesouro enterrado.

POSFÁCIO

Amor Fati

OLHANDO PARA TRÁS

Quando eu tinha por volta de 11 anos, decidi que queria ser um trompista profissional de orquestra quando crescesse. (Sim, eu era um super arrasa-corações). Mergulhei em todo o repertório e praticava por várias horas, todos os dias. (Um desses momentos era antes de ir para a escola — e imagine a irritação de meus pais sendo acordados por rajadas de Mahler todas as manhãs, que Deus os abençoe). Eu me tornei muito, muito bom naquilo.

Pode ser até que eu tenha sido predestinado a isso, pois — eu não sabia na época — meu aniversário cai no que é conhecido como "Dia do Duunvirato do Trompete", o aniversário compartilhado dos dois trompistas mais proeminentes do mundo. Mas não era para se tornar o "Dia do Triunvirato".

Um dia, com cerca de 14 anos, um pensamento me atingiu como um raio: havia apenas três cargos de trompista por aí que eu queria obsessivamente: trompista principal da Sinfonia de Chicago, da Filarmônica de Nova York ou da Filarmônica de Berlim. Era isso! Conseguindo qualquer outra coisa, eu me arrependeria de ter me comprometido com aquilo.

Não importava que outros caminhos também estivessem disponíveis: segunda cadeira nessas mesmas orquestras, posição principal em outras ou fazer apresentações em estações de metrô. Todos eram inaceitáveis para mim. E essas três posições de trompista principal que eu queria tão obsessivamente se abriam talvez uma vez a cada geração. E assim, embora eu amasse minha expectativa, odiava minha probabilidade de vê-la acontecer (com Dia do Duunvirato ou sem).

Enfrentei meu próprio paradoxo de São Petersburgo: meu resultado esperado, aquele em que eu amaria meu destino, era muito, muito menos provável do que meu resultado mediano. E se meu resultado ficasse aquém daquela expectativa, eu sabia que amaldiçoaria meu destino. Minha vida profissional era um preço muito alto a pagar por aquela expectativa. Não é necessário dizer que joguei a toalha — e nunca olhei para trás. Eu mal toquei em uma trompa desde aqueles anos (embora eu ainda toque Mahler, agora para o aborrecimento de minha esposa, que Deus a abençoe). Foi a decisão certa com base na minha métrica de avaliação interna da época, que é a mesma que venho alardeando neste livro.

O CAMINHO ÚNICO

Antes de terminarmos, olharemos para trás e veremos até onde chegamos durante nosso agradável tempo juntos. Jogamos dados enquanto contemplávamos todos os possíveis caminhos divergentes e tortuosos. (Espero que você tenha gostado tanto quanto eu.) Gostaria que pudéssemos percorrer todos esses incontáveis caminhos, enviando nossos doppelgängers [alemão para "sósia andarilho"] em cada um e tomando cada nova bifurcação em cada novo caminho. Uma jornada assim nos levaria através da amplitude do multiverso.

Maravilhosos de se contemplar, mas, para nós, meros fantasmas dickensianos, os fantasmas daquilo que poderia ter sido. Todos, exceto um, isto é — aquele que *foi*, aquele que nos trouxe *aqui*.

Vimos em nossos muitos jogos de dados, dos de seis lados estilhaçados ao implausível dado de 120 lados, o que às vezes é difícil nos lembrar de nossa experiência ao percorrer nosso próprio caminho: alguns desses outros caminhos potenciais teriam sido muito agradáveis, mas outros não. Todos nos levariam a um lugar diferente de onde estamos agora.

Então, o que acontece agora — ou, mais precisamente, o que acontece quando chegamos ao fim de nosso único caminho tortuoso, como chegaremos algum dia? Olharemos para trás com carinho, gratos por nossas experiências, satisfeitos com o resultado? De fato, amaremos o caminho que escolhemos — o suficiente para desejar percorrê-lo mais uma vez, e inúmeras vezes mais? **Quando o demônio de Nietzsche nos perseguir em nossa solidão mais solitária, amaldiçoaremos ou beijaremos o demônio?**

Da mesma forma, o que diríamos sobre nosso caminho de investimento, nossa incursão como investidores, com escolhas e decisões que nos impactam não apenas no momento, mas muito mais tarde? Nós o amaremos ou o amaldiçoaremos?

A retrospectiva é sempre óbvia ao mostrar como poderíamos ou não correr certos riscos para amar nosso caminho. Esta é a onipresente falácia do safe haven retrospectivo. Mas o que poderíamos dizer — o que deveríamos ou poderíamos ter feito — sem agir como um sabe-tudo (ou, mais especificamente, um "sempre soube de tudo"), e tudo isso por ganharmos perspectiva ao olhar para trás de nossa posição elevada no final das contas?

A resposta a essa pergunta revela como devemos pensar na mitigação de riscos *agora*, antes de chegarmos ao fim, quando já for tarde demais.

É provável que digamos que desejaríamos ter nos escondido mais, "diworsified" mais e mantido nosso navio mais no porto? Será que diremos que deveríamos ter feito previsões ainda mais grandiosas e lançado os dados por seus resultados? Será que diremos que deveríamos ter aumentado mais a média aritmética de todos os nossos caminhos, fingindo que somos como um cassino — ou até mesmo tentado aumentar mais essa média em relação à volatilidade de nossos caminhos? Arrisco dizer não ser provável que digamos nenhuma dessas coisas derrotistas e niilistas.

É mais provável que digamos que deveríamos ter nos concentrado mais em elevar e estreitar nosso agrupamento de resultados sempre que possível (especialmente os piores) em direção a caminhos que podemos dizer que amamos. Em outras palavras, deveríamos ter focado mais na média geométrica de nossos resultados. Afinal, esse agrupamento provavelmente incluiria um lugar melhor onde estaríamos *agora*. Teríamos um agrupamento de lançamentos melhor dentro do qual nossa flecha cairia. Talvez somente olhando para trás, a partir de nossa posição elevada, conseguiremos realmente ver isso.

É mais provável que digamos que deveríamos ter considerado a relação *custo-efetividade* **como o principal critério em nossas decisões de assumir ou não riscos. É claro que o grau de segurança é parte integrante desse critério: tanto estar muito seguro como sob muito risco pode ser algo muito caro.**

Ao olharmos para trás de nossa posição elevada, ganhamos uma perspectiva que era tão desafiadora enquanto estávamos no centro dela, percorrendo nosso caminho desconhecido. A partir dali, temos, por assim dizer, uma visão ampla e clara de todo o caminho. E talvez possamos até ver melhor que nosso N é igual a 1.

E se Babe Ruth tivesse apenas uma rebatida a fazer ao longo de toda sua carreira (em vez das 10.617 voltas completas no jogo — uma das 50 mais altas marcas da história do beisebol)? Sua estratégia ideal não seria mais sua estratégia de maximização de home runs, de ser o rei dos strikeouts. Afinal, seria muito improvável que ele conseguisse realizar essa expectativa de home runs com apenas uma rebatida. Com uma rebatida essa expectativa se torna sem sentido. Ruth precisaria de uma nova métrica de avaliação: sua estratégia ideal teria sido algo mais parecido com a estratégia de maximização percentual que fez a fama de Billy Beane e *O Homem que Mudou o Jogo*. (Ruth, na verdade — e muito impressionantemente — se parece muito mais com um rebatedor que é poucas vezes eliminado pelos padrões de strikeouts de hoje.)

Essa é a mesma perspectiva que esperamos já ter adotado, graças aos ensinamentos de nossos dois habitantes da Cidade Livre e porto seguro da Basileia — Bernoulli e Nietzsche. Deles veio uma advertência e um imperativo para nós organizarmos nossos negócios com uma apreciação e uma alta valorização do *único* caminho que percorreremos — e, portanto, e mais importante, o que devemos acertar.

A FLECHADA DE GUILHERME TELL

Escolher meu caminho na adolescência significava abandonar a trompa e meus sonhos de glória orquestral e seguir um caminho muito diferente. Em vez disso, decidi, por volta dos 16 anos, quando conheci Everett ("Babe Ruth") Klipp, perseguir obsessivamente o que se tornaria retornos explosivos em crashes do mercado de ações uma vez a cada século. O destino adora a ironia.

Mas, como se vê, essas quedas do mercado de ações de uma vez a cada século acabaram ocorrendo com bastante frequência. Eu precisaria de ambas as mãos para contar suas ocorrências em minha carreira de um quarto de século até agora. E provavelmente precisarei das duas mãos novamente para contar o resto. (Mas quem está contando?)

Ainda mais importante, como sabemos agora pela solução conclusiva deste livro para o grande dilema do risco, quando esses retornos explosivos de crise são adicionados a um portfólio para mitigar seu risco sistemático — da mesma forma como apenas uma pitada de sal se torna o ingrediente mais importante para o prato — eles podem aumentar não apenas os piores resultados, mas também a riqueza *mediana* ou o resultado da CAGR desse portfólio. Não estamos falando de uma riqueza esperada que cai do céu, mas da mediana. E eles a elevam de uma maneira que nada mais faz. (E foi assim que as coisas aconteceram na Universa).

Isso não significa que não devamos mirar alto. Nem significa que não corremos riscos. Ao contrário! Mirar alto e correr riscos é exatamente o que isso significa. Significa repensar todas as abordagens derrotistas e niilistas que o mantêm mirando baixo. E isso significa expor-se ao risco deliberadamente, não gratuitamente. **Você mira alto de uma maneira que, mesmo que não atinja seu alvo, também amará as outras coisas que provavelmente atingirá — seus resultados potenciais alternativos.**

Mire alto e mire justo; perca alto e perca pouco.

Você tem uma flechada para acertar o alvo. **A partir da dicotomia do controle no investimento, você controla o que pode controlar ao dar essa flechada; e uma vez que a flecha deixe seu arco, está fora de seu controle.** Sua estratégia de mitigação de risco deve ajudá-lo com exatidão *e* precisão para que você adore aquela flechada — a flechada de Guilherme Tell — ou o que for. Isso o ajudará a lutar — e *vencer* — a guerra contra a sorte.

É inquietante pensar em tirar aleatoriamente nosso destino de uma vasta distribuição de destinos possíveis. Mas pensar de outra forma é uma ilusão. É claro que nem sempre podemos influenciar essa vasta distribuição tanto quanto gostaríamos, como tentei quando menino e como viemos fazendo ao longo deste livro. Às vezes é apenas o destino. Por exemplo, pense em sua vida como selecionada para você aleatoriamente de toda a população do mundo (como, de fato, foi). E que tal pensar que foi assim também nesses milênios e milênios do tempo?

Quando nosso N é igual a 1, precisamos *torná-lo* bom, seja ele bom ou não.

TESOURO PIRATA

Infelizmente, nosso comerciante de Petersburgo nunca conseguiu resolver o dilema do risco que enfrentou. Ele entendeu muito mal. Em vez disso, ele observava melancolicamente seu lema emoldurado na parede, "*Um navio no porto está seguro*", atrás de sua mesa com pilhas de mapas de navegação esfarrapados de anos, rabiscados com notas ilegíveis e marcações traçando suas rotas indiretas de fuga do Capitão Jack do Báltico. E ele sonhava acordado enquanto olhava para a gravura de um navio na mesma moldura. Então, um dia, ele viu o que nunca havia notado antes: aquele era um navio pirata — não um navio mercante, como ele sempre havia presumido. Enquanto olhava, incrédulo, a imagem se tornou o *Morte Súbita*, o navio de seu arqui-inimigo.

Ele havia experimentado um punhado de mortes súbitas ao longo dos anos por causa daquele navio. Aquelas perdas realmente o prejudicaram financeiramente; depois, por causa de seu capital muito reduzido, ele teve que reduzir o tamanho de suas cargas subsequentes pelo que pareceu uma eternidade. Lentamente, com remessas bem-sucedidas suficientes — passando raspando pelo temido Capitão Jack e pelos mares tempestuosos para levar sua carga com segurança ao mercado em São Petersburgo — ele conseguiu voltar para onde estivera. Todo aquele trabalho apenas para voltar ao mesmo ponto. Infelizmente, o tempo todo ele não conseguia ver a imagem real.

Nietzsche tinha uma curiosa crença de que "comerciante e pirata foram por um longo período a mesma pessoa", já que "a moralidade mercantil não é nada mais que um refinamento da moralidade pirata". Se ao menos nosso mercador tivesse um pouco mais da moralidade pirata de Nietzsche — melhor ainda, da de Buckminster Fuller [arquiteto, inventor e escritor norte-americano] —, então teria visto que a solução estava bem debaixo do seu nariz, o tempo todo. **Mas não eram seus elaborados mapas de navegação que eram o mapa do tesouro; era o mapa logarítmico de Bernoulli.**

Nosso mercador vivenciou agonia e êxtase suficientes, das onerosas cargas perdidas e das lucrativas bem-sucedidas. Ele viveu a progressão geométrica da composição de uma a outra. Tocou a máquina da progressão de compostos ao longo do tempo — em tempo real e no mundo real, não com dados. Ele deveria ter descoberto — e, mesmo que tivesse, teria economizado tanto tempo e despesas simplesmente mapeando seus carregamentos ao longo da "concavidade da curva" do mapa logarítmico de Bernoulli (tal como fizemos no Capítulo 2). Ele poderia ter rastreado seus pobres navios mercantes apreendidos enquanto eles mergulhavam naquela curva no abismo do mar. Ou seja, ele poderia ter calculado o retorno logarítmico esperado (ou o *emolumentum medium*) de seu carregamento seguinte. Assim, ele poderia ter encontrado o retorno médio geométrico de apostar nesse mesmo carregamento pela eternidade.

Que abrir de olhos teria sido! Ele poderia ter visto como uma grande perda reduziria desproporcionalmente seu retorno médio geométrico, porque o deixaria com um montante muito menor para reinvestir e ganhar em sua próxima remessa. E se ele tivesse recalculado o retorno médio geométrico com e sem aquela apólice de seguro de *ochen' dorogo* de 800 rublos, então, como um Grande Pirata, ele poderia ter visto o todo, em vez de apenas as partes. **Ele poderia até ter visto que o todo era muito maior do que a soma das partes**.

O mapa logarítmico de Bernoulli — a advertência da natureza para evitar o jogo ou fazer seguro ao jogar dados — é realmente um mapa. Como se vê, é *o mapa* do tesouro enterrado que nós e o mercador de Petersburgo estávamos procurando o tempo todo. Ele nos mostra exatamente onde cavar. **A composição multiplicativa é uma força *muito poderosa* (a força *mais poderosa*, como alguns diriam). É para ser aproveitada e usada. Mas quando ela o joga Cataratas de Bernoulli abaixo, então se torna a força *mais destrutiva*.** Pode torná-lo mais forte, contanto que não o mate — ou, virando a frase ao contrário, temos o famoso ditado de Nietzsche: "O que não o mata, o fortalece".

UMA FÓRMULA PARA A GRANDEZA

Mas de toda a sabedoria de Nietzsche, aqui seguimos mais de perto sua doutrina fundamental do eterno retorno — o que colhemos uma vez e mais outra, repetidamente. Ele levou seu imperativo existencial um passo adiante: não devemos apenas apreciar nosso único caminho — devemos amá-lo!

Este é o *Amor fati* — o "amor pelo próprio destino". Como o eterno retorno, é outra ideia antiga cooptada por Nietzsche, com origem pelo menos nos estoicos, como Epiteto e Marco Aurélio. Como este último escreveu em suas *Meditações*: "Ame a mão que o destino lhe dá e jogue com ela como se fosse sua, pois o que poderia ser mais adequado?" (Marco Aurélio não estava jogando pôquer, mas a teoria do pôquer de Sklansky está bem nessa frase).

Mas foi Nietzsche quem realmente teve essa ideia de amar seu destino. *Amor fati* foi a extensão lógica de sua doutrina fundamental, de tal forma que, de sua "fórmula mais elevada de afirmação" surgiu outra fórmula nova e melhorada:

> *Minha fórmula de grandeza em um ser humano é o amor fati: que não se queira que nada seja diferente, nem para frente, nem para trás, nem em toda a eternidade. Não apenas suporte o que é necessário, menos ainda oculte... Mas, sim, ame.*

Nietzsche é muitas vezes incompreendido como um niilista (principalmente graças à sua exclamação incompreendida de que "Deus está morto!"). Nietzsche não era niilista. *Amor fati* foi, em muitos aspectos, sua posição contra o niilismo. É tão fácil responder ao indeterminismo do "grande jogo de dados da existência" recuando com resignação cega, como em um porto seguro — um safe haven. Em vez disso, para Nietzsche, *amor fati* estava ajustando seu retorno por aqueles lances de dados de tal forma que você amará o que quer que receba.

Amar qualquer destino, seja qual for o destino, não é resignação. Não, este é um chamado para *alterar* esse destino — não o dado em si, mas seu efeito — de modo que possamos declarar: "Assim eu quis!"

Precisamos acertar *nesse* caminho. E para acertar *esse* caminho, precisamos ter acertado praticamente todos os caminhos possíveis. Precisamos ser robustos com o caminho realizado.

O eterno retorno do mesmo retorno nos obriga a focar o que importa nos investimentos. Isso nos faz ter a visão certa e entender a natureza do jogo. Não somos um cassino, nem um portfólio de nossa distribuição de possíveis retornos simultâneos. Somos uma aposta em compostos ao longo do tempo. Só temos uma chance e, se lançarmos luz sobre esse fato, evitaremos muitos erros — comece a pensar nas coisas certas, com uma métrica de avaliação interna melhor: garantir que essa oportunidade maximize sua chance. Estreite os resultados potenciais enquanto maximiza os mais prováveis.

É disso que se trata a mitigação de risco econômica. É acertar seu destino, seja ele qual for. Não seu destino médio esperado, e não apenas seus destinos ruins. Mas *todos eles* — qualquer um que você vivenciar.

A hipótese de que reviveremos cada momento de nossa vida repetidamente dá a cada momento o maior peso. Talvez seja um peso insuportável. (Esse foi o tema por trás do romance de 1984 de Milan Kundera, *A Insustentável Leveza do Ser.*)

Cada momento, cada retorno, não acontece simplesmente e então, em um instante, se foi. É um fato matemático: fica com você *para sempre*. Essa é a natureza dessa composição multiplicativa poderosa e destrutiva, na qual cada retorno subsequente é multiplicado pelo seguinte — e a infeliz propriedade comutativa da multiplicação. Como vimos no Capítulo 3, uma grande perda hoje afetará seu montante de recursos final daqui a décadas, como se acontecesse daqui a décadas (afetando uma quantidade de recursos muito maior). Não importa quando realmente acontece, reverbera como ondulações na água e por toda a eternidade.

Os momentos não são mais fugazes; em vez disso, cada momento se torna uma estrutura pesada e permanente que molda não apenas o presente, mas o futuro até onde você consiga enxergar.

É por isso que precisamos avaliar cada período de investimento como se fôssemos apostar nesse investimento repetidamente, composto por muitas vezes — até mesmo por uma eternidade — quer realmente o façamos ou não. Efetivamente — e matematicamente — *nós o faremos*. Essa foi a mensagem da função objetiva logarítmica de Bernoulli (ou tomando a média geométrica de todos os resultados potenciais de uma aposta). E isso é *amor fati* por investir!

A fórmula para a grandeza em um ser humano de Nietzsche é também nossa fórmula para a grandeza nos investimentos. E é a mesma fórmula gravada na pedra nas margens das Cataratas do Reno. Muito mais importante do que qualquer estratégia de investimento específica é a disposição do *amor fati*. Consiga-o, e você está muito à frente do jogo.

Mas essa fórmula é facilmente esquecida em nossas vidas fugidias, então aqui vai outro segredo comercial: arrume algo para se lembrar disso, se puder (como um lembrete de telefone, uma tatuagem ou um *triacontaedro disdiakis* pendurado em seu espelho retrovisor).

E sempre nos lembraremos dessa grande reviravolta do investimento safe haven, que um safe haven com boa relação custo-benefício não significa *reduzir* o risco. Ao contrário, mitigamos o risco deliberadamente para que possamos fazer mais, não menos. Podemos nos encontrar na posição de nosso grande estoico Marco Aurélio quando disse: "Não é a morte que um homem deve temer, ele deve temer nunca começar a viver."

"ESQUECI MEU GUARDA-CHUVA."

Estamos preparados para aumentar nosso capital e mitigar os riscos em coerência com isso. Certamente, trata-se de algo que, instintivamente, incorporamos. Tudo o que nossos ancestrais passaram, sua labuta, dificuldades, fome e dor, não foi para sobreviver no dia seguinte, no próximo trimestre ou mesmo em mais um ano. Foi pela sobrevivência e replicação próspera e multiplicativa até o fim. Isso é evolução humana. Esse é o próprio progresso da civilização. Isso não impediu, porém, que o setor financeiro e de investimentos lhe virassem completamente as costas. Para encontrar evidências disso, é preciso procurar em outro lugar.

O seguro marítimo mercante foi realmente a primeira subscrição formal de seguro do mundo, remontando aos babilônios — conforme registrado no Código de Hamurabi por volta de 1750 a. C. Ao longo dos milênios, à medida que a civilização passou a estar cada vez mais em movimento e ampliando as fronteiras, empreendimentos foram levados a cabo por comerciantes fanfarrões prontos para jogar os dados sobre seu destino financeiro. Opções de mitigação de risco mais formalizadas nasceram, assim, da necessidade. Quanta ironia no fato de não ter sido até Bernoulli analisar um jogo de dados no século XVIII que finalmente obtivemos uma base rigorosa, científica e não derivada dos jogos para a indústria de seguros, especificamente, e para mitigação de riscos em geral.

E ainda hoje, muito da mitigação de risco nos investimentos se tornou mero teatro, uma ironia superficial, ou um chute. Nesse sentido, enquanto a ciência da probabilidade finalmente se libertou das visões reacionárias da humanidade sobre o destino, a mitigação do risco parece estar voltando para esse niilismo de onde começou. As finanças modernas desistiram do investimento seguro como *a fonte* de maior valor de investimento. Deixou Bernoulli para trás, para grande desvantagem de seus seguidores.

Como vimos de forma bastante conclusiva em nossos vários testes de recompensas de mitigação de risco, a chave é a *eficiência*. É assim que os custos aritméticos podem ser superados pelos efeitos geométricos do portfólio para correr pela fronteira safe haven e criar um investimento safe haven com boa relação custo-benefício. Ele deve ser capaz de ficar quieto, à espreita, discretamente, de tal forma que mal o notemos — até que seja necessário, quando ele explode em cena. Em sua essência, o investimento safe haven econômico parece precisar ser embrulhado e *esquecido*, como um guarda-chuva na mão, pronto para ser usado a qualquer momento — uma proteção contra a tempestade repentina.

Sendo as previsões do tempo e do mercado o que são, nosso guarda-chuva nos permite aceitar — e até gostar — quaisquer lados do clima e dos dados dos deuses do mercado que fiquem para cima. Como o gato de Schrödinger e o dado estilhaçado, podemos estar protegidos com segurança tanto sob a chuva quanto sob o céu ensolarado.

Já conhecemos essa vantagem física intuitivamente, é claro. Como um velho e sábio guia de montanha exclamou para mim em um dia ruim no Engadine (ecoando a sabedoria da minha avó e provavelmente das avós de todos): "Não existe tempo ruim, apenas equipamento ruim." E temos esse clichê da sabedoria quase feito sob medida para nossos investimentos safe haven:

Viver não é esperar a tempestade passar. É aprender a dançar na chuva.

Embora possamos saber, como Dylan, que "uma chuva forte irá cair" (e vai!), devemos agir como se não soubéssemos. Caso contrário, podemos nos pegar escondidos na segurança do interior de nossa casa sempre que nuvens escuras se juntarem no céu — e de alguma forma, elas parecem sempre aparecer — ou até mesmo pagando o preço mais alto por um guarda-chuva durante a chuva.

Escondido nas pilhas de manuscritos inéditos de Nietzsche, encontrados somente após sua morte, havia um aforismo enigmático, fora de qualquer contexto e escrito entre colchetes oblíquos:

«Esqueci meu guarda-chuva.»

Embora a frase tenha gerado exercícios de decodificação torturantes para os filósofos desde sua descoberta, como tantos textos de Nietzsche, isso pode ter o significado que você quiser que tenha. Para nós, isso significa que **nosso safe haven deve nos permitir esquecer que ele está lá. Ele deve permitir que cuidemos de nossas vidas, faça chuva ou faça sol, não importa quais tempestades financeiras surjam, deixando-nos aproveitar com segurança o que resta de um belo dia. Deve nos permitir resistir a qualquer tempestade — inclusive, e isso é igualmente importante, nenhuma.**

Espero ter realizado pelo menos parte do que me propus a fazer neste livro. O oitavo do iceberg acima da superfície que cobri aqui pode fazer mais por você do que o resto que está submerso.

Você tem uma estrutura analítica lógica e prática para abordar a mitigação de riscos, especificamente do ponto de vista de que, para valer a pena, um investimento safe haven deve ser um acréscimo à riqueza — nosso primeiro princípio. Sempre que você encontrar outra espécie de safe haven na selva do cenário de investimentos, espero que sua primeira reação seja pensar em classificar essa criatura considerando mais do que seus traços superficiais ou as narrativas superficiais que a cercam. Em vez disso, espero que você pense sobre isso da perspectiva específica do que ele pode fazer por você ao longo do único caminho que você tem. Pense em como isso pode ajudá-lo a evitar a desvalorização logarítmica que transforma todo esse caminho e como esse investimento poderá ser enxergado através de nossa análise de custo-efetividade e ao longo da fronteira safe haven. Se você está encerrando este livro munido dessa perspectiva — uma premissa mais realista de investimentos safe haven, seus mecanismos e um enquadramento mais coerente e holístico para olhar todo o caminho —, então você está mais bem equipado para evitar suas armadilhas do que quase todos os investidores profissionais altamente experientes, estudados e bem-educados lá fora.

E você está até equipado para resolver nosso grande dilema.

Você dirá isto com um suspiro, em algum lugar no futuro distante: suas grandes perdas teriam determinado sua taxa de composição e o colocado em um caminho que o faria desejar ter tido outro. Mas como você removeu essas perdas com uma boa relação custo-efetividade, isso fez toda a diferença.

Precisamos lutar e vencer essa guerra contra a sorte.

Então, boa sorte. Ou má sorte. *Amor fati.*

-MS

Agradecimentos

Este livro não teria sido possível sem o trabalho de Chitpuneet Mann, Daisy Weiss e Brandon Yarckin. Devo muitos agradecimentos pela ajuda com a edição a Robert Murphy e, especialmente, a Patricia Crisafulli — que também me ajudaram a continuar o trabalho, apesar de meus frequentes desvios. E obrigado ao pessoal da Wiley pela paciência (e pela compreensão de que tenho um emprego durante o dia). Por fim, um grande obrigado aos investidores da Universa — meus bons ouvintes e colegas participantes do "estudo de caso da vida real e teste fora da amostra".

Índice

Projetos corporativos e edições personalizadas
dentro da sua estratégia de negócio. Já pensou nisso?

Coordenação de Eventos
Viviane Paiva
viviane@altabooks.com.br

Contato Comercial
vendas.corporativas@altabooks.com.br

A Alta Books tem criado experiências incríveis no meio corporativo. Com a crescente implementação da educação corporativa nas empresas, o livro entra como uma importante fonte de conhecimento. Com atendimento personalizado, conseguimos identificar as principais necessidades, e criar uma seleção de livros que podem ser utilizados de diversas maneiras, como por exemplo, para fortalecer relacionamento com suas equipes/ seus clientes. Você já utilizou o livro para alguma ação estratégica na sua empresa?

Entre em contato com nosso time para entender melhor as possibilidades de personalização e incentivo ao desenvolvimento pessoal e profissional.

PUBLIQUE
SEU LIVRO

Publique seu livro com a Alta Books.
Para mais informações envie um e-mail para: autoria@altabooks.com.br

 /altabooks /alta-books /altabooks /altabooks

Este livro foi impresso nas oficinas gráficas da Editora Vozes Ltda.,
Rua Frei Luís, 100 – Petrópolis, RJ.